老龄化背景下新农保可持续发展的精算研究

高建伟 著

科学出版社
北京

内 容 简 介

在人口老龄化背景下，农村养老已经成为一个重大社会问题。本书系统研究新型农村社会养老保险（简称新农保）的可持续发展问题。首先，利用精算理论构建精算指标体系，如个人账户月养老金动态计发系数、新农保贡献率、新农保养老保险基金缺口、城乡养老保险协调度等指标。其次，针对个人缴费和地方政府补贴形成积累后，面临基金保值增值问题，本书应用分数布朗运动理论、罚函数理论、贝叶斯随机规划、前景理论等研究了新农保养老保险基金的动态投资与决策问题。最后，从风险控制角度，针对新农保的制度设计风险、筹资风险、运营管理风险及给付风险，本书提出相应的风险控制方案。

本书可供本科院校的学生、教师、科研人员及相关研究机构工作者参考。

图书在版编目（CIP）数据

老龄化背景下新农保可持续发展的精算研究 / 高建伟著. —北京：科学出版社，2019.11

ISBN 978-7-03-058808-1

Ⅰ.①老… Ⅱ.①高… Ⅲ.①农村–社会养老保险–养老保险制度–可持续性发展–研究–中国 Ⅳ.①F842.67

中国版本图书馆 CIP 数据核字（2018）第 212365 号

责任编辑：王丹妮 / 责任校对：王 瑞
责任印制：张 伟 / 封面设计：无极书装

科学出版社 出版
北京东黄城根北街 16 号
邮政编码：100717
http://www.sciencep.com

北京虎彩文化传播有限公司 印刷
科学出版社发行 各地新华书店经销
*
2019 年 11 月第 一 版 开本：B5（720×1000）
2020 年 1 月第二次印刷 印张：12 1/2
字数：252 000

定价：**102.00 元**
（如有印装质量问题，我社负责调换）

作 者 简 介

高建伟，1972 年 12 月生，河北无极人，华北电力大学经济与管理学院教授，博士生导师，入选教育部新世纪优秀人才支持计划和北京市优秀人才资助计划，美国北卡罗来纳州立大学访问学者。现任北京市价值工程学会会员、国家自然科学基金项目通讯评审专家、国际期刊 *Journal of Finance Research* 副主编、《金融与保险》期刊编委、美国 *Mathematical Review* 评论员。曾多次担任国际会议分会主席，多次获得省部级及国际学术会议奖励。

高建伟教授长期从事保险精算、投资决策的理论研究。主持 4 项国家自然科学基金（已结题的 3 项被国家自然科学基金委员会评估为"优秀"）；主持 7 项省部级课题（北京市社会科学基金、北京市自然科学基金、教育部新世纪优秀人才、教育部人文社会科学基金、北京市优秀人才等）。主持中央高校基本科研业务专项（面上、重点、重大）及企业项目十余项。在国内外重要学术期刊发表学术论文 100 余篇，其中，在国际著名期刊（如 *European Journal of Operational Research*、*Insurance：Mathematics and Economics*、*Applied Mathematics and Computation*、*Economics* 等）发表 36 篇 SCI 及 SSCI 检索论文，50 余篇 EI 检索论文。

前　言

新农保制度建立初期的目的是保障城乡老龄居民的基本生活,政府在其中承担一定的兜底责任。中国社会科学院《中国养老金发展报告 2015》披露,2014 年新农保这一覆盖农村户籍 5 亿多非从业人员的养老保险制度,将近 2/3 的收入来源于财政的补助。真正个人缴费只占到基金总收入的 28.8%。政府补贴在积累总额中占据六成,但是待遇水平偏低。

新农保制度目前已经从试点顺利实现了全覆盖,并与城镇居民社会养老保险合并转入全面可持续发展阶段。如何在满足合理保障水平的同时,又能促进制度的可持续发展是新农保制度实施中面临的重要问题。

本书立足于"十二五"期间新农保的发展现状和研究现状的实际背景,基于保险学中精算理论、社会保障学、可持续发展经济学等理论背景,从养老金对个人的保障水平测度下的微观层面和政府养老金供给可持续性的宏观层面进行分析,利用精算理论构建精算指标体系;应用分数布朗运动理论、罚函数理论、贝叶斯随机规划、前景理论等对新农保养老保险基金的动态投资与决策问题进行研究,进一步探究养老金保值增值的有效途径;按照风险的识别、评估及控制的研究思路,针对新农保的风险管理问题,重点针对新农保制度中核心风险,包括制度设计风险、筹资风险、运营管理风险及给付风险提出相应的风险控制方案。从新农保筹资、基金收支平衡等实证研究中探究新农保制度的可持续发展问题。据此将仿真结果反馈到指标体系,进一步优化精算指标体系,以期实现新型农村养老制度可持续发展。以上研究内容凝练了作者在养老保险精算领域近 5 年来的研究成果并进行了相应的更新和完善。

本书第 1 章主要是对新农保制度的发展现状和研究现状进行梳理。重点分析了国外农村社会养老保险中统一型、分散型、统分结合型的制度模式,以及国内典型地区新农保试点的实施效果,这对我国修正和完善农村养老保险制度,具有十分重要的借鉴意义。对于新农保的研究现状,从新农保基金的筹集、新农保基金的管理与运营、新农保政策财政支持的研究、新农保政策实施效应探讨及新农保政策的可持续发展问题研究五个方面进行了文献梳理。现有研究为新农保制度模式和目标优化、政策路径选择提供了良好的理论支持与实证经验,具有重要的可借鉴价值,但也存在一定的局限性或者是需要进一步深入研究的地方。

第 2 章从养老金对个人的保障水平测度下的微观层面和政府养老金供给可持

续性的宏观层面进行分析，构建新农保可持续发展的精算指标体系。微观层面研究养老金对个人的保障水平时，根据不同参保年龄选择不同缴费档次的情况进行保障水平的比较；按照长缴多得和多缴多得的原则设置差异化的政府补贴，考虑缴费年限的差异设置不同的激励系数；根据精算平衡原理得到养老金月计发系数的表达式，在对预期余命进行合理测算并对基金收益率合理设定的基础上，调整月计发系数；研究新农保替代率时，从供给替代率和需求替代率两方面对比分析；定义贡献率指标，并和替代率指标进行对比分析。宏观层面分析政府养老金可持续供给问题时，建立新农保政府财政责任的计量模型，并分地区讨论政府财政政策的差异性和优化方法；在此基础上，界定出新农保适度水平，对公共财政补贴的适度水平即财政对新农保的补贴额对财政收入的占比进行了测算。将上述微观和宏观指标进行汇总，通过指标组（供给替代率、需求替代率、贡献率、财政适度水平），进而构建城乡协调率模型，用于评价城乡居民养老保险一体化后的实施效果。

第3章研究新农保养老保险基金的投资与决策问题。应用分数布朗运动理论、罚函数理论、贝叶斯随机规划、前景理论等对新农保养老保险基金的管理与决策问题进行研究。依据风险资产遵循分数布朗运动的投资模型，假设基金经理的目标是最小化预期效用损失函数，把随机优化的控制问题转换为一个非随机优化问题。基于决策优化控制准则，取得了一个明确的优化策略解决方案。假定养老保险基金投资者的目标函数为基金最终财富期望最大，利用贝叶斯随机规划的求解方法构建情景树，给出求解最优投资策略的计算步骤，通过模拟分析，研究最优投资策略的规律。基于罚函数理论，构建组合收益率损失厌恶效用与不同资产收益率损失厌恶效用之间的偏差函数，以偏差最小化作为优化目标，将不同资产的比例限制作为边界条件，建立投资组合的优化模型。结合线性部分信息（linear partial information，LPI）理论与两阶段随机规划的相关理论，构建了基于LPI理论和两阶段随机规划的养老金投资策略模型。在基于前景理论的决策模型中，本书主要介绍了两类：一是区间直觉模糊数的随机多准则决策问题；二是针对具有语言评价变量、各准则发生概率不同且准则权系数部分已知的风险型多准则决策问题，提出了一种基于前景理论结合云模型的决策方法。

第4章讨论新农保制度实施中的风险管理问题。针对新农保的风险管理问题，从风险识别、风险测度、风险控制、风险管理评价几个方面进行了系统研究。依据相互牵制原则、成本效益原则、整体结构原则、协调与效率原则、前瞻性原则及重要性原则对新农保制度进行风险管理。在风险识别过程中，根据第2章从微观层面保障水平和宏观层面可持续发展建立包括新农保制度设计风险、筹资风险、管理风险、给付风险4个一级指标和12个二级指标的风险评估体系，通过层次分析法（analytic hierarchy process，AHP）确定指标权重，采用模糊综合评价（fuzzy comprehensive evaluation，FCE）的方法构建风险控制 FCE 模型。对新农保管理过程中的委托-代理问题，通过构建委托-代理激励机制优化模型进行风险控制。针对新农保给付风险的评估与控制，一方面，考虑农村养老保险领取养老金问题可视为保险公司索赔问题，研究了基于风险控制的破产问题；研究涉及一个类型的主索赔和两种类型的副索赔，即一般风险模型带有延迟索赔的扩展风险模型。另一方面，考虑连续时间情形下给付确定型养老金模型的最优控制问题，在养老金给付期望为指数增长，目标函数为最小化贡献率风险和偿付能力风险线性组合的假设下，即在给付已知的情形下如何确定合理的缴费率使得政府承担的风险最小，得到无风险投资时的最优贡献率和最小风险。

　　第 5 章从新农保筹资、基金收支平衡等实证研究中探究新农保制度的可持续发展问题。从新农保资金筹集的可持续性进行分析，分别从政府补贴、集体补助和个人缴费三个方面进行分析研究，并以河北省农民为例，利用调研数据，建立 Logistic 统计回归模型，对影响农民对新农保的需求程度的影响因素进行分析。将农户是否参加新农保和缴费金额纳入同一分析框架，通过构建 Heckman 两阶段模型对农户新农保参保概率及缴费金额的影响因素进行实证分析，并据此探讨中国新农保制度的可持续性问题。根据新农保基金收支平衡，运用基金收支精算模型，将其模型中采用的政府补贴率计算方式，转变为更多省份普遍采用的分档补贴方式，并通过设定的变量和各个参数在建立的模型中进行应用，模拟河北省 2015～2035 年新农保基金收支平衡的发展状况。据此，提出保障新农保可持续发展的政策建议。

　　本书得到了国家自然科学基金（编号：71671064）、华北电力大学的新能源电力与低碳发展研究中心北京市重点实验室和中央高校基本科研业务费专项资金项目（编号：2018ZD14）、国家社会科学基金重点项目（编号：19AGL027）的支持。此外，在写作过程中本人的博士生刘会成、刘慧晖、伊茹、郭奉佳，硕士生李真、郭贵雨、耿磊、黄鑫等为本书校对做了大量工作，在此，表示衷心的感谢！由于水平有限，书中难免存在不妥之处，恳请广大读者批评指正。

高建伟

2019 年 4 月

目　　录

第1章 新农保发展现状分析

1.1 新农保制度概述及发展现状

"新型农村社会养老保险制度"简称新农保制度，是指由政府组织引导，匹配城镇职工养老保险制度，建立社会统筹账户与个人账户，实行以政府补贴、集体补助和个人缴费相结合，以保障农民年老后的基本生活的一种制度。

随着我国人口老龄化问题日趋严重，养老保障问题日益成为社会各界关注的焦点，党中央、国务院也高度重视，明确提出到 2020 年基本建立覆盖城乡居民社会保障体系的目标。2009 年 9 月 1 日，国务院印发了《国务院关于开展新型农村社会养老保险试点的指导意见》(国发〔2009〕32 号)(简称《指导意见》)，正式启动全国新农保试点工作。2011 年，国家开展城镇居民养老保险制度(简称城居保)试点，与新农保一起构建一道城乡居民老年生活的保障网。随着新农保和城居保工作的不断推进，国务院于 2014 年发布了《国务院关于建立统一的城乡居民基本养老保险制度的意见》(国发〔2014〕8 号)(简称《统一意见》)，把新农保与城居保合并为城乡居民基本养老保险(简称城乡居保)制度。但由于城居保涉及人数相对较少，因此建立健全城乡居保的关键仍在于完善农村养老保险制度。

新农保制度具有以下特点：

(1)新农保是一项坚持从实际出发的重大惠农政策。新农保的基本原则是"保基本、广覆盖、有弹性、可持续"。新农保的实施有利于缩小城乡差距、推进基本公共服务均等化、改变城乡二元结构，是实现广大农民老有所养、增加农民收入、促进社会和谐的重要制度安排。同时也标志着我国农村社会保障事业进入了新的历史时期，为进一步提高农村社会保障水平指明了道路。

(2)新农保实行社会统筹与个人账户相结合的模式。新农保制度的设计参照了城镇职工基本养老保险(简称城职保)制度，实行社会统筹与个人账户相结合的模式，基础养老金的设立采用社会统筹的方式，带有共济性和普惠性，而新农保制度个人账户的设立，则体现长缴多得、多缴多得的特点，既适应农民收入的差异性，也有利于调动农民的参保积极性。

(3)新农保账户资金的筹集实行政府补贴、集体补助与个人缴费相结合的模式。政府补贴，一是指根据《指导意见》，中央财政对中西部地区给予每人 55 元/月的全额补助，对于东部地区给予全额补助的一半，2015 年，城乡居民养老保险合并后，基础养老金标准提高至 70 元/月；二是指地方政府对农民缴费给予补贴，补贴标准不低于每人每年 30 元。集体补助，因各地集体经济发展不平衡，不作硬性的统一规定，有条件的村集体应对村民的缴费给予适当补助。个人缴费，在新农保制度的试点之初，《指导意见》设立了 100～500 元 5 个档次的个人缴费标准，地方政府可以根据实际需要增设档次，农民根据自身情况自主选择；随着新农保制度的全面覆盖，2014 年 2 月，国务院在其颁布的《统一意见》中设立了 100～2000 元共 12 个档次的个人缴费标准，以便农民看得清、算得明、有弹性，同时也利于管理。以上筹资来源中，中央政府补贴作为基础养老金计入社会统筹账户，地方政府补贴、集体补助及个人缴费全部计入个人账户。

2009 年，按国务院《指导意见》的设计和相关政策安排，对全国 27 个省、自治区的 320 个县（市、区、旗）和 4 个直辖市（不包括港澳台地区）开展了首批新农保试点，首批试点地区占全国县（市、区、旗）的 10%，截至该年底，有 1538 万人参保，基础养老金领取人数达 403 万，累计发放基础养老金 3 亿元。2010～2011 年，新农保试点工作迅猛发展。2012 年，在我国政府相关部门的部署和主导下，新农保和城居保实现了全国覆盖，截至该年底，两项制度参保人数达到 4.83 亿人，2012 年基金收入达 1829.2 亿元，其中，个人缴费收入达 594 亿元。两项制度领取养老金待遇人数 1.33 亿人，2012 年基金支出 1149.7 亿元，当年结余 679.5 亿元，截至 2012 年底，基金累计结余 2302.2 亿元。2013 年，两项制度继续发挥其应有的作用，参保人数与待遇领取人数分别达 4.98 亿人和 1.38 亿人，基金收入达 2052 亿元，基金支出达 1348 亿元，当年结余 704 亿元，截至 2013 年底，基金累计结余 3006 亿元。基于新农保与城居保均取得不错成绩的情况，2014 年 2 月，国务院决定将两项制度合并，建立全国统一的城乡居民养老保险制度，标志着我国养老保险制度进入了一个全新的阶段，为建立统一的国民基本养老保险制度改革打下了坚实的基础。

1.2　国外农村社会养老保险的经验借鉴

从宏观的角度出发，按照各个典型国家农村养老保险制度的总体设计、基本特点、运行机制等标准将世界各国的（农村）养老保险制度划分为统一型、分散型及统分结合型三种基本模式。深入分析比较这三种（农村）养老保险国际模式，对我国修正和完善农村养老保险制度，具有十分重要的借鉴意义。

1.2.1　统一型模式：美国

美国养老金体系有三大支柱：强制养老保障计划、福利养老金计划、个人养老金账户计划。强制养老保障计划由美国联邦政府提供，覆盖美国绝大多数民众，是美国人退休后最普遍的收入来源之一。通常只要工作十年，美国公民就能从政府领取退休金，从而免于陷入生活贫困。福利养老金计划分为两个部分：其一是美国联邦政府为联邦公职人员所提供的、各州和地方政府为其公职人员提供的各类养老金福利；其二是企业或其他社会组织为其雇员所提供的各种养老金计划。个人养老金账户计划以个人自愿参与，联邦政府提供税收优惠为基本原则，用以补充强制养老保障计划和福利养老金计划的缺陷。

在三大支柱的强势支撑之下，美国养老金体系成为其整个社会安全金体系中最牢固的基石，同时，使美国成为全世界拥有最大安全金体系的国家。

1.2.2　分散型模式：德国

德国农村养老保险采用的是分散型模式，即根据农村人口的不同类型，制订并实施养老保险多样化计划。在德国，现行的农村社会养老保险制度是在其1957 年 7 月颁布的《农民老年救济法》的基础上建立的，它是一种法定的强制保险，所有农民都必须参加，但在一些特定的情况下，也可依法或申请免除保险义务。该保险制度的主要任务是为农场主及其配偶、家属、遗属发放养老金，保障老年农民和过早丧失劳动能力的农民的基本生活。

历经数十年的改革和实践，德国的农民社会养老保险制度取得了显著的成效，也基本实现了平等福利的目标。在这一进程中，德国政府为农村社会保障提供多种补贴和援助，为实现国民收入再分配，扮演着重要角色。德国对养老金的发放形式并不只局限于现金发放，而是结合向农民提供"经营和家政服务"的方式，以达到双重效果，即解决农民养老问题与缓解就业压力。

1.2.3　统分结合型模式：日本

日本的农村社会养老保险制度采用的是统分结合型模式，既将农民纳入一般养老保障制度之中，又建立单独的农民养老保障制度。20 世纪 70 年代末，日本政府开展了富有成效的农村居民养老保险制度改革，在其"全民皆保"的国民年金制度的基础上，确立了农业劳动者老龄年金。2001 年，日本政府修订了《农业劳动者年金基金法》，确立了日本的农民养老保障体系以"国民年金+农业劳动者年金"为主体。针对年满 60 岁（含）的居民，或无缴费能力者，日本政府确立了免费享受国民年金的制度。

1.2.4　国外农村社会养老保险制度的经验借鉴

以上三种农村社会养老保险模式的分析，为我国农村社会养老保险制度的建立提供了可借鉴的思路，但我国究竟该如何选择，不能一概而论。世界银行集团等国际权威机构认同和倡导的多支柱农村养老保险模式，应成为我国农村养老保险制度的发展方向。由于我国农村人口结构存在特殊性，我国土地也尚具备部分养老保障功能，建立土地、家庭及社会养老保险相结合的，具有中国特色的多支柱农村社会养老保险制度，应是我国目前最佳的选择。

1.3　国内典型地区新农保的探索与试点

开展新农保试点是养老保险制度中国化的重要标志，充分体现了社会主义更积极、主动追求公平普惠的本质要求。新农保制度实施至今，已基本实现全国范围的覆盖，而其中江苏省实施效果比较显著。本书将以江苏省为例，探讨新农保的探索与试点。

江苏省新农保制度的实施与建设从统一业务规程、基金管理办法、财务核算规定与管理信息系统四方面入手，逐步完善农村经办管理基础建设，提高农村经办服务水平，落实新农保政策要求。南京市向社会公开招聘了 600 多位社会保险协管人员，构建农村社区劳动保障工作平台，所需经费、网络建设维护费等均纳入区（县）政府财政预算。南京市高淳区整合县级经办机构，同时，给每个乡镇劳动保障所配置 3～5 名工作人员，在其管制下的每个行政村都建立村级劳动保障服务站，并且给全县经办人员进行业务培训，做到机构、人员、工作、制度、场地和经费的六到位。根据 2009 年人力资源和社会保障部发布的146 号文件《新型农村社会养老保险信息系统建设指导意见》的要求，江苏省结合自身实际情况，制定了全省新农保信息系统建设工作与技术方案，并成立了信息系统建设工作领导小组。全省按照"统一、规范、集中、简便"的原则，统一建设新农保信息系统，全面支持对参保登记、保费收缴、待遇支付、转移接续、个人账户管理、基金管理、稽核内控和统计查询等经办流程的全过程管理，并将按照自上而下的管理体系，逐步建立起全省数据大集中的新农保信息系统。至今，全省大部分地区建立了信息系统，其中泰州、南京等地的信息系统已经实现了数据市级集中和市、县、乡镇、村的四级联网。同时，泰州、镇江等地已将新农保纳入城乡居民养老保险系统，实现了新农保信息系统与其他业务系统的关联。

1.4　我国新农保研究现状

北京、苏州等经济发达地区首先开始探索建立新农保制度。到 2009 年 9 月1 日，国务院颁布了统一的《指导意见》，新农保试点工作在全国范围内普遍展开。

随着新农保制度试点的持续开展,国内学术界关于新农保制度的研究也不断深入[1-5]。在参考相关文献资料的基础上,本节根据学术界专家学者的研究热点,对新农保研究的现状进行分析与梳理。

1.4.1　新农保基金的筹集

关于新农保的基金筹集,我国实行的是社会统筹与个人账户相结合的统账结合模式。学者针对新农保基金筹集的研究主要集中在两个方面:一是筹资模式问题;二是探讨筹资存在的问题与对策。对于现阶段我国新农保筹资模式主要存在三种不同的观点,即实行现收现付制的筹资模式、实行完全积累制的筹资模式和实行部分积累制的筹资模式。对于筹资方面存在的问题,学者普遍认为现阶段新农保存在的问题有监督机制缺乏、地方政府补贴压力大及筹资水平低等,针对相应问题,学者从完善政府政策、强化政策执行力度及拓宽资金筹集渠道等角度提出了相关的对策措施。

1.4.2　新农保基金的管理与运营

关于基金的管理与运营,学者的研究思路主要有两点:一是完善监督制约机制和风险防范机制;二是基金运营的市场化。面对资金的通货膨胀风险,实现新农保制度必须解决的重要问题是,如何实现"新农保"个人账户的保值增值问题。梁春贤[6]从拓宽投资渠道、提高运营机构的市场化水平、基金管理人监控、投资运营的风险防范、政府担保机制、建立民间监督机制等方面提出了提高农村养老保险基金运营效率的对策。汤晓阳[7]借鉴国内外成功经验,从设立专门的农保经办机构、积极探索新农保基金的保值增值多元化途径、丰富和规范新农保基金的监管手段、推进农村养老保障相关法律法规的建设、建立完善的信息管理系统、全面提高新农保基金的信息化管理水平和服务能力等方面探讨了我国新农保基金的科学管理和运作方式。

1.4.3　新农保政策财政支持的研究

关于新农保财政支持,学者的研究主要集中在中央和地方政府的责任划分、支持能力的可持续性两个方面。

对于中央和地方政府的责任划分,学术界普遍认为在新农保制度的构建中,应当进一步根据在新农保建设中的事权来合理分配补贴责任至中央和地方政府,且由于我国各地区经济发展差异较大,也应根据实际情况确定省、市、县各级政府的责任，加大中央财政对贫困地区的补贴力度，保证新农保制度的可持续发展。例如，刘昌平和谢婷[8]认为因地方政府的财力差距较大，中央政府应当承担起"兜底"的责任，特别是对于经济不发达、欠发达地区，中央政府应当承担比地方政府更大的财政补贴责任。朱俊生[9]认为我国中西部地区经济发展不均衡，农村养老保险费用的配套补贴会导致经济欠发达地区地方政府财政压力大，从而影响新农保制度的推进速度。因此，有必要根据各地经济和社会发展水平等实际情况，合理分担政府补贴，重构中央与地方政府之间的财政关系。

对于政府财政支持能力的可持续性问题，学者做了大量研究。得出的结论主要是，随着我国经济与财政收入的稳步增长，对于中央财政，完全有能力承担新农保的补贴，不存在太大的压力；但因为各地区实际情况有差异，其相应的财政压力并不均衡，所以需要对经济落后地区加大补贴力度。例如，邓大松和薛惠元[10]利用 2008 年全国人口、财政等方面的数据，分别测算分析了中央财政与地方政府财政的筹资能力，结果表明中央财政完全有能力承担新农保补贴，但就各地区而言，发达地区财政压力不是很重，而贫困地区财政负担较大。曹信邦和刘晴晴[11]对我国未来 30 年新农保制度的政府财政支持能力进行了预算，结果表明在 50% 的养老金替代率目标下，政府财政负担的最高支出比例仅为 3.5%，政府财政完全能承担新农保的补贴。同时，进一步研究指出各地财政压力差异较大，需要加大对中西部地区的补贴力度，减轻中西部地区的财政压力，确保新农保财务收支平衡。

1.4.4　新农保政策实施效应探讨

完善的社会保障体系具有减少贫困、促进消费及收入再分配等功能。学者从这三个方面对新农保的实施效应进行了探讨。范辰辰和陈东[12]在系统的理论分析的基础上，采用多种计量模型，利用 2011 年中国健康与养老追踪调查（China Health and Retirement Longitudinal Study，CHARLS）的全国调查数据对新农保政策的减贫效应进行了分析。研究结果表明，新农保在全国范围内显著降低了农村居民贫困发生的概率，提高了农村居民的收入水平，增强了农民的经济保障能力。进一步地，对不同年龄群体分组检验的结果表明，作为主要目标群体的农村老年人受政策影响更为显著，但是处于缴费阶段的农民并不会因为参保致贫，某种程度上甚至有减贫的效果。沈毅和穆怀中[13]利用 2011 年截面数据消费模型对新农保实施的消费效应进行了实证分析，研究结果表明在限制其他条件不变的情况下，农村养老保险基金支出每增加 1 亿元，就可以拉动农村居民 18 亿元左右的当期生活消费支出。同时对农村居民消费水平的纵向研究表明，上一年度的消费水平会对当年消费产生正向的影响，影响系数在 1.2 倍左右。因此，加大农村养老保险基金支出，完善制度建设，能促进消费。贾洪波[14]在一般均衡的框架下通过构建两期迭代模型来对新农保制度实施后的收入再分配效应进行了探索研究，从养老金替代率、收入再分配净值率、终生消费-收入水平比、消费差距四个方面对新农保制度实施后的收入再分配效应做了定量化模拟，结果表明新农保实施后收入再分配效应明显，养老金替代率、收入再分配净值率、终生消费-收入水平比、消费差距均有所增加。

1.4.5　新农保政策的可持续发展问题研究

新农保政策的实施，为推动新农保制度的建立、实施，各级政府皆投入了极大的热情与大量的财政资金，也带来了很高的社会赞誉。但也需要客观看到我国还是经济发展水平还不高的发展中农业大国的国情，实施新农保制度，从试点、完善到制度成熟，都还面临着不少困难和挑战，也需要一定的时间和较长的过程。在当前，尤其需要根据制度的内在要求和现实情况，把握基本要领，明确战略重点，通过加快完善体制机制，夯实制度基础，积极稳妥地推进新农保的健康、可持续发展。

为了研究新农保制度的可持续发展，学者对新农保制度实施过程中存在的一些问题纷纷做了探讨。刘军民[15]论述了推进我国新农保制度的基本要领和战略重点，提出在当前既要贯彻"保基本、广覆盖、保急需、促公平"等基本要领，又要注重强化政府主导、完善体制、完善个人账户制度、加强政策配套，妥善解决新农保与其他社保政策的接续转移问题等战略重点。张玉华[16]在归纳新农保主要内容的基础上对影响新农保可持续发展的问题进行了分析，并从改进基金筹集方式、分类设定基金筹集方式等途径探讨相应的对策，以推进新农保的可持续发展。张永春等[17]根据新农保实施的现状指出，新农保政策在定额缴费制度、各级政府财政补贴分担方面存在不合理因素，新农保筹资在村里面人工收费容易出现道德风险与刑事犯罪等问题。然后通过调研发现，构建新农保长效可持续发展筹资机制的关键是提高新农保待遇水平。并提出在新农保个人缴费中采用比例制缴费方式，尽快提高新农保的出、入口补贴待遇，合理分配各级政府的财政责任，国家支付新农保 60 岁以上每人 55 元/月应该提高到 100 元/月，大力拓宽新农保资金保值增值的渠道，新农保筹资机制实行省级统筹等解决方案。陈晓安和张彦[18]提出从法律保障、财政资金保障、经办机构与人员保障、监督体系保障、投资渠道保障、信息化经办条件保障和尊老敬老的孝文化保障七个方面构筑新农保制度可持续发展的制度保障体系。钟涨宝和聂建亮[19]通过对江西省赣州市、四川省宜宾市、湖北省随州市和山东省德州市农民的抽样问卷调查，从农民参保行为选择的视角出发探讨了中国新农保制度的可持续性，并建立 Logistic 回归模型对影响农民参保行为选择的因素进行了实证分析，结果表明，随着时间的推移，农民参保行为发生的概率呈上升的趋势，从而保证新农保制度的可持续性。

1.5 本 章 小 结

学者的现有研究为新农保制度模式和目标优化、政策路径选择的研究提供了良好的理论支持与实证经验，具有重要的可鉴价值，但也存在一定的局限性或者需要进一步深入研究的地方。

本书从老龄化背景下可持续发展的精算角度入手，通过构建精算指标体系，从微观层面找到提高新农保保障水平的有效措施，从宏观层面探究新农保制度的可持续发展问题。重点针对新农保养老保险基金的保值增值、风险管理等方面进行研究。

第 1 章主要介绍新农保的发展和研究现状，以及国外经验借鉴和国内典型地区新农保实施效果评析；

第 2 章从养老金对个人的保障水平测度下的微观层面和政府养老金供给可持续性的宏观层面进行分析，构建新农保可持续发展的精算指标体系；

第 3 章应用分数布朗运动理论、贝叶斯随机规划、前景理论等对新农保养老保险基金的管理与决策问题进行研究；

第 4 章主要研究新农保制度实施过程中风险的识别、评估及控制的问题，重点针对新农保制度中的核心风险（包括制度设计风险、筹资风险、基金管理风险及给付风险）提出相应的风险控制方案；

第 5 章从新农保筹资、制度效应、基金收支平衡等实证研究中探究新农保制度的可持续发展问题。

本书的研究思路如图 1-1 所示。

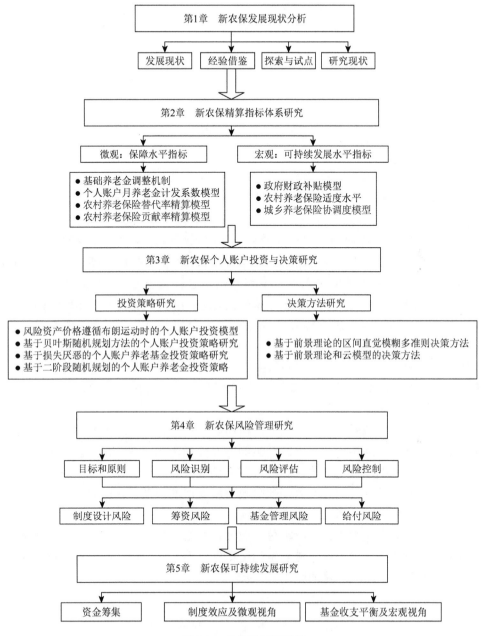

图 1-1　本书研究思路图

第2章 新农保精算指标体系研究

2.1 新农保精算指标体系研究概述

在构建新农保可持续发展的精算指标体系时，从养老金对个人的保障水平测度下的微观层面和政府养老金供给可持续性的宏观层面进行分析。

微观层面研究养老金对个人的保障水平时，按照不同参保年龄下选择不同缴费档次的情况进行保障水平的比较：①按照长缴多得和多缴多得原则设置差异化的财政补贴，入口补贴中随着缴费档次的提高加大补贴力度，出口补贴即基础养老金补贴除了根据收入增长率和通胀率进行调整外，考虑缴费年限的差异设置不同的激励系数；②根据精算平衡原理得到养老金月计发系数的表达式，对预期余命进行合理测算并在基金收益率合理设定的基础上，调整月计发系数；③研究新农保替代率时，从供给替代率和需求替代率两方面对比分析，分析并找到提高保障水平的有效措施；④为了更好地衡量新农保的保障水平，定义贡献率指标，即养老金领取额对于基本生活需求的覆盖程度，并和替代率指标进行对比分析。

宏观层面分析政府养老金可持续供给问题时：①建立新农保政府财政责任的计量模型，并分地区讨论政府财政政策的差异性和优化方法，得到衡量中央和地方不同的财政补贴规模的公式；②在财政补贴规模的基础上，界定出新农保适度水平，对公共财政补贴的适度水平即财政对新农保的补贴额占财政收入的比例进行测算，衡量财政对于新农保的支持力度。

将上述微观和宏观指标进行汇总，通过指标组（供给替代率、需求替代率、贡献率、财政适度水平）构建城乡协调度模型，用于评价城乡居民养老保险一体化后的实施效果。研究思路如图2-1所示。

2.2 基础养老金调整机制

新农保设立财政全额负担的基础养老金是其最引人瞩目的特点，也是新农保区别于我国20世纪90年代开展的农村社会养老保险（简称老农保）最重要的优势。新农保基础养老金在整个新农保制度实施中扮演着重要的角色，发挥着不可替代的作用。

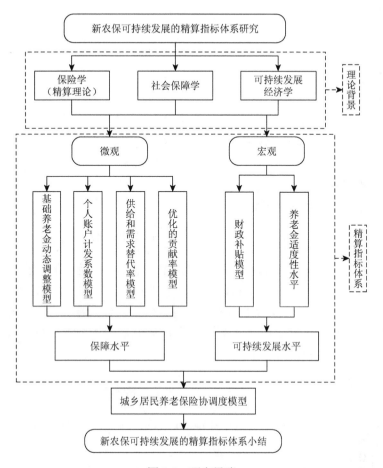

图 2-1　研究思路

国务院从 2014 年 7 月 1 日起首次统一提高基础养老金最低标准，从每人 55 元/月提高至 70 元/月。在研究基础养老金待遇时，为了体现政策关于长缴多得的激励机制，本书结合缴费年限、收入增长率以及基金收益率等因素，给出新农保基础养老金计算公式：

$$BP = m \cdot \delta \cdot \phi(t) \cdot F(X) \qquad (2\text{-}1)$$

式中，BP 为新农保基础养老金；m 为基础养老金的初始值即当前发放额，m 由缴费标准、缴费档次、基金收益率等因素共同决定；δ 为缴费年限所决定的基础养老金激励系数；$\phi(t)$ 为常规性调整函数；$F(X)$ 为系统性调整函数。

1）基础养老金激励系数

δ 的大小由缴费年限决定。

$$\delta = \begin{cases} 1, & x > 60 \\ \dfrac{n}{15}, & x \leqslant 45 和 n \geqslant 15 \\ \dfrac{x-45+n}{15}, & 45 < x < 60 和 (x-45+n) \geqslant 15 \\ 0, & x \leqslant 45 和 n < 15，或者 45 < x < 60 和 (x-45+n) < 15 \end{cases} \quad (2\text{-}2)$$

式中，x 为参保年龄；n 为累积缴费年限。超过 45 岁的参保人 x–45 是视同缴费，实际缴费年限总和大于等于 15 年即可。这一激励系数体现出对参保人增加缴费年限的激励，即长缴多得。

2）基础养老金常规性调整

$$\phi(t) = \left[\frac{f(t-1) + g(t-1)}{2} + 1 \right] \cdot \phi(t-1) \quad (2\text{-}3)$$

式中，$\phi(t)$ 为 t 期基础养老金常规性调整函数；$\phi(t-1)$ 为 t–1 期基础养老金常规性调整函数；$g(t-1)$ 为 t–1 期农民收入增长率；$f(t-1)$ 为 t–1 期基金收益率。式（2-3）表示 t 期基础养老金的常规性调整是在 t–1 期基础养老金常规性调整因子基础上，再结合 t–1 期农民收入增长率及基金收益率的平均值进行修正。

3）基础养老金系统性调整

$$F(X) = \begin{cases} \left(\dfrac{0.2}{T_B} \right)^{\frac{1}{L}}, & (T_B + T_P) \geqslant 80\% 和 T_B > 20\% \\ 1, & 40\% < (T_B + T_P) < 80\%，或者 (T_B + T_P) \geqslant 80\% 和 T_B \leqslant 20\% \\ \left(\dfrac{0.4 - T_P}{T_B} \right)^{\frac{1}{L}}, & (T_B + T_P) \leqslant 40\% \end{cases}$$

$$(2\text{-}4)$$

式中，$F(X)$ 为基础养老金系统性调整函数；L 为系统性调整时间，系统性调整一般 3～5 年调整到位，因此 $3 \leqslant L \leqslant 5$；$T_B$ 和 T_P 分别为基础养老金替代率和个人账户养老金替代率；式（2-4）表示基础养老金替代率和个人账户养老金替代率在达到一定阈值条件时新农保基础养老金要进行指数化调整，以避免新农保基础养老金出现异常波动。

根据式（2-1），可得到基础养老金替代率 R_1：

$$R_1 = \frac{\text{BP}}{W} = \frac{A \cdot \delta \cdot \phi(t) \cdot F(X)}{W_0 (1+g)^{b-a}} \quad (2\text{-}5)$$

式中，BP 为新农保基础养老金；W 为给付期前一年的农村居民人均纯收入；W_0 为缴费期开始前一年的农村居民纯收入；g 为农村居民人均年收入增长率；A 为个人账户养老金计发系数；a 为领取基础养老金的初始年龄，b 为开始领取基础养老金后的某个年龄。

2.3　个人账户月养老金计发系数模型

2.3.1　新农保个人账户养老金计发系数的公式推导

为了便于公式的推导，对所用到的指标做出以下含义假定，如表 2-1 所示。

表 2-1　新农保个人账户养老金计发系数公式字母表示

代表含义	字母表示
参保农民在年满 60 岁时个人账户的全部储存额	I
个人账户养老金年标准	P
个人账户在领取期间的年收益率	r
农民开始领取养老金的年龄	b
农村居民最大存活年龄	w
参保农民各年领取的个人账户养老金在开始领取养老金时的总额现值	E
个人账户养老金计发系数	A

可以推导出以下公式：

$$E = P + \frac{P}{1+r} + \frac{P}{(1+r)^2} + \cdots + \frac{P}{(1+r)^{w-b-1}} = P\sum_{i=0}^{w-b-1}\frac{1}{(1+r)^i} \tag{2-6}$$

在个人账户基金平衡无缺口的情况下，开始领取养老保险时的个人账户养老金积累总额等于各年份领取个人账户养老金总额的现值，即 $I = E$，可得到

$$P = \frac{I}{\sum_{i=0}^{w-b-1}\frac{1}{(1+r)^i}} = \frac{I}{\dfrac{1-(1+r)^{-(w-b-1)}}{r}+1} \tag{2-7}$$

式中，$\dfrac{1-(1+r)^{-(w-b-1)}}{r}+1$ 为个人账户养老金计发系数的年数，则个人账户养老金计发系数 A 为

$$A = 12\left[\frac{1-(1+r)^{-(w-b-1)}}{r}+1\right] \tag{2-8}$$

由式（2-8）可以看到，个人账户养老金计发系数 A 主要与参保农民开始领取新农保个人账户养老金后的剩余存活年限有关，也与新农保个人账户投资的收益率 r 有关。它们之间的相关性，将在后面进行验证。

2.3.2　农村居民预期寿命

选取 2000 年、2005 年、2010 年、2015 年的相关人口普查和统计数据编制出农村居民生命表。表 2-2 给出了 2000 年、2005 年、2010 年和 2015 年农村居民的平均预期寿命。

表 2-2　2000 年、2005 年、2010 年和 2015 年农村居民的平均预期寿命（单位：岁）

年龄组	2000 年	2005 年	2010 年	2015 年
0 岁	71.40	73.78	74.83	75.80
60 岁	11.40	13.78	14.83	15.80

数据来源：《中国统计年鉴 2000》《中国统计年鉴 2005》《中国统计年鉴 2010》《中国统计年鉴 2015》，以及第六次全国人口普查

2.3.3　新农保个人账户收益率的假定

国务院发布的《指导意见》规定："个人账户储存额目前每年参考中国人民银行公布的金融机构人民币一年期存款利率计息。"也就是说，目前我国新农保个人账户采用了稳定的储蓄投资方式，因此，以银行同期的一年期基准利率作为个人账户收益。近年来，中央银行多次发出降息政策，仅 2015 年中央银行多次调整一年期存款基准利率，从 2.5%到 1.5%多次浮动降息。

本章以 2015 年的平均基准利率值 2%为养老金个人账户积累期间的年利收益率。随着中国经济的不断发展和金融市场趋于稳定，稳定的储蓄类投资收益率逐渐降低，未来将趋于平稳。据近年来的经验数据，此处假定个人账户的收益率不超过 4%。

2.3.4　新农保个人账户养老金计发系数的可持续风险评估

根据对居民生命预期的测算，可以得到 2000 年、2005 年、2010 年和 2015 年四个代表年份的 60 岁农村居民的平均预期存活年限。在不同预期的基础上，对新农保个人账户收益率分别为 2%、3%、4%的情况下进行新农保个人账户计发系数的测算，可得结果如表 2-3 所示。

表 2-3　新农保个人账户养老金计发系数参数设置比较

根据 2000 年农村居民 60 岁时的平均预期余命 11.40 岁测算	个人账户收益率/%	2	3	4	0.4
	计发系数	123	117	112	139
根据 2005 年农村居民 60 岁时的平均预期余命 13.78 岁测算	个人账户收益率/%	2	3	4	3.1
	计发系数	146	138	130	139

根据 2010 年农村居民 60 岁时的平均预期余命 14.83 岁测算	个人账户收益率/%	2	3	4	3.9
	计发系数	156	146	138	139
根据 2015 年农村居民 60 岁时的平均预期余命 15.80 岁测算	个人账户收益率/%	2	3	4	4.5
	计发系数	164	154	144	139

从表 2-3 可以看出，在 2000～2015 年的 15 年间，新农保个人账户养老金的计发系数在不同时期呈现了不同的情况。

在 2000 年，农村居民 60 岁时的平均预期余命 11.40 岁，个人账户收益率达到 0.4%时便可以实现收支平衡，当个人账户收益率大于 0.4%时，就会出现资金持续积累。而从 2000 年的现实数据考虑可以发现，收益率指数必然会超过 0.4%，在实际操作中将会出现很多老年人未领取完养老保险金就已经去世的情况，保险金将会以一次性发放的形式继承性返还，从而削弱了其中一部分保险金用于养老的目的。

在 2005 年和 2010 年，农村居民开始领取养老金时的平均预期余命分别为 13.78 岁和 14.83 岁，当计发系数为 139，个人账户收益率分别达到 3.1%和 3.9%时，可以实现收支平衡。通过分析 2005～2010 年金融机构人民币一年期存款利率的数据，发现所得到的个人账户收益率是在当时利率浮动范围之中的。而从 2009 年新农保制定政策与开始实施的时间相吻合可以看出，在当时制定的计发系数为 139 的方案是符合基金收支平衡可持续发展的原则的。

然而，随着社会医疗水平的进步，农村居民的老龄化趋势明显。在 2015 年，农村居民 60 岁时的平均预期余命已达到 15.80 岁，在 2000 年，农村居民开始领取养老金时的平均预期余命 11.40 岁。当按照 2015 年规定的个人账户计发系数为 139 时，个人账户收益率需要达到 4.5%时，才可以实现个人账户收支平衡。但是从现实数据来看，2015 年金融机构一年期存款利率在 1.5%～2%，与 4.5%还有很大的差距，而根据经验数据和经济学知识对未来经济形势的预测分析来看，随着我国的经济日趋成熟，金融市场愈加完善，未来利率重返 4.5%的可能性并不大。结合未来人口的寿命将会呈现继续延长的趋势来看，若坚持 139 的新农保计发系数不调整，这就势必会造成基金收支不平衡，个人账户的缺口将会日益扩大，这将会给新农保基金收支平衡的可持续发展造成巨大的威胁。

因此，当前的新农保个人账户养老金计发系数过小，新农保个人账户在未来会存在收不抵支的风险（即给付风险）。从新农保计发系数的角度考虑，为了保证新农保基金收支平衡的可持续发展，个人账户计发系数不可以长期不加调整，应当随着农村居民平均寿命的增加和个人账户收益率（一般借鉴中央银行提供的金融机构一年期存款利率的基准利率）的变化而加以调整。例如，2015 年，个人账户的收益率设定为 2%,预期余命为 15.80 岁,那么可将个人账户计发系数调整为 164。对于已经开始领取养老金的农村居民来说,可以对未领取的部分根据调整后的计发系数计算发放。

2.4　农村养老保险替代率精算模型

2.4.1　新农保替代率的内涵及分类

替代率是参保人领取养老金的领取水平与当年人均收入之间的比率。它是检验和衡量养老保险能否满足参保者生活需求、保障其生活水平的一项重要指标。

替代率的种类有很多,我国学者在替代率方面的研究有很多,建立了适用性强的替代率公式、模型,并将其运用于个人账户养老金设计、失业保险支出、新农保测算模型、居民消费需求等诸多研究领域[20-37]。本书在前人研究的基础上,主要研究供给替代率(即农村老年群体领取的养老金除以当年农民人均纯收入)和需求替代率(即农村老年群体基本生活消费支出除以当年农民人均纯收入)。通过比较供给替代率和需求替代率,得到是否存在影响新农保可持续发展问题的结论。

2.4.2　新农保供给替代率测算精算模型

1. 假设前提

根据国务院发布的《指导意见》的相关规定,为了研究表述方便,本书将新农保采取的养老金供给模式归纳为"单一模式"和"复合模式"两种。其中"单一模式"针对的是在 2009 年新农保开展实施时,年龄已经超过 60 岁的老人,他们无须补缴养老保险金额,便可以每月领取由中央政府补贴的基础养老金。而"复合模式"对应的是年龄处于 16~59 岁,符合条件可以参与新农保缴纳的农村居民,他们需按照新农保养老金的标准持续缴纳参保金,在达到领取养老金年龄时,除了可以领取到基础养老金外,还可以根据自身参保缴费标准的不同,从个人账户中领取相应金额的个人账户养老金。"复合模式"的参保人员最终领取的是由基础养老金和个人账户养老金两部分共同组成的养老金。

这里我们做出以下假定:

(1)新农保参保人的缴费档次不发生变化,且参保期间缴费是持续不间断的。

(2)由于集体补助的不稳定性和各地区的差异性,暂不考虑集体补助在养老金中的部分。

2. 精算模型

首先计算"单一模式"的新农保替代率。

（1）"单一模式"的新农保替代率。根据新农保政策规定，"单一模式"的参保人不用缴纳新农保参保金额就可以领取基础养老金。我们以 P_0 表示新农保当前（2015 年）实施的基础养老金发放标准，以 f 表示基础养老金的实施标准的年平均增长率。以 Y_0 表示上一年（2014 年）全国人均纯收入，以 g 表示全国农民人均纯收入的年平均增长率。故第 t 年，"单一模式"参保人的新农保替代率 RR_t^s 为

$$\mathrm{RR}_t^s = \frac{P_0 \times (1+f)^{t-2015}}{Y_0 \times (1+g)^{t-2015}} \tag{2-9}$$

（2）"复合模式"的新农保替代率。"复合模式"的新农保养老金发放主要由两部分组成：基础养老金和个人账户养老金。其中基础养老金部分与"单一模式"的计算方式相同，其计算公式与式（2-9）相同。

参照新农保的具体政策规定和本书的假设条件，对于选择年缴费标准为 C 的参保人来说，地方政府对参保农民每年补贴 T 元，新农保个人账户养老金的收益率以 r 表示，以 P_1 表示个人账户养老金年领取金额，个人账户养老金平均计发年限为 m 年，以 a 表示参保农民开始缴费年龄，以 b 表示参保农民开始领取养老金年龄，建立新农保个人账户精算模型，如图 2-2 所示。

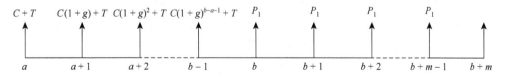

图 2-2　新农保个人账户精算模型

参保农民开始领取养老金时的个人账户的积累额 M 为

$$M = C\sum_{i=1}^{b-a}(1+g)^{b-a-i}(1+r)^i + T\sum_{k=1}^{b-a}(1+r)^k \tag{2-10}$$

参保农民按照计发系数每月领取养老金，将各年领取的养老金贴现到开始领取养老金的年份时的总现值是

$$N = P_1\sum_{j=0}^{m-1}\frac{1}{(1+r)^j} \tag{2-11}$$

以开始领取养老金的年份为时间节点，通过利用积累额和支出额的总现值相等，可得到个人账户养老金的年支出额为

$$P_1 = \frac{C\sum_{i=1}^{b-a}(1+g)^{b-a-i}(1+r)^i + T\sum_{k=1}^{b-a}(1+r)^k}{\sum_{j=0}^{m-1}\frac{1}{(1+r)^j}} \qquad (2\text{-}12)$$

由此可得，"复合模式"的个人账户养老金替代率 RR_1^s 为

$$RR_1^s = \frac{P_1}{Y} = \frac{C\sum_{i=1}^{b-a}(1+g)^{b-a-i}(1+r)^i + T\sum_{k=1}^{b-a}(1+r)^k}{Y_0(1+g)^{b-a}\sum_{j=0}^{m-1}\frac{1}{(1+r)^j}} \qquad (2\text{-}13)$$

由此，可以得到"复合模式"下的新农保基础养老金和个人账户的总供给替代率为

$$RR^s = RR_t^s + RR_1^s \qquad (2\text{-}14)$$

3. 基本参数假设

（1）对于"复合模式"下的参保农民来说，参加新农保即开始缴费的年龄为 16～59 岁，开始领取养老金的年龄为 60 岁。对于"单一模式"下的参保农民来说，参加新农保的年份，即开始领取基础养老金的年份，都是大于 60 岁。

（2）自 2009 年新农保试点开始，政策中关于个人缴费的标准也在不断变化，随着经济的发展，农村居民收入的增加，从 2009 年开始实施时的 100～500 元 5 个缴费档次，到 2015 年的 100～2000 元 12 个档次。政府财政每年会依据个人缴费标准的不同给予不同的补贴。实行"多缴费多补贴，少缴费少补贴"的方式。这里假定采用 30 元的补贴标准作为新农保政府财政年补贴额。

（3）农民人均纯收入增长率和个人账户收益率。参考《中国统计年鉴 2015》的相关数据分析，得到我国农民人均收入水平近年来不断增长，并且已经超过消费水平的增长率（约 6%），达到了 8% 以上的结论。根据经济学规律和我国现实的经济发展状况推断，在未来几十年中，我国仍处在发展中国家高速发展的阶段，虽然人均收入增长率将会趋于平缓，但是仍将超过消费水平的增长速度，因此我们将设定 6% 作为农民人均收入增长率。目前，个人账户养老金的投资方式主要采用较为稳定的储蓄类投资，因此收益率主要参考中央银行公布的金融机构一年期存款基准利率，依据 2015 年的基准利率，这里将新农保个人账户的收益率设为 2%。

（4）个人账户养老金计发年限。根据国务院《指导意见》的规定，新农保个人账户养老金月计发系数为 139，据此可推算个人账户养老金计发年限约为 11.58，即 $m = 139/12 \approx 11.58$。为计算简便，可假设个人账户养老金计发年限为 12。

（5）基础养老金标准和调整系数。随着农民人均收入水平的提高，经济发展、

2. 精算模型

首先计算"单一模式"的新农保替代率。

（1）"单一模式"的新农保替代率。根据新农保政策规定，"单一模式"的参保人不用缴纳新农保参保金额就可以领取基础养老金。我们以 P_0 表示新农保当前（2015 年）实施的基础养老金发放标准，以 f 表示基础养老金的实施标准的年平均增长率。以 Y_0 表示上一年（2014 年）全国人均纯收入，以 g 表示全国农民人均纯收入的年平均增长率。故第 t 年，"单一模式"参保人的新农保替代率 RR_t^s 为

$$\mathrm{RR}_t^s = \frac{P_0 \times (1+f)^{t-2015}}{Y_0 \times (1+g)^{t-2015}} \tag{2-9}$$

（2）"复合模式"的新农保替代率。"复合模式"的新农保养老金发放主要由两部分组成：基础养老金和个人账户养老金。其中基础养老金部分与"单一模式"的计算方式相同，其计算公式与式（2-9）相同。

参照新农保的具体政策规定和本书的假设条件，对于选择年缴费标准为 C 的参保人来说，地方政府对参保农民每年补贴 T 元，新农保个人账户养老金的收益率以 r 表示，以 P_1 表示个人账户养老金年领取金额，个人账户养老金平均计发年限为 m 年，以 a 表示参保农民开始缴费年龄，以 b 表示参保农民开始领取养老金年龄，建立新农保个人账户精算模型，如图 2-2 所示。

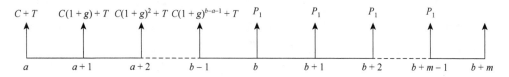

图 2-2 　新农保个人账户精算模型

参保农民开始领取养老金时的个人账户的积累额 M 为

$$M = C\sum_{i=1}^{b-a}(1+g)^{b-a-i}(1+r)^i + T\sum_{k=1}^{b-a}(1+r)^k \tag{2-10}$$

参保农民按照计发系数每月领取养老金，将各年领取的养老金贴现到开始领取养老金的年份时的总现值是

$$N = P_1\sum_{j=0}^{m-1}\frac{1}{(1+r)^j} \tag{2-11}$$

以开始领取养老金的年份为时间节点，通过利用积累额和支出额的总现值相等，可得到个人账户养老金的年支出额为

$$P_1 = \frac{C\sum\limits_{i=1}^{b-a}(1+g)^{b-a-i}(1+r)^i + T\sum\limits_{k=1}^{b-a}(1+r)^k}{\sum\limits_{j=0}^{m-1}\dfrac{1}{(1+r)^j}} \tag{2-12}$$

由此可得，"复合模式"的个人账户养老金替代率 RR_1^s 为

$$RR_1^s = \frac{P_1}{Y} = \frac{C\sum\limits_{i=1}^{b-a}(1+g)^{b-a-i}(1+r)^i + T\sum\limits_{k=1}^{b-a}(1+r)^k}{Y_0(1+g)^{b-a}\sum\limits_{j=0}^{m-1}\dfrac{1}{(1+r)^j}} \tag{2-13}$$

由此，可以得到"复合模式"下的新农保基础养老金和个人账户的总供给替代率为

$$RR^s = RR_t^s + RR_1^s \tag{2-14}$$

3. 基本参数假设

（1）对于"复合模式"下的参保农民来说，参加新农保即开始缴费的年龄为 16～59 岁，开始领取养老金的年龄为 60 岁。对于"单一模式"下的参保农民来说，参加新农保的年份，即开始领取基础养老金的年份，都是大于 60 岁。

（2）自 2009 年新农保试点开始，政策中关于个人缴费的标准也在不断变化，随着经济的发展，农村居民收入的增加，从 2009 年开始实施时的 100～500 元 5 个缴费档次，到 2015 年的 100～2000 元 12 个档次。政府财政每年会依据个人缴费标准的不同给予不同的补贴。实行"多缴费多补贴，少缴费少补贴"的方式。这里假定采用 30 元的补贴标准作为新农保政府财政年补贴额。

（3）农民人均纯收入增长率和个人账户收益率。参考《中国统计年鉴 2015》的相关数据分析，得到我国农民人均收入水平近年来不断增长，并且已经超过消费水平的增长率（约 6%），达到了 8%以上的结论。根据经济学规律和我国现实的经济发展状况推断，在未来几十年中，我国仍处在发展中国家高速发展的阶段，虽然人均收入增长率将会趋于平缓，但是仍将超过消费水平的增长速度，因此我们将设定 6%作为农民人均收入增长率。目前，个人账户养老金的投资方式主要采用较为稳定的储蓄类投资，因此收益率主要参考中央银行公布的金融机构一年期存款基准利率，依据 2015 年的基准利率，这里将新农保个人账户的收益率设为 2%。

（4）个人账户养老金计发年限。根据国务院《指导意见》的规定，新农保个人账户养老金月计发系数为 139，据此可推算个人账户养老金计发年限约为 11.58，即 $m = 139/12 \approx 11.58$。为计算简便，可假设个人账户养老金计发年限为 12。

（5）基础养老金标准和调整系数。随着农民人均收入水平的提高，经济发展、

物价上涨，最低生活保障的标准也在不断提高。新农保政策中规定，基础养老金的部分将随着经济发展以及居民消费价格指数（consumer price index，CPI）的变化而变化，最低标准养老金应适应当前参保农民的现实需求。根据现有的经验数据（从 2009 年新农保设立之初的 55 元/月，到 2015 年的 70 元/月，年增长率约为 4%），假设中央政府补贴部分按照年增长率 4% 的速度增加。因此，基础养老金的每年国家补贴的数额调整幅度 f 为 4%。而依照现行的补贴标准为基数计算，2015 年中央政府将年补贴 900 元作为新农保基础养老金。

4. 测算结果及分析

按照以上的参数设置，可以得到"单一模式"下新农保基础养老金的替代率为 9.1%。这一替代率距离可以实现养老的水平还差很多。因此，仅仅依靠基础养老金的保障水平是有限的。还需加入新农保个人账户模式，对于已经超过 60 岁的农村居民来说，也需补充其他养老方式。

同理，"复合模式"下的基础养老金的替代率也是一个相对稳定的值。因此，"复合模式"下的新农保替代率水平主要受到个人账户养老金替代率的影响，利用 Excel 软件，可以计算出不同参保年龄、不同缴费档次下"复合模式"下新农保的总供给替代率，具体如附表 1 所示。

根据附表 1 的数据，分析供给替代率的趋势，可以发现对于"复合模式"来说，从缴费标准的选择上看，随着农户选择缴纳的缴费标准的提高，越高的缴费档次，政府给予越高的补贴，因而供给替代率呈现出不断升高的趋势。从缴费年限上看，自 2015 年到 2058 年，新农保参保人参加新农保越早，参保时年龄越小，缴费年限越长，相对应的领取养老金时个人账户中的积累额就越高，对应当前的个人账户计发系数的标准，对应得到的个人账户养老金就越高，随之供给替代率也就越高。

上面的分析数据是个人账户的基金按照稳定储蓄收益的投资方式，以 2% 的收益率计算的。由于经济的稳定运行和金融市场的不断完善，社保基金的投资优化成为当前发展的热点问题。如未来新农保个人账户基金入市等方案的实施，将会使新农保个人账户的收益率提高到更高的水平。因此这里试算以 6% 为个人账户收益率，得到的供给替代率如附表 2 所示。

由附表 2 中供给替代率的数值与之前收益率为 2% 时的收益率相比较，可以发现，个人收益率为 6% 时的供给替代率远高于为 2% 时相应年份和缴费档次的供给替代率，因此提高新农保个人账户收益率是一种有效提高供给替代率的途径。

将附表 1 和附表 2 中的部分数据绘制成图形，如图 2-3 所示。

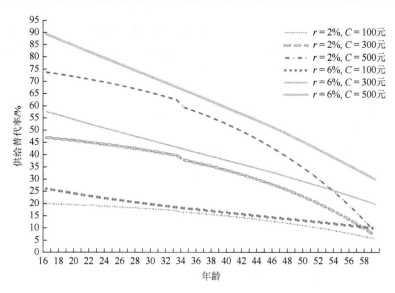

图 2-3　参保年龄、缴费档次、个人账户收益率与新农保供给替代率的关系

由图 2-3 可以发现，参保人的开始参保年龄越大，供给替代率越低；而缴费档次和个人账户收益率越高，新农保的供给替代率越高。为了提高新农保的供给替代率，可以尽早参保，提高个人缴费档次，或从管理人员的角度出发，提高个人账户基金的投资收益水平等。

2.4.3　新农保需求替代率测算

与新农保供给替代率相对应，新农保需求替代率，即农村老年群体（超过60 岁）的基本生活消费支出与当年农村居民人均纯收入的比率。

根据薛惠元在《新型农村社会养老保险风险管理研究》中的需求替代率测算方法，对 2015～2058 年的新农保需求替代率做出了如下测算，结果如表 2-4 所示。

表 2-4　2015～2058 年中国新农保需求替代率的测算

年份	农村老年群体的基本生活消费支出/元	农村居民人均纯收入/元	需求替代/%
2015	9 223	11 428.75	80.7
2019	9 456	11 616.71	81.4
2023	9 790	12 376.74	79.1
2026	9 981	13 397.32	74.5
2030	10 062	14 191.82	70.9
2034	11 674	17 932.41	65.1
2037	11 920	20 481.10	58.2

续表

年份	农村老年群体的基本生活消费支出/元	农村居民人均纯收入/元	需求替代率/%
2040	12 456	23 725.71	52.5
2044	13 698	28 478.17	48.1
2048	14 132	31 265.49	45.2
2052	15 930	39 333.33	40.5
2058	17 190	50 410.56	34.1

2.4.4　新农保供给替代率与需求替代率的比较

根据本章的测算，2015 年"单一模式"的新农保供给替代率为 9.1%，对比 2015 年的新农保需求替代率 80.7%，还存在差距。由此可见，对"复合模式"而言，虽然在基础养老金的基础上加入了个人账户养老金，但是现行的缴费标准和个人账户收益率过低，依旧无法保证基本的农村居民生活需要。

下面将"复合模式"的新农保供给替代率和需求替代率进行比较，具体如图 2-4 和图 2-5 所示。

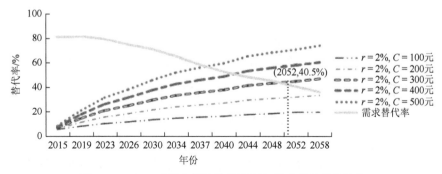

图 2-4　$r = 2\%$时新农保供给替代率与需求替代率的比较

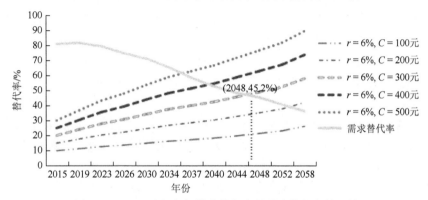

图 2-5　$r = 6\%$时新农保供给替代率与需求替代率的比较

由图 2-4 可知,当个人账户投资收益率为 2%时,需求替代率随时间逐渐减小。在相同缴费档次下,供给替代率随时间逐渐增大。在相同年份下,供给替代率随着缴费档次的提高而增大。根据图 2-4,当缴费档次为 200 元时,在 2058 年供给替代率为 33.36%,当缴费档次为 300 元时,在 2058 年供给替代率为 46.8%,结合表 2-4 中数据可知,在 2015~2058 年期间,只有选择 300 元以上的缴费档次时,供给替代率才能大于需求替代率。在缴费档次为 300 元时,供给替代率等于需求替代率的时间为 2052 年,即持续缴费年限为 37 年。因此,只有选择 300 元以上的缴费档次时,且参加新农保持续缴费超过 37 年以上,当到达 60 岁时,新农保养老金的供给替代率才有可能大于需求替代率,即养老金满足了养老需求。因此,当个人账户投资收益率为 2%时,对于 300 元以下的缴费档次,供给替代率始终小于需求替代率。

从图 2-4 和图 2-5 的对比可以发现,当新农保个人账户收益率提高到 6%时,供给替代率比之前 2%的收益率时有明显增加,且更早达到需求替代率的水平。因此,提高个人账户收益率对提高替代率和基本养老目标的实现有积极作用。

2.5　农村养老保险贡献率精算模型

2.5.1　贡献率的定义

为了更贴切、真实地反映新农保对农村老年居民基本生活的保障水平,本书从农村老年居民基本生活消费支出出发,创新地提出了新农保贡献率的概念,即参保农民领取的养老金占农村老年居民基本生活消费支出的比重,计算公式如下:

$$新农保贡献率 = \frac{参保农民领取的养老金}{农村老年居民基本生活消费支出} \tag{2-15}$$

式中,参保农民领取的养老金包括中央财政支付的基础养老金和个人账户积累额;农村老年居民基本生活消费支出是指维持农村老年居民生活最低水平的消费支出。显然,为了能够保障农村老年居民的基本生活水平,其领取的养老金应该大于其生活消费所需要的基本支出,即新农保贡献率应该大于 1。且值越大,对农民参加养老保险的吸引力就越强,从而有利于实现农村养老保险的全覆盖。并且,农村养老保险个人缴纳费用总额的增加,可以缓解中央财政压力。所以,研究新农保贡献率,对衡量城乡养老保险政策实施效果及政策是否具有可持续性具有重要意义。

将式（2-15）中的分母替换成“上一年农民人均纯收入”即得到新农保养老金替代率模型。对比分析贡献率的优点主要体现在两个方面:①测算结果更为合理。对于农民消费需求的预测可以基于历史数据进行回归分析,克服替代率模型中对于收入增长率主观假定随意性较大的缺点。②参考价值更大。贡献率指标可以反映出农村老年居民对于养老金的实际需求情况,以及新政策的激励和保障效应。贡献率能更好地体现出新农保制度保障农村老年居民生活水平的初衷。

2.5.2 我国农村养老金需求分析测算模型

本书采用扩展线性支出系统（extend linear expenditure system，ELES）模型，ELES 模型对我国农村基本生活消费支出水平，即农村养老金需求水平进行计算。假定某一时期人们对各种商品（服务）的需求量是由人们的收入和各种商品的价格决定的，而且把人们对各种商品的需求分为基本需求和超过基本需求之外的需求两部分，并且基本需求被认为与收入水平无关，农民只是在基本需求得到满足之后才将余下的收入按照某种边际消费倾向安排各种非基本消费支出。单个商品的消费支出模型表示为

$$C_i = P_i X_i + \beta_i \left(Y - \sum_{i=1}^{n} P_i X_i \right) + \varepsilon_i \left(i = 1, 2, \cdots, n, \quad 0 \leqslant \beta \leqslant 1, \quad \sum_{i=1}^{n} \beta_i \leqslant 1 \right) \quad (2\text{-}16)$$

式中，C_i 为农民在第 i 类商品上的消费支出；$P_i X_i$ 为农民在第 i 类商品上的基本消费支出；P_i，β_i 为待定系数；Y 为农民人均年收入；n 为商品种类；ε_i 为随机项。将式（2-16）变形，得到

$$C_i = \left(P_i X_i - \beta_i \sum_{i=1}^{n} P_i X_i \right) + \beta_i Y + \varepsilon_i \quad (2\text{-}17)$$

令 $\alpha_i = P_i X_i - \beta_i \sum_{i=1}^{n} P_i X_i$，则有

$$C_i = \alpha_i + \beta_i Y + \varepsilon_i \quad (2\text{-}18)$$

式中，消费支出 C_i、人均年收入 Y 可以从《中国统计年鉴》中得到，因此参数 α_i、β_i 可用最小二乘法估计得到。而对第 i 项商品的基本消费支出 $P_i X_i$ 则可以通过与 α_i 与 β_i 有关的表达式求解。

$$P_i X_i = \alpha_i + \beta_i \sum_{i=1}^{n} P_i X_i \quad (2\text{-}19)$$

进而得到：

$$\sum_{i=1}^{n} P_i X_i = \frac{\sum_{i=1}^{n} \alpha_i}{\left(1 - \sum_{i=1}^{n} \beta_i \right)} \quad (2\text{-}20)$$

2.5.3 农村养老保险贡献率精算模型

将 2.2 节和 2.3 节中基础养老金发放额和个人账户积累额计算结果代入新农保贡献率计算公式，即可得到贡献率 G 模型如下：

$$G = \frac{BP + P_1}{\sum\limits_{i=1}^{n} P_i X_i} = \frac{A \cdot \delta \cdot \phi(t) \cdot F(X) + \left[\dfrac{C \sum\limits_{i=1}^{b-a}(1+g)^{b-a-i}(1+r)^i + T \sum\limits_{k=1}^{b-a}(1+r)^k}{\sum\limits_{j=0}^{m-1} \dfrac{1}{(1+r)^j}} \right]}{\sum\limits_{i=1}^{n} P_i X_i}$$

$$\text{(2-21)}$$

2.5.4 我国新农保贡献率的实证分析

合并前的新农保和城居保分别设置了 5 个和 10 个缴费档次，合并后个人缴费有 100 元、200 元、300 元、400 元、500 元、600 元、700 元、800 元、900 元、1000 元、1500 元、2000 元共 12 个缴费档次可供选择。《国务院关于建立统一的城乡居民基本养老保险制度的意见》（国发〔2014〕8 号）中对于合并后政策补贴的规定："地方人民政府应当对参保人缴费给予补贴，对选择最低档次标准缴费的，补贴标准不低于每人每年 30 元；对选择较高档次标准缴费的，适当增加补贴金额；对选择 500 元及以上档次标准缴费的，补贴标准不低于每人每年 60 元，具体标准和办法由省（区、市）人民政府确定。"另外，关于基础养老金的补贴规定："中央确定基础养老金最低标准，建立基础养老金最低标准正常调整机制，根据经济发展和物价变动等情况，适时调整全国基础养老金最低标准。地方人民政府可以根据实际情况适当提高基础养老金标准；对长期缴费的，可适当加发基础养老金，提高和加发部分的资金由地方人民政府支出，具体办法由省（区、市）人民政府规定，并报人力资源社会保障部备案。"

1. 基本参数的假设与确定

1）缴费年龄、领取年龄

开始参保年龄最低为 16 岁，领取年龄为 60 岁。本书选取 2010 年为政策实施元年，假定参保农民缴费以 15 年为限，即至少缴费 15 年，为了更好地测算出新农保长期的保障效果，重点关注新农保对于参保"新人"的保障水平，本书针对 16～45 岁的参保"新人"选择 12 种不同的缴费档次进行测算。

2）政府补贴

对于入口补贴，本书考虑多缴多得的激励政策，对于选择 500 元以下缴费档次的补贴标准为每人每年 30 元；选择 500～1000 元缴费档次的补贴标准为每人每年 60 元；选择 1500 元缴费档次的补贴标准为每人每年 90 元；选择 2000 元缴费档次的补贴标准为每人每年 120 元。对于出口补贴，即基础养老金部分，考虑长缴多得的激励政策，以及不同时期的收入增长率和养老保险基金收益率情况，分为三个不同阶段。在基本保证基础养老金可以有效缓解因通货膨胀带来的生活消费支出增加的前提下，考虑到收入不能保持持续高速的增长，以及养老保险基金未来多元化投资运营等情况，将收入增长率和利率分段设置如下。整体上，收入增长率递减而养老保险基金收益率递增：2010～2025 年，养老保险基金收益率为 3%，收入增长率为 8%；2026～2040 年，养老保险基金收益率为 4%，收入增长率为 6%；2041～2055 年，养老保险基金收益率为 4.5%，收入增长率为 4%。

3）计发系数

国务院发布的《指导意见》规定，个人账户养老金的月计发标准为个人账户全部储存额除以 139。但这一规定未考虑长寿风险因素，随着人口平均寿命的延长，这一系数需要进行调整。计发系数与预期余命和个人账户收益率的大小有关。针对个人账户收益率，按照成熟的经济实践，金融机构法定存款利率一般不超过 5%[9]，基于中国经济趋于成熟的考虑，本书在进行计发系数测算时，假定个人账户收益率为 4.5%，预期余命借鉴关于预期余命编制生命表的计算方法，运用本书计发系数模型，可计算出养老金计发系数为 163。

4）我国农村基础消费支出

收集我国 2004～2012 年农村居民生活消费支出数据，包括食品、衣着、居住、生活用品及服务、交通和通信、教育文化和娱乐、医疗保健、其他用品和服务八大类消费支出，以及农村居民人均纯收入的数据，如表 2-5 所示。

表 2-5　2004～2012 年农村居民生活消费支出及人均收入情况　　（单位：元）

年份	食品	衣着	居住	生活用品及服务	交通和通信	教育文化和娱乐	医疗保健	其他用品和服务	农村居民人均纯收入
2004	1031.9	120.2	324.3	89.2	192.6	247.6	130.6	48.3	2936.4
2005	1162.2	148.6	370.2	111.4	245.0	295.5	168.1	54.5	3254.9
2006	1217.0	168.0	469.0	126.6	288.8	305.1	191.5	63.1	3587.0
2007	1389.0	193.5	573.8	149.1	328.4	305.7	210.2	74.2	4140.4
2008	1598.8	211.8	678.8	174.0	360.2	314.5	246.0	76.7	4760.6
2009	1636.0	232.5	805.0	204.8	402.9	340.6	287.5	84.1	5153.2
2010	1800.7	264.0	835.0	234.1	461.1	366.7	326.0	94.0	5919.0
2011	2107.3	341.3	961.5	308.9	547.0	396.4	436.8	122.0	6977.3
2012	2323.9	396.4	1 086.4	341.7	652.8	445.5	513.8	147.6	7916.6

数据来源：《中国统计年鉴 2013》

2. 测算结果及分析

1）参保农民养老金领取额

个人账户按照不同年龄段参保人选择的不同缴费档次进行累积，计算时考虑政府入口补贴的差异性，以及参数设定时分段的收入增长率和基金收益率情况。得到个人账户积累值后按照 163 个月进行分摊，即可求出个人账户月领取金额。

（单位：元）

表 2-6 新农保 "新人" 年领取总额

缴费年龄	缴费档次															
	100 元	200 元	300 元	400 元	500 元	600 元	700 元	800 元	900 元	1 000 元	1 500 元	2 000 元
16 岁	5 415.01	7 509.86	9 604.70	11 699.77	13 794.25	16 517.44	18 612.66	20 707.13	22 802.35	24 896.83	35 999.40	47 102.72
20 岁	4 401.58	5 905.04	7 408.57	8 912.11	10 415.56	12 370.17	13 873.48	15 377.53	16 880.84	18 384.15	26 352.74	34 321.33
25 岁	3 421.64	4 406.75	5 391.78	6 376.88	7 361.91	8 642.45	9 627.48	10 612.52	11 597.55	12 582.58	17 803.68	23 024.05
30 岁	2 657.51	3 294.98	3 932.46	4 569.85	5 207.33	6 035.99	6 673.46	7 310.93	7 948.41	8 585.81	11 964.06	15 342.47
35 岁	2 110.03	2 560.83	3 011.53	3 462.30	3 913.07	4 499.08	4 949.86	5 400.56	5 851.33	6 302.10	8 691.13	11 079.87
40 岁	1 599.91	1 892.74	2 185.56	2 478.42	2 771.21	3 151.90	3 444.75	3 737.54	4 030.40	4 323.26	5 875.23	7 427.21
45 岁	1 175.01	1 378.18	1 581.35	1 784.54	1 987.66	2 251.80	2 454.99	2 658.11	2 861.30	3 064.49	4 141.25	5 218.01

按照国务院于 2014 年 7 月 1 日规定的基础养老金发放标准为 70 元/月，根据式（2-1）和式（2-3），考虑不同缴费时间进行激励的参数调整，同样分三个阶段按照农民人均收入增长率和基金收益率对基础养老金进行调整，得到基础养老金月领取金额。

将上述两部分汇总得到新农保"新人"月领取总额，替代率和贡献率的测算都是以年收入和年消费总额为依据的，据此进行数据处理得到新农保"新人"年领取总额，如表 2-6 所示。

根据表 2-6 的计算结果可以看出，对于"新人"来说，选择同一缴费档次时，参保年龄越小，60 岁后年领取总额越高；参保年龄相同时，选择的缴费档次越高，则 60 岁后年领取总额越高。

2）收入与基本消费需求的预测

根据不同阶段的收入增长率设置，得到收入预测数据，如表 2-7 所示。

表 2-7　农村居民收入和基本消费需求预测　　　　（单位：元）

年份	农村居民收入预测	基本消费需求预测
2025	18 776.07	2 908.26
2030	25 126.62	2 746.65
2035	33 625.08	3 582.52
2040	44 997.94	4 702.05
2045	55 799.70	5 764.73
2050	67 888.87	6 954.32
2055	82 597.19	8 401.11

根据公式 $C_i = \alpha_i + \beta_i Y + \varepsilon_i$，以每一类生活消费支出为因变量，农村居民年人均收入为自变量，估计参数 α_i、β_i，得到 8 个我国农村主要消费类别与可支配收入之间的函数关系。

食品消费支出与可支配收入之间的关系为

$$C_1 = 320.31 + 0.25Y$$
$$(9.18)\quad(38.14)$$
$$R^2 = 0.99,\ F = 1454,\ DW = 1.87$$

（2-22）

衣着消费支出与可支配收入之间的关系为

$$C_2 = -30.26 + 0.05Y$$
$$(-2.69)\quad(24.44)$$
$$R^2 = 0.98,\ F = 597,\ DW = 1.23$$

（2-23）

居住消费支出与可支配收入之间的关系为

$$C_3 = -79.1 + 0.15Y$$

$$(-1.46)\ (14.66)$$

$$R^2 = 0.97,\ F = 215,\ \text{DW} = 0.92$$

（2-24）

生活用品及服务消费支出与可支配收入之间的关系为

$$C_4 = -60.43 + 0.05Y$$

$$(-7.79)\ (34.38)$$

$$R^2 = 0.99,\ F = 1182,\ \text{DW} = 2.74$$

（2-25）

交通和通信消费支出与可支配收入之间的关系为

$$C_5 = -39.43 + 0.08Y$$

$$(-2.54)\ (28.85)$$

$$R^2 = 0.99,\ F = 832,\ \text{DW} = 1.5$$

（2-26）

教育文化和娱乐消费支出与可支配收入之间的关系为

$$C_6 = 166.43 + 0.03Y$$

$$(11.27)\ (12.02)$$

$$R^2 = 0.95,\ F = 144,\ \text{DW} = 1.8$$

（2-27）

医疗保健消费支出与可支配收入之间的关系为

$$C_7 = -88.69 + 0.07Y$$

$$(8.65)\ \ (18.82)$$

$$R^2 = 0.98,\ F = 508,\ \text{DW} = 1.34$$

（2-28）

其他用品和服务消费支出与可支配收入之间的关系为

$$C_8 = -7.41 + 0.01Y$$

$$(-1.25)\ (16.32)$$

$$R^2 = 0.97,\ F = 266,\ \text{DW} = 1.13$$

（2-29）

根据式（2-20）可以得到农村居民基本消费支出。在对未来的农村居民基本消费支出总和进行预测时，可以根据式（2-19）整理得到：

$$\sum_{i=1}^{n} P_i X_i = TC_i - \sum_{i=1}^{n} \beta_i Y + \sum_{i=1}^{n} \beta_i \left[\frac{\displaystyle\sum_{i=1}^{n} \alpha_i}{\left(1 - \displaystyle\sum_{i=1}^{n} \beta_i \right)} \right]$$

（2-30）

根据式（2-30）得到农村居民基本消费需求预测数据，如表2-7所示。

3）贡献率和替代率

根据表2-6和表2-7，利用Excel进行数据处理，可以得到不同参保年龄和缴费档次下"新人"的新农保替代率和贡献率水平，如附表3所示。

　　根据附表 3 的数据比较替代率与贡献率在衡量新农保保障水平时的差异。

　　（1）替代率数据分析：对于"新人"来说，选择年缴费标准为 100 元时，新农保的平均替代率仅为 6.28%，随着缴费档次的提高，新农保的替代率逐步提高；参保年龄越小新农保替代率越高，而同一参保年龄下缴费档次越高替代率水平越高。从替代率分析可以看出，通过选择较高的缴费档次和增加缴费年限的方式可以提高养老金替代率水平。

　　（2）贡献率数据分析：对于"新人"来说，从整体平均的角度来看，选择年缴费标准为 100 元时，新农保的平均贡献率水平为 0.57，也就是说新农保领取额能够覆盖 57% 的老龄农村居民基本消费支出。从附表 3 数据可以看到，当选择年缴费标准为 400 元及以上时，新农保领取额能够全部覆盖老龄农村居民的基本消费支出。而且，随着缴费档次的提高，新农保贡献率逐步提高。从贡献率分析可以看出，同样可以通过选择较高的缴费档次和增加缴费年限的方式提高养老金的贡献率水平。

　　（3）替代率和贡献率数据的对比分析：由于替代率的分母是领取养老金前一年的农村居民人均收入，在对新人的养老金替代率进行测算时，由于累积阶段时间较长，无法确保农村居民收入增长率预测的合理性与准确性。上述实证结果替代率数据显示即使选择 2000 元缴费档次，平均替代率也仅为 39.03%，低于《社会保障最低标准公约》规定的 55% 的替代率水平，因此用替代率来描述新农保对老龄农村居民生活水平的保障程度可能存在一定的缺陷。而本书选择贡献率指标来衡量新农保对老龄农村居民生活水平的保障程度相比替代率而言更贴切。从不同年龄阶段分层来看，16～20 岁开始缴费的"新人"选择 300 元的缴费档次基本能保障其 60 岁以后的基本消费需求，21～25 岁开始缴费的"新人"选择 400 元的缴费档次基本能保障其 60 岁后的基本消费需求，26～40 岁开始缴费的"新人"选择 500 元的缴费档次基本能保障其 60 岁后的基本消费需求，而41～45 岁开始缴费的"新人"，因为缴费期短，没有足够的时间积累，需要选择 1000 元及以上的缴费档次才能保障其 60 岁后的基本消费需求。用贡献率指标衡量新农保的保障水平能够有效激励中青年参保并提供适应年龄的最优缴费档次选择。

　　为了能直观地看到参保年龄、缴费档次、新农保贡献率、新农保替代率之间的关系，将附表 3 中的数据绘制成图形，如图 2-6 和图 2-7 所示。从图中可以清晰地看到，提高新农保贡献率的方法有两种：一是选择较高的档次标准缴费；二是尽早开始参保。

　　经实证分析，可以得到以下结论：

　　（1）贡献率指标可以激励中青年参保并提供适龄的最优缴费档次选择。16～20 岁开始参保的农民选择 300 元的缴费档次，21～25 岁开始参保的农民选择 400 元的缴费档次，26～40 岁开始参保的农民选择 500 元的缴费档次，41～45 岁开始参保的农民选择 1000 元及以上的缴费档次，即可在 60 岁后获取保障基本消费支出的养老金领取额，贡献率的含义清晰明了，有助于对参保人产生激励效应。

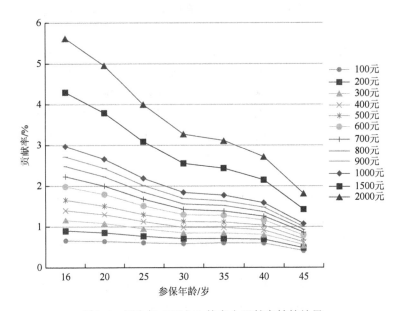

图 2-6　新农保"新人"养老金贡献率精算结果

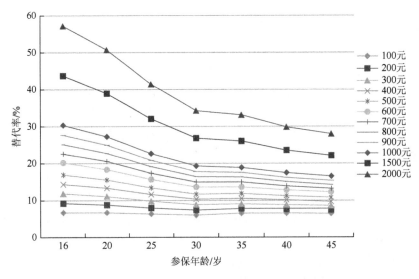

图 2-7　新农保"新人"养老金替代率精算结果

（2）提高缴费档次和增加缴费年限可以有效提高新农保的保障水平。无论是替代率还是贡献率，新农保的保障水平主要受缴费年龄和缴费档次的影响。本书通过指标体系的反馈关系，将多缴多得和长缴多得反映在指标体系中，通过入口补贴的差异化设置激励参保人选择较高的缴费档次；通过将长缴多得反映在基础养老金动态调整模型中激励参保人增加缴费年限。

（3）贡献率指标相比于替代率指标用于评价新农保的保障水平更加合理。从实际意义上看，使用新农保领取额对于基本消费支出的覆盖程度来衡量新农保制度保障力度更为贴切，贡献率对参保人老年基本生活保障鲜明清晰的表达，更有助于激励参保农民做出恰当的选择。对于政策制定者来说，从长效供给的角度评价新农保政策实施效果显得不够理想；对于参保者来说，替代率较低在一定程度上抑制了其参保的积极性。

2.6　政府财政补贴模型

财政补贴是新老农保最显著的区别，也是建立新农保制度的关键。地方政府财政在新农保中既补入口又补出口，产生了积极的补贴效应。新农保财政补助政策的主要内容为中央财政"补出口"，地方政府财政既"补入口"又"补出口"。

为了有效推行新农保的实施和发展，在新农保缴费环节和给付环节，国家政策均给予了相应的政策支持，提供财政资金补助。根据国务院发布的《指导意见》的规定，新农保的财政补助政策如表2-8所示。

表 2-8　财政补助政策

环节	缴费环节			给付环节		
补助对象	新农保个人账户			最低标准基础养老金		提高和加发部分的基础养老金
	普通缴费群体	选择较高档次标准缴费的群体	缴费困难群体	东部地区	中西部地区	
中央财政	不补	不补	不补	补助 50%	补助 100%	不补
地方政府财政	补贴[≥30 元/(人·年)]	补贴[≥30 元/(人·年)+适当鼓励]	补贴[≥30 元/(人·年)+100 元/(人·年)的部分或全部]	补助 50%	不补	补助 100%

2.6.1　新农保政府财政责任和负担的度量指标

农村经济环境的改善根本上需要改变城乡整体经济结构，逐步缩小城乡发展现状之间的差距，利用财政转移支付等手段提供物质保障。

这一部分运用统计学方法，通过量化分析客观地展现我国新农保政府财政责任和负担的地区差异状况，并进一步分析差异的成因，以期为深化我国新农保改革提供经验依据和政策参考。

（1）政府财政责任总量指标，包括新农保的地方政府补贴额、中央政府补贴额和财政补贴总额。政府财政补贴越多，新农保政府财政责任越大；政府财政补贴越少，新农保政府财政责任越小。

（2）政府财政责任的人均指标，反映各个地区中央和地方政府对每个参保居民的人均财政补贴。该指标值越高，表明该地区政府财政责任越大；该指标值越低，表明政府财政责任越小。

（3）农村养老保险适度水平，包括中央财政负担水平和地方政府财政负担水平，用政府对新农保的财政投入比例表示，反映各个地区新农保政府财政负担的大小。

2.6.2　新农保政府财政责任的精算模型

假设 T_r、C_r、L_r 分别表示新农保的政府财政责任、中央财政责任和地方政府财政责任，则

$$T_r = C_r + L_r \tag{2-31}$$

同时，新农保政府财政补贴在东部、中部和西部地区并不相同，以 T_{er}、T_{mr}、T_{wr} 分别表示东部、中部和西部地区新农保政府财政责任；以 C_{er}、C_{mr}、C_{wr} 分别表示东部、中部和西部地区新农保中央财政责任；以 L_{er}、L_{mr}、L_{wr} 分别表示东部、中部和西部地区新农保地方政府财政责任。则

$$\begin{aligned} T_{er} &= C_{er} + L_{er} \\ T_{mr} &= C_{mr} + L_{mr} \\ T_{wr} &= C_{wr} + L_{wr} \end{aligned} \tag{2-32}$$

由于新农保中央财政责任主要表现为出口补贴责任，以 N_r 表示城乡居民养老保险达到领取待遇年龄参保人数；E_r 表示新农保中央政府人均出口补贴。则

$$C_r = N_r \times E_r \tag{2-33}$$

以 E_{er}、E_{mr}、E_{wr} 分别表示东部、中部和西部地区城乡居民养老保险中央政府人均出口补贴；以 N_{er}、N_{mr}、N_{wr} 分别表示东部、中部和西部地区城乡居民养老保险达到领取待遇年龄参保人数。则

$$\begin{aligned} C_{er} &= N_{er} \times E_{er} \\ C_{mr} &= N_{mr} \times E_{mr} \\ C_{wr} &= N_{wr} \times E_{wr} \end{aligned} \tag{2-34}$$

中央财政对不同地区的城乡居民养老保险出口补贴并不相同，对中部、西部地区补贴全额基础养老金，对东部地区补贴 50%的基础养老金，若以 B 表示城乡居民养老保险月基础养老金，则

$$E_{er} = B \times \frac{1}{2} \times 12$$
$$E_{mr} = B \times 12 \qquad (2\text{-}35)$$
$$E_{wr} = B \times 12$$

结合上述公式，不同地区城乡居民养老保险中央财政责任计算公式为

$$C_{er} = B \times \frac{1}{2} \times 12 \times N_{er}$$
$$C_{mr} = B \times 12 \times N_{mr} \qquad (2\text{-}36)$$
$$C_{wr} = B \times 12 \times N_{wr}$$

城乡居民养老保险地方政府财政责任主要表现为对未达到领取待遇年龄参保人的入口补贴和对达到领取待遇年龄参保人的出口补贴，以 I 和 E 分别表示城乡居民养老保险地方政府财政入口补贴和出口补贴，则地方政府财政责任 L_r 可表示为

$$L_r = I + E \qquad (2\text{-}37)$$

以 n 表示城乡居民养老保险未达到领取待遇年龄参保人数；以 b 表示城乡居民养老保险地方政府人均年入口补贴。则入口补贴为

$$I = n \times b \qquad (2\text{-}38)$$

城乡居民养老保险地方政府财政出口补贴在不同地区并不相同，其中，中部、西部地区城乡居民养老保险地方政府财政责任等于中部、西部地区的地方政府财政入口补贴额，东部地区城乡居民养老保险地方政府财政责任等于东部地区的地方政府财政入口补贴额加上东部地区地方政府财政出口补贴额。若以 n_e、n_m、n_w 分别表示东部、中部和西部地区城乡居民养老保险未达到领取待遇年龄参保人数，则

$$L_{er} = n_e \times b + B \times \frac{1}{2} \times 12 \times N_{er}$$
$$L_{mr} = n_m \times b \qquad (2\text{-}39)$$
$$L_{wr} = n_w \times b$$

因此，东部、中部、西部地区城乡居民养老保险政府财政责任计算公式为

$$T_{er} = B \times \frac{1}{2} \times 12 \times N_{er} + n_e \times b + B \times \frac{1}{2} \times 12 \times N_{er}$$
$$T_{mr} = B \times \frac{1}{2} \times 12 \times N_{er} + n_m \times b \qquad (2\text{-}40)$$
$$T_{wr} = B \times \frac{1}{2} \times 12 \times N_{er} + n_w \times b$$

附表 4 汇总了城乡居民养老保险合并后各地财政补贴的基本情况，入口补贴方面，不同地区缴费档次有一定的差异，18 个地区在国家设立档次基础上增设缴费档次，且有 22 个地区在国家补贴标准上增加缴费补贴，20 个地区结合实际建立可操作的长缴多得机制；在出口补贴方面，在合并政策后将基础养老金从 55 元/月提高至 70 元/月，据此 28 个地区在国家 70 元/月的标准上适当提高。具体情况如附表 4 所示。

2.6.3 新农保政府财政责任和负担地区差异的评价方法

可以通过极差、极值比、标准差和变异系数对城乡居民养老保险政府财政责任和负担的地区差异进行度量。

1. 极差

在统计学中，用极差反映一组数据中最大值和最小值之间的差异，在分析财政责任时，可用于评价地区差异下的政府财政责任的异同。

2. 极值比

用一组数据中最大值与最小值之比反映数据之间的差异程度。

3. 标准差

以 x_i 表示 i 地区的指标值；$\bar{x}$ 表示指标值的平均数；n 表示指标值数量。标准差的计算公式为

$$S = \sqrt{\sum \frac{(x_i - \bar{x})^2}{n}} \tag{2-41}$$

4. 变异系数

反映数据离散程度的重要指标：

$$v_x = \frac{S}{\bar{x}} \tag{2-42}$$

2.7 农村养老保险适度水平

2.7.1 农村养老保险适度水平的界定

所谓适度，即物质存在的状态能够与周围环境及其他物质较好地融合在一起，

起到相互促进的作用。农民养老保障的水平同样存在一个适度的问题，既不能太高，也不能太低。太高的养老保障水平会超出农民的缴费承受能力和政府财政补贴的承受能力，且由于社会保障是一种刚性需求，只能提高不宜降低，长此下去政府财政将面临困境，对宏观经济运行产生不良的影响。而保障水平过低则不能有效起到缓解农民生存困境、保障老年基本生活、维持农村社会稳定的作用，同时过低的保障水平也使农民缺乏缴费的内在动力。因为即使正常缴费，将来的养老金也不能有效起到保证养老需求的目的。因此，农民养老保险水平的适度应该是一个动态的概念，它同经济发展水平、社会发展水平及农民养老需求水平相联系。

适度的保障水平关键在于缴费水平同目前农民的可支配收入及政府的财政收入水平相适应，给付水平要能够满足农民的养老需求，包括基本生存需求及生活需求。这里要探讨的正是基于农民有效需求的角度，基础养老金支出水平达到什么程度才算适度。

本书所研究的适度水平，一方面是指与经济发展相适应的制度基本供给状况，包括满足农民基本生活需求的保障水平和财政经济的承受能力；另一方面则是指制度实施中具体合理的贡献率和适度水平区间。适度水平从宏观的角度，分析养老金财政支出水平相比于财政收入是否相适应，从养老金供给的角度探究新农保政策的可持续性。

2.7.2　公共财政补贴适度性模型

根据我国新农保的设计思路，个人退休后的养老金收入包括基础养老金和个人账户养老金两部分。其中基础养老金以保障老年人基本生存需求为目标，体现的是基本生存权的保障。生存权作为一种基本权利，是每个公民都应该享有的平等权利，因此不论个人收入状况、地区差异等因素，应坚持公平优先的原则。个人账户养老金以保障老年人生活需求为目标，体现的是发展权的保障，注重效率和激励性，应根据不同地区经济发展水平、农村居民收支状况，坚持个人缴费和政府补贴原则，多缴多补。因此基础养老金的发放应根据农民的生存需求由中央财政和地方政府财政进行补贴，个人账户养老金水平应根据不同地区生活需求情况，由个人和地方政府财政共同负责。这一思路遵循了公平与效率兼顾的原则，基础养老金体现公平，个人账户养老金体现效率。

为了精确评估地方政府财政补贴程度，构建补贴水平系数 ω 如下：

$$\omega = \frac{E}{\text{FI}} \tag{2-43}$$

式中，E 为地方政府财政对新农保的补贴；FI 为同期的地方政府财政收入；补贴水平系数 ω 反映了地方政府财政对新农保补贴的规模和力度，ω 越大补贴力度越大，但如果过大会给地方政府财政造成沉重的负担。根据 2005 年全国 1%人口抽样调查资料、人力资源和社会保障部官网统计数据及国家统计局数据计算得到附表 5，即 2015 年 31 个省（区、市）新农保财政负担水平。

从附表 5 的数据可以看出，东部地区不仅经济发展水平较中西部地区高，而且地方政府财政对最低标准缴费的承受能力较强，这正是《指导意见》规定东部地区额外承担 50%基础养老金补贴的原因。另外，各地对新农保最低标准补贴的承受能力比较强，随着经济的发展和农民生活水平的提高，地方政府财政有能力在最低标准的基础上适当增加补贴额度。上述分析也说明地方政府财政根据本地经济发展的实际情况适当增加新农保补贴是完全可行的。

2.8　城乡养老保险协调度模型

鉴于 2014 年新农保和城居保的合并，本小节构建协调度模型，用以分析城乡养老保险统筹发展的现状。具体包括两方面内涵，一是实现城乡养老保险制度模式一致性，二是城乡养老保险水平协调发展。

城乡养老保险水平协调发展是城乡总协调发展的重要方面，其实质是养老资源在城乡间合理分配。所谓合理是判断城乡养老保险制度是否协调的关键所在。城乡养老保险制度划分是二元经济结构的具体体现，养老资源城乡合理分配要从养老保险宏观和微观两视角进行考虑。养老保险作为一项保障居民基本养老需求的收入再分配制度，微观层面要保证老年人口养老金能够满足基本养老支出，即能够保障农村老年居民的基本生活需求；宏观层面要实现养老保险水平与经济发展水平相适应，即政府合理补贴下保证新农保制度的可持续发展。微观适度具有满足消费支出需求的低梯度性质，可以通过替代率和贡献率指标体现；宏观适度具有促进经济发展的高梯度性质，可以通过宏观适度水平体现。

协调度是指子系统在发展过程中和谐一致的程度，是对系统实际状态与理想状态偏离程度的度量。国内关于协调度的研究主要集中在经济与资源或环境之间系统协调关系的测定上，利用协调度来反映不同系统间的协调水平，目前主要有欧氏距离模型、隶属函数模型、基尼系数模型、数据包络模型等几种方法[36, 37]。这些方法的共同特征就是设定评价指标和理想状态，然后构建协调度模型来确定协调度，用以衡量实际状态与理想状态的综合差距。

综合这几种方法，协调度评价的理论标准一般划分为四种：一是严重不协调，协调度在 0.4 以下；二是不协调，协调度在 0.4~0.6；三是协调，协调度在 0.6~0.8；四是非常协调，协调度在 0.8 以上。

在构建协调度模型之前要确定模型的主要指标。在城乡养老保险体系中，影响协调度的指标有很多，包括参保率、缴费率、替代率、基金收益率、适度水平、管理成本等。考虑到指标的可获取性，以及对新农保制度的反应程度，主要从 2.4、2.5 和 2.7 节中选取供给替代率、需求替代率、贡献率、适度水平四个指标。前三个指标从微观上反映制度的保障效果，适度水平则从宏观上衡量制度供给的可持续性。这四个指标的定义和计算方法如下：①需求替代率，即农村老年群体（超过 60 岁）的基本生活消费支出与当年农村居民人均纯收入的比率；②供给替代率，即农村老年群体领取的养老金与当年农村居民人均纯收入的比率；③贡献率，即参保农民领取的养老金占农村老年居民基本生活消费支出的比重；④适度水平，即中央财政或地方政府财政对新农保的补贴支出占同期中央财政或地方政府财政收入的比重。

在选取评价指标的基础上，我们构建了城乡养老保险协调度模型。假设指标组（供给替代率、需求替代率、贡献率、适度水平）的观测值分别用 $\{X^u_{1,j}, X^u_{2,j}, X^u_{3,j}, X^u_{4,j}\}$ $(j=1,2,\cdots,n)$ 表示；农村相应指标分别用 $\{X^r_{1,j}, X^r_{2,j}, X^r_{3,j}, X^r_{4,j}\}$ $(j=1,2,\cdots,n)$ 表示。其中下标 j 既可以表示年份，也可以表示地区。当表示年份时，可以进行纵向比较；当表示地区时，则可以进行地区间横向比较。在建模之前，需要对所有指标进行标准化，使横向或纵向指标评分都在 [0, 1] 范围内，具体公式如下：

$$S^u_{i,j} \text{或} S^r_{i,j} = \frac{X^u_{i,j} \text{或} X^r_{i,j} - \min_i}{\max_i - \min_i} (i=1,2,3,4) \tag{2-44}$$

式中，$\max_i = \max\{X^u_{i,j}, X^r_{i,j} \mid j \in \{1,2,\cdots,n\}\}$ 为城镇或农村在同一指标的最大值；$\min_i = \min\{X^u_{i,j}, X^r_{i,j} \mid j \in \{1,2,\cdots,n\}\}$ 为城镇或农村在同一指标的最小值。

为具体测定城乡养老保险体系协调发展程度，我们从微观角度构建了绝对协调度和相对协调度模型来综合考察指标的绝对差距和均衡程度。

2.8.1　绝对协调度

新农保与城居保的养老保险绝对协调度是指新农保与城居保养老保障水平的绝对差距，模型中用 1 与各指标向量的修正的加权欧氏距离之差来表示。修正的加权欧氏距离用以计算新农保与城居保各指标间的绝对差距，它与绝对协调度负相关，即其值越大，则新农保与城居保协调度就越低。因此，本书用 1 与修正的加权欧氏距离之差来计算绝对协调度。绝对协调度是各指标之间差距的综合反映，衡量了新农保与城居保两种养老保险制度之间的绝对差距。绝对协调度计算公式为

$$C_j = \left[1 - \left| \sum_{i=1}^{4} \rho_i w_i (S^u_{i,j} - S^r_{i,j})^2 \right|^{\frac{1}{2}} \right]^k (j=1,2,\cdots,n) \tag{2-45}$$

式中，C 为绝对协调度（$0<C<1$）；w_i 为第 i 个指标的权数，权数的选择根据指标的不同有很多种类型，如若为消除数据量纲不同，权数的比例可以设为实际值与理想值最大距离平方的倒数，或者设为标准差平方的倒数；ρ_i 为逻辑值，当 $S_{i,j}^u > S_{i,j}^r$ 时，ρ_i 取 1；当 $S_{i,j}^u < S_{i,j}^r$ 时，ρ_i 取 −1。相对于经典的加权欧氏距离，添加逻辑值是为了当某个指标出现城居保发展指标高于新农保时可以缩小其他指标造成的差距。k 为调节系数。由于协调度是一个小于 1 的相对值，计算结果可能过于集中，不便于比较和分析，因此通过增加 k 调节系数进行相应调节，可使计算结果的集中程度得到一定稀释，使协调度更清晰可辨。k 值一般根据模型的计算结果进行自主选择，本书 k 值取 1.5。绝对协调度越大，表示新农保与城居保指标的绝对差距越小，两者发展越协调。

2.8.2　相对协调度

绝对协调度反映了新农保与城居保的整体协调程度，但不能显示新农保与城居保各指标差距的内在结构。例如，对于部分指标差距很大或部分指标差距很小的情况与全部指标差距都中等的情况，绝对协调度可能相同。鉴于此，我们构造了相对协调度模型来考察城乡养老保险差距在各个指标上的分布是否均衡。相对协调度是指城乡养老保险各指标之间的相对协调程度，是对绝对协调度的进一步辅助判断。利用新农保与城居保之间相对应指标的比例来构造相对协调度。两个指标数值越接近，协调度越高。相对协调度用 C_j' 表示，计算公式为

$$C_j' = \sum_{i=1}^{4} w_i \left(1 - \frac{S_{i,j}^r}{S_{i,j}^u}\right)^2 (j=1,2,\cdots,n) \qquad (2\text{-}46)$$

根据相对协调度的定义，相对协调度 $(0<C_j'<1)$ 越大，说明城乡养老保险各指标的差距越均衡，城乡养老保险发展越协调；相对协调度越小，说明部分指标的差距越大，城乡养老保险发展越不协调。

本节采用聚类方法对城乡养老保险绝对协调度和相对协调度评价标准进行分组，再以协调度评价的理论标准为依据进行重新分类和评价。在城乡养老保险协调度的具体评价中，以绝对协调度为主，相对协调度为辅。主要分为以下几种情况：第一，若绝对协调度较高，相对协调度也较高，说明各指标差距都不大，表明城乡养老保险发展比较协调；第二，若绝对协调度较高，相对协调度却较低，则说明部分指标城乡差距大，部分指标城乡差距小甚至有反向超越，中和后使城乡整体差距较小；第三，若绝对协调度较低，相对协调度无论高低，都说明城乡养老保险在至少一个指标上差距较大，表明城乡养老保险发展不协调。

2.9　本　章　小　结

微观层面研究养老金对个人的保障水平时，按照不同参保年龄选择不同缴费档次的情况进行保障水平的比较。

（1）按照长缴多得和多缴多得原则设置差异化的政府补贴，入口补贴中随着缴费档次的提高加大补贴力度，出口补贴即基础养老金补贴除了根据收入增长率和通胀率进行调整外，考虑缴费年限的差异设置激励系数。

（2）根据精算平衡原理得到养老金月计发系数的表达式，对预期余命进行合理测算并在基金收益率合理设定的基础上，对新农保个人账户养老金计发系数的可持续进行风险评估，合理调整月计发系数。

（3）研究新农保替代率时，采用供给替代率，即农村老年群体领取的养老金与当年农村居民人均纯收入的比率；需求替代率，即农村老年群体（超过60周岁）的基本生活消费支出与当年农村居民人均纯收入的比率。通过比较供给替代率和需求替代率，发现个人账户收益率对提高替代率和实现基本的养老目标的实现有积极作用，探寻是否存在影响新农保可持续发展的因素并探究提高保障水平的有效措施。

（4）为了更好地衡量新农保的保障水平，定义贡献率指标，即养老金领取额对于基本生活需求的覆盖程度，并和替代率指标进行对比分析。得到以下结论：贡献率指标可以激励中青年参保并提供适龄的最优缴费档次选择；提高缴费档次和增加缴费年限可以有效提高新农保的保障水平；贡献率指标相比于替代率指标用于评价新农保的保障水平更加合理。

宏观层面分析政府养老金可持续供给时：

（1）建立新农保政府财政责任的计量模型，并分地区讨论政府财政政策的差异性和优化方法，得到衡量中央财政和地方政府财政不同的政府补贴规模的公式，并汇总整理了城乡居民养老保险合并实施下 2015 年各省份的财政入口补贴和出口补贴特点。

（2）在政府补贴规模的基础上，界定出新农保适度水平，对2015年各省份公共财政补贴的适度水平即财政对新农保的补贴额对财政收入的占比进行了测算，衡量财政对于新农保的支持力度，结果表明随着经济的发展和农民生活水平的提高，地方政府财政有能力在最低标准基础上适当增加补贴额度，也说明地方政府财政根据本地经济发展的实际情况适当增加新农保补贴是完全可行的。

将上述微观和宏观指标进行汇总，通过指标组（供给替代率、需求替代率、贡献率、财政适度水平）构建城乡协调度模型，用于评价城乡居民养老保险一体化后的实施效果。

第3章 新农保个人账户投资与决策研究

3.1 风险资产价格遵循布朗运动时的个人账户投资模型

3.1.1 经典的养老保险基金管理模型

大部分养老保险基金管理模型都来源于 Merton 模型，即假定市场上只有两种金融资产：无风险资产和有风险资产。

假定 $S_0(t)(t \geq 0)$ 为无风险资产（银行账户等）在 t 时刻的价值，则 $S_0(t)$ 的演变方程式为

$$dS_0(t) = rS_0(t) \tag{3-1}$$

式中，$S_0(t)$ 为无风险资产在 t 时刻的价值；r 为恒定的利率。

假定 $S_1(t)$ 为有风险资产（股票等）在 t 时刻的价值，则 $S_1(t)$ 的演变方程式为

$$dS_1(t) = S_1(t)(\mu dt + \sigma dW(t)) \tag{3-2}$$

式中，$S_1(t)$ 为有风险资产在 t 时刻的价值；μ 和 σ 分别为有风险资产瞬时回报率和瞬时波动率；$W(t)$ 为一个零均值和单位方差的标准高斯白噪声。

假设一个 DC（Defined Contribution，缴费确定）型养老保险计划的缴费率是固定的 c 值，$y(t)$ 是 t 时刻基金投资于有风险资产的比例，则基金投资于无风险资产的比例为 $1-y(t)$。根据随机微分方程，在 t 时刻财富 $x(t)$ 的演变方程式为

$$dx(t) = [y(t)x(t) + (1-y(t))rx(t) + c]dt + x(t)\sigma dW(t) \tag{3-3}$$

式中，$x(t)$ 为 t 时刻基金财富的规模；$y(t)$ 为 t 时刻基金投资于风险资产的比例；c 为缴费率；r 为恒定的利率；$W(t)$ 为一个零均值和单位方差的标准高斯白噪声；$x(0) = x_0$，为一个常数。

养老金管理的目的是在职工退休时刻 T 时发挥其最大的预期效用，因此，根据式（3-3），最优控制问题能表达为

$$\max_{y(t)} E(u(x(T))) \tag{3-4}$$

式中，T 为职工退休时刻；$x(T)$ 为 T 时刻基金财富规模；$u(x(T))$ 为 $x(T)$ 的效用函数；$E(u(x(T))$ 为 $u(x(T))$ 的期望值。

根据最大化原则，用 Hamilton-Jacobi 方法计算的结果如下：

$$\max_y\left\{V_t+[y(t)(\mu-r)x+rx]V_x+\frac{1}{2}y(t)^2\sigma^2x^2V_{xx}\right\}=0 \tag{3-5}$$

式中，V_t 为关于时间 t 的一阶偏导数；V_x 和 V_{xx} 分别为关于价值 x 的一阶和二阶偏导数。

最优策略的一阶最大化条件 y^* 可表达为

$$y^*(t)=\frac{(r-\mu)V_x}{\sigma^2xV_{xx}} \tag{3-6}$$

为得到一个明确的解决问题的方法，Devolder 等[38]用 Merton 模型选择一个特殊函数 $\mu(x(T))=\dfrac{x^y(T)}{\gamma},\gamma\in(-\infty,1)$，得到如下结果：

$$y^*(t)=\frac{\mu-r}{\sigma^2}\frac{1}{1-\gamma} \tag{3-7}$$

但在实际中，金融市场是由众多资产组成的。本节将会考虑归属于有风险资产和无风险资产的 $n+1$ 种类型的资产。进一步来说，考虑到一些能够持续多年影响风险资产波动的重要信息，如政府对金融市场的政策调整往往能持续多年影响一些金融资产的价格波动，我们把影响金融资产价格波动的噪声假设为具有短距离依赖性的分数白噪声，而不是高斯白噪声。

3.1.2　分数噪声养老金个人账户投资模型

本节首先介绍分数布朗运动的一般性质，然后为风险资产提供分数噪声的优化问题。

首先，高斯白噪声分数阶导数的分数布朗运动的基本性质可以概括如下：

定义 3.1　(Ω,F,P) 表示一个概率空间，$a(0<a<1)$ 是 Hurst 指数。随机过程 $W(t,a),t\geqslant0$ 称为定义在概率空间上的 a 阶分数布朗运动 $(fBm)_a$，如果满足：

（1）$p\{W(0,a)=0\}=1$；

（2）对任意的 $t\in R_+$，$W(t,a)$ 是 F-测度随机变量，满足 $E(W(t,a))=0$；

（3）$t,\tau\in R_+$，

$$E[W(t,a)W(\tau,a)]=\frac{\sigma^2}{2}(t^{2a}+\tau^{2a}-|t-\tau|^{2a}) \tag{3-8}$$

式中，σ^2 为方差。从式（3-8）和 Kolmogorov 连续定理可知，若 $a>\dfrac{1}{2}$，样本路径 $W(t,a)$ 以 1 为概率连续，但不可微。

值得注意的是，对于式（3-8），若 $a=\dfrac{1}{2}$，则 $W(t,a)$ 为标准的布朗运动。分数布朗运动具有如下性质：

（1）不像表面看得那么复杂，式（3-8）可以简单地推导如下方程：

$$W(\rho t,a)=\rho^a W(t,a),\rho>0 \tag{3-9}$$

（2）$(fBm)_a$ 能够构造出标准的布朗运动：

$$W(t):=\Gamma\left(a+\frac{1}{2}\right)^{-1}\int_0^t(t-\tau)^{a-\frac{1}{2}}\mathrm{d}W(\tau) \tag{3-10}$$

这就是著名的 Gamma 函数，由 Mandelbrot 和 van Ness 提出。

（3）使用 Maruyama 的符号，公式可写为

$$\mathrm{d}W(t,a)=w(t)(\mathrm{d}t)^a \tag{3-11}$$

定义 3.2 $f:R\to R,x\to f(x)$，表示一个连续函数，它的 a 阶偏导数如下：

$$f^a(x)=\frac{1}{\Gamma(-a)}\int_0^x(x-\xi)^{-a-1}f(\xi)\mathrm{d}\xi,a<0 \tag{3-12}$$

若 a 是一个正数，令

$$f^a(x)=(f^{a-n})^n,n-1<a<n \tag{3-13}$$

在这个定义下，式（3-9）和式（3-10）可表示为 $W(t,a)=D^{-\left(a+\frac{1}{2}\right)}W(t)$，其中，$D$ 为微分算子。有学者总结了在 $0<a<1$ 时，分数布朗运动的 $(\mathrm{d}t)^a$ 阶积分形式。

引理 3.1 $f(t)$ 表示一个连续函数，则有

$$\int_0^t f(\tau)(\mathrm{d}\tau)^a=a\int_0^t(t-\tau)^{a-1}f(\tau)\mathrm{d}\tau,0<a<1$$

考虑到市场结构由 $n+1$ 种资产组成，一种无风险资产和 n 种有风险资产。我们用 $S_0(t)$ 表示在 t 时刻，无风险资产的价值，其演变方程式为

$$\mathrm{d}S_0(t)=rS_0(t)\mathrm{d}t \tag{3-14}$$

式中，r 为恒定利率。

我们用 $S_i(t)(i=1,\cdots,n)$ 表示风险资产 i 在时刻 t 的价值，用如下随机微分方程描述：

$$\mathrm{d}S_i(t)=S_i(t)\left[(r+\mu_i)\mathrm{d}t+\sum_{j=1}^m\sigma_{ij}^{(1)}\mathrm{d}W_j(t)+\sum_{j=m+1}^n\sigma_{ij}^{(2)}\mathrm{d}W_j(t,a_j)\right] \tag{3-15}$$

式中，μ_i 为风险资产 i 的预期瞬时回报率；$\sigma_{ij}^{(1)}$ 为风险资产 i 与资产 $j(j=1,2,\cdots,m)$ 在经典布朗运动下的协方差；$\sigma_{ij}^{(2)}$ 为风险资产 i 与资产 $j(j=m+1,m+2,\cdots,n)$ 在分数布朗运动下的协方差。

令 $x(t)$ 表示养老保险基金在 $t\in[0,T]$ 时刻的财富值；y_i 表示投资风险资产 i 的养老保险基金比例。相应地，$1-\sum_{i=1}^n y_i$ 表示投资银行的养老保险基金比例。养老保险基金价值随时间的变化如下：

$$dx(t) = x(t)\left[(r + \sum_{i=1}^{n} y_i \mu_i)dt + \sum_{i=1}^{n}\sum_{j=1}^{m} y_i \sigma_{ij}^{(1)}dW_j(t) + \sum_{i=1}^{n}\sum_{j=m+1}^{n} y_i \sigma_{ij}^{(2)}dW_j(t,\alpha_j)\right] \quad (3\text{-}16)$$

并且 $x(0) = x_0$，其中，x_0 为初始财富。

假定养老金基金经理的目标是选择一个投资组合策略，使效用函数损失的期望值达到最小。养老金财富的变化过程由式（3-16）表示，投资者寻找一个最佳的投资组合策略，使效用函数期望损失最小：

$$\min_{y(t)} E\left(\int_0^T e^{-\rho t} U(F(t) - x(t))dt\right) \quad (3\text{-}17)$$

式中，ρ 为一个折扣因子；$F(t)$ 为养老基金经理在相应时间内的目标收益，即 $F(t)$ 是在投资前预先给出的；$U(\cdot)$ 为一个严格的凹函数，且满足稻田条件：$\mu'(0) = +\infty$ 和 $\mu'(+\infty) = 0$。

我们用幂效用函数描述养老基金投资者的目标函数，如下：

$$U(x) = x^\gamma, \gamma \in (-\infty, 1) \quad (3\text{-}18)$$

选择幂效用函数，出于三个原因。首先，养老保险基金管理公司一般是大公司，他们的投资策略是根据所管理资金的数额，用一种缩放方式来确定的。用幂效用函数能很好地阐述这个特征。其次，养老保险基金的管理不能为负值，对数效用符合这个条件，因为无限的边际效用为 0。最后，扩散式［式（3-6）］包含分数布朗运动，因此，要求出这个问题的显式解是很困难的。3.1.3 节将使用动态矩方程展示一种方法，它能够得到这个分数随机最优控制问题的封闭形式的解。

3.1.3　矩方程的变分方法

下面引进式（3-17）的价值函数：

$$J(t,x) = E\left(\int_t^T e^{-\rho s} U(F(s) - x(s))ds \mid x(t) = x\right) \quad (3\text{-}19)$$

为了简单起见，定义：

$$f := r + \sum_{i=1}^{n} y_i \mu_i, \quad g := \sum_{i=1}^{n} y_i \sigma_{ij}^{(1)}, \quad h := \sum_{i=1}^{n} y_i \sigma_{ij}^{(2)} \quad (3\text{-}20)$$

于是，式（3-16）可表达为

$$dx(t) = x(t)\left(fdt + \sum_{j=1}^{m} g_j dW_j(t) + \sum_{j=m+1}^{n} h_j dW_j(t,\alpha_j)\right) \quad (3\text{-}21)$$

令

$$F(t) - x(t) = v(t)x(t) \quad (3\text{-}22)$$

则，式（3-19）可转化为

$$J(t,x) = \int_t^T (e^{-\rho s} v^\gamma(s) E(x^\gamma(s))ds \mid x(t) = x) \quad (3\text{-}23)$$

假设 σ 为非奇异矩阵 $(\sigma_m, \sigma_{n-m})_{n \times n}$，有

$$\begin{cases} \sigma_m = (\sigma_{ij}^{(1)}), (i = 1, 2, \cdots, n; j = 1, 2, \cdots, m) \\ \sigma_{n-m} = (\sigma_{ij}^{(2)})_{n \times (n-m)}, (i = 1, 2, \cdots, n; j = m+1, m+2, \cdots, n) \end{cases}$$

注意，式（3-23）中包含 $E(x^\gamma(s))$。因此，我们定义一个新的状态变量：$k(t) = E(x^\gamma(t))$。满足 $k(t)$ 的动态方程为

$$\mathrm{d}k(t) = \gamma f k(t)\mathrm{d}t + \frac{\gamma(\gamma-1)k(t)}{2}\sum_{j=1}^{m}g_j^2\mathrm{d}t + \frac{\gamma(\gamma-1)k(t)}{2}\sum_{j=m+1}^{n}h_j^2(\mathrm{d}t)^{2\alpha_j} \quad (3\text{-}24)$$

当 $t = 0$ 时，$k(0) = x_0^\gamma$。

通过以上过程，最初的随机优化控制问题［式（3-17）］就转换成了一个动态的非随机最优控制问题［式（3-24）］。最终，就可以得到最优投资组合策略。

命题 风险资产的最优组合比例 Y 可由如下给出：

$$Y = \frac{(\sigma')^{-1}\sigma_*^{-1}U}{1-\gamma} \quad (3\text{-}25)$$

财富的剩余部分 $1 - E \cdot Y$ 投资给银行，满足

$$\begin{cases} \sigma_* = (\sigma_m, \sigma_{n-m}^0)_{n \times n} \\ Y = (y_1, y_2, \cdots, y_n)' \\ U = (\mu_1, \mu_2, \cdots, \mu_n)' \\ \sigma_{n-m}^0 = (2a_j(T-t)^{2a_j-1}, \sigma_{ij}^{(2)})_{n \times (n-m)}, (i = 1, 2, \cdots, n; j = 1, 2, \cdots, m) \\ E = (1, \cdots, 1)_{n \times 1} \end{cases} \quad (3\text{-}26)$$

证明：

引入拉格朗日参数函数 $\lambda(t)$，我们考虑增益函数：

$$\begin{aligned} J(0, x) = \int_0^T &\left\{ \left[\mathrm{e}^{-\rho t}v^\gamma(t)k(t) + \lambda\gamma f k(t) + \frac{\lambda\gamma(\gamma-1)k(t)}{2}\sum_{j=1}^{m}g_j^2 \right]\mathrm{d}t \right. \\ &\left. + \frac{\lambda\gamma(\gamma-1)k(t)}{2}\sum_{j=m+1}^{n}h_j^2\mathrm{d}t^{2\alpha_j} - \lambda\mathrm{d}k(t) \right\} \end{aligned} \quad (3\text{-}27)$$

根据引理 3.1，可得

$$\int_0^t f(\tau)(\mathrm{d}\tau)^{2\alpha} = 2\alpha\int_0^t(t-\tau)^{2\alpha-1}f(\tau)\mathrm{d}\tau \quad (3\text{-}28)$$

把式（3-28）代入式（3-27），可得

$$\begin{aligned} J(0, x) = \int_0^T &\left[\mathrm{e}^{-\rho t}v^\gamma(t)k(t) + \lambda\gamma f k(t) + \lambda\gamma(\gamma-1)k(t)\sum_{j=m+1}^{n}h_j^2\alpha_j(T-t)^{2\alpha_j} \right. \\ &\left. + \frac{\lambda\gamma(\gamma-1)k(t)}{2}\sum_{j=1}^{m}g_j^2 \right]\mathrm{d}t - \int_0^T\lambda\mathrm{d}k(t) \end{aligned} \quad (3\text{-}29)$$

因此，哈密顿算子可表达为

$$H = k(t)\left[e^{-\rho t} v(t)^\gamma + \lambda \gamma f + \frac{\lambda \gamma (\gamma - 1)}{2} \sum_{j=1}^{m} g_j^2 + \lambda \gamma (\gamma - 1) \sum_{j=m+1}^{n} \alpha_j h_j^2 (T-t)^{2\alpha_j - 1} \right]$$

$$(3\text{-}30)$$

因此，根据最优化控制条件：

$$u_i + (\gamma - 1) \sum_{j=1}^{m} \sigma_{ij}^{(1)} g_j + (\gamma - 1) \sum_{j=m+1}^{n} 2\alpha_j (T-t)^{2\alpha_j - 1} \sigma_{ij}^{(2)} h_j = 0, \left(\frac{\partial H}{\partial y_i} = 0 \right) \quad (3\text{-}31)$$

即

$$\sum_{j=1}^{m} \sigma_{ij}^{(1)} g_j + \sum_{j=m+1}^{n} 2\alpha_j (T-t)^{2\alpha_j - 1} \sigma_{ij}^{(2)} h_j = \frac{u_i}{1 - \gamma} \quad (3\text{-}32)$$

为简单起见，定义如下变量：

$$\begin{cases} \sigma_{n-m}^0 = (2\alpha_j (T-t)^{2\alpha_j - 1} \sigma_{ij}^{(2)})_{n \times (n-m)}, (i = 1, 2, \cdots, n; j = 1, 2, \cdots, m) \\ \sigma_* = (\sigma_m \sigma_{n-m}^0)_{n \times n} \\ A = (g_1, g_2, \cdots, g_m; h_{m+1}, h_{m+2}, \cdots, h_n)' \\ Y(y_1, y_2, \cdots, y_n)' \\ U(u_1, u_2, \cdots, u_n)' \end{cases} \quad (3\text{-}33)$$

式（3-33）中，$2\alpha_j (T-t)^{2\alpha_j - 1} \neq 0$，$\sigma_*$ 是一个非奇异矩阵。由式（3-32）可以推导出：

$$\sigma_* A = \frac{U}{1 - \gamma} \quad (3\text{-}34)$$

根据式（3-20），可得

$$\frac{Y}{\sigma} = A' \quad (3\text{-}35)$$

根据式（3-33）和式（3-34），可以推导出风险资产的投资比例：

$$Y = \frac{(\sigma')^{-1} \sigma_*^{-1} U}{1 - \gamma} \quad (3\text{-}36)$$

相应地，养老保险基金投资于银行的比例为

$$1 - E \cdot Y \quad (3\text{-}37)$$

式中，$E = (1, \cdots, 1)_{n \times 1}$。

备注 从式（3-11）、式（3-27）、式（3-30）和引理 3.1，可以得到如下结论：

（1）如果令 $a = \frac{1}{2}$，可以得到经典布朗运动的最优莫顿组合。

（2）当 $\frac{1}{2} < a < 1$ 时，根据引理 3.1，显然有

$$\int_0^t f(\tau)(\mathrm{d}\tau)^{2a} = a^2 \left[\int_0^t (t-\tau)^{a-1} f^{\frac{1}{2}}(\tau) \mathrm{d}\tau \right]^2$$

于是，式（3-27）可变为

$$J(0,x) = \int_0^T \left(e^{-\rho t} v^\gamma(t) k(t) + \lambda \gamma k(t)(f - v(t)) + \frac{\lambda \gamma (\gamma - 1) k(t)}{2} \sum_{j=1}^m g_j^2 \right) dt$$
$$+ \frac{\lambda \gamma (\gamma - 1) k(t)}{2} \sum_{j=1}^m \left(\int_0^T (T - \tau)^{\alpha_j - 1} h_j \sqrt{k(t)} d\tau \right)^2 \quad (3\text{-}38)$$

由于上述方程包含了二次积分，因此目前很难有较好的方法求解。

3.1.4　仿真模拟

在两种风险资产下，选取 $r = 0.05$，$u_1 = 0.1$，$u_2 = 0.2$，$\sigma_{11} = 0.2$，$\sigma_{12} = 0.02$，$\sigma_{21} = 0.38$，$\sigma_{22} = 0.07$，$\gamma = -1$。通过仿真模拟，得到不同风险资产投资比例随分数阶变化结果如图 3-1～图 3-4 所示。

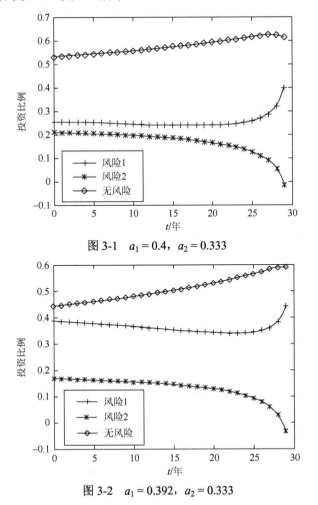

图 3-1　$a_1 = 0.4$，$a_2 = 0.333$

图 3-2　$a_1 = 0.392$，$a_2 = 0.333$

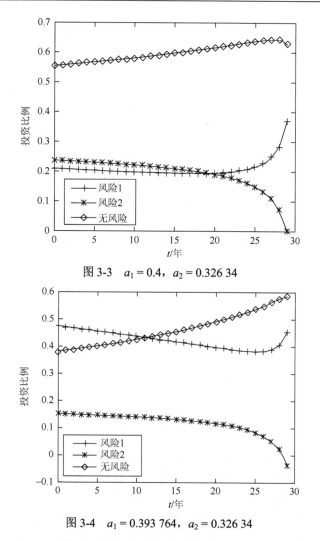

图 3-3　$a_1 = 0.4$，$a_2 = 0.326\,34$

图 3-4　$a_1 = 0.393\,764$，$a_2 = 0.326\,34$

　　由图 3-1～图 3-4 可发现：①个人账户养老保险基金投资者的投资策略为生活风格策略。②风险资产的分数阶减小时，投资于该资产的比例将会增加。这表明，随着风险资产波动持续性的降低，该资产会逐步受到基金投资者的青睐。③风险资产的分数阶增加时，投资于该资产的比例将会减少。这表明，随着风险资产波动持续性的增加，一般基金投资者将减少对该资产的投资比例。

3.2　基于贝叶斯随机规划方法的个人账户投资策略研究

3.2.1　投资组合模型

　　随机规划模型作为一种应用性很强的多阶段投资组合方法，可以全面考虑诸如交易费用、多元状态变量、市场不完备性、交易限制、管理规则和宏观政策等因素。相比其他模型，它在描述问题方面具有更大的灵活性。

利用随机规划方法研究最优投资策略的主要思路是基于实际问题建立规划模型，考虑未来情景进行求解。如何考虑未来信息的变化，是利用随机规划研究投资策略的难点。随着计算技术的发展，通过构建情景树来反映情景结构，依据计算模拟，可克服这一难点得到最优策略。交易决策通常在离散时间点上发生。在每一个决策时间点，投资者必须了解当前市场情况及持有的投资组合的构成。同时要对未来证券价格、利率和现金流的变动情况做出预期。这些信息会反映到一系列的证券买卖交易和短期借入与贷出的决策中。在下一决策时间点，投资者持有一个新的投资组合，同时具有新的市场预期，在考虑这些信息后做出新的决策。该问题的目标是使最终期望效用函数最优，其动态多阶段决策过程如图3-5所示。

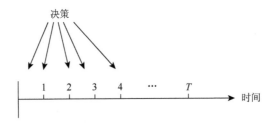

图3-5　动态多阶段决策过程

投资资产集合定义为 $i=1,2,\cdots,n$，其中第一类为无风险资产（如银行存款），其他类资产集可以是股票、债券等。模型的不确定性是由离散的情景来表示的，记为 $s\in S$。每一个情景 s 代表不确定因素从始至终出现的所有取值情况。在某一时间点，若两情景具有相同的历史信息，则据此做出的决策也是相同的。情景阶段演化图如图3-6所示。

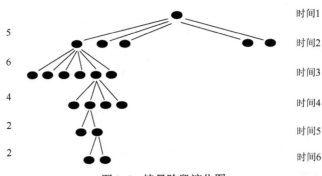

图3-6　情景阶段演化图

目前，利用随机规划方法研究投资问题成为国内外研究的主流趋势。具有代表性的如：有些学者研究了保险公司资产/负债管理，然而其模型中决策人的主观判断在情景生成中起到重要作用，将导致决策结果具有较强的主观性。有些学者在 Carino 模型基础上将未来经济发展因素纳入模型中，针对荷兰养老保险基金建立动态随机规划模型，但在数据较少时很难求解。有些学者使用贝叶斯随机规划方法研究多阶段投资最优化问题，但其模型中回归系数先验分布的主观设定将影响模型的预测效果。金秀等[39]在 Kouwenbery 模型的基础上用自向量回归方法生成了未来经济发展环境的情景，但没有对养老保险基金最终财富状况进行控制。有些学者利用线性随机规划研究了我国养老保险资产负债问题，然而其模型中情景树参数为确定的，未考虑随着规划期的展开，新信息对情景树的影响。本节在随机规划模型的基础上，结合个人账户养老保险基金投资的政策特点，利用贝叶斯随机规划和 Minnesota 方法，依据随机参数建模研究个人账户养老保险基金投资策略问题，结合历史数据进行模拟分析，结果表明模型能够根据实际情况优化资产配置。这对于解决我国养老保险基金缺口日益增大的问题，顺利完成养老金运作模式的改革具有重要的理论指导意义和实际应用价值。

假设资本市场中存在 1 种无风险资产，n 种有风险资产，买进和卖出风险资产均存在交易费用，允许卖空，投资规划期 $t \in (0, T)$。根据我国个人账户养老保险基金投资政策，设定各种资产投资比例的上下限，不考虑资金的借贷。不失一般性，为计算简便，进一步假设：

状态变量：

$s(t)$ —— t 时刻的情景；

l_i^+ —— 买入 1 单位第 i 种风险资产的交易费用；

l_i^- —— 卖出 1 单位第 i 种风险资产的交易费用；

$R_i(t, s(t))$ —— 第 t 阶段内，资产 i 在情景 s_t 下的收益率；

$C(t)$ —— t 时刻养老保险基金的缴费额；

$B(t)$ —— t 时刻养老保险基金的支出额；

$W(0)$ —— 基金初始财富；

W^* —— 养老保险基金在规划期末的财富目标值。

决策变量：

$x_i(t)$ —— t 时刻投资于第 i 种风险资产的数量；

$x_0(t)$ —— t 时刻投资于无风险资产的数量；

$x_i(t, s(t))$ —— t 时刻在情景 $(s_1, s_2, \cdots, s_t)$ 下投资于第 i 种风险资产的数量；

$y_i(t, s(t))$ —— t 时刻在情景 $(s_1, s_2, \cdots, s_t)$ 下买入第 i 种风险资产的数量；

$z_i(t, s(t))$ —— t 时刻在情景 $(s_1, s_2, \cdots, s_t)$ 下卖出第 i 种风险资产的数量；

$W(T, s(T))$ —— 基金在情景 $(s_1, s_2, \cdots, s_T)$ 下的在规划期末的财富。

令

$$u(T,s(T)) = \begin{cases} W(T,s(T)) - W^*, & W_T^{s_1,s_2,\cdots,s_T} \geqslant W^* \\ 0, & 其他 \end{cases} \tag{3-39}$$

$$v(T,s(T)) = \begin{cases} W^* - W(T,s(T)), & W_T^{s_1,s_2,\cdots,s_T} \leqslant W^* \\ 0, & 其他 \end{cases} \tag{3-40}$$

则有

$$u(T,s(T)) - v(T,s(T)) = W(T,s(T)) - W^* \tag{3-41}$$

式中，$u(T,s(T))$ 为 $W(T,s(T))$ 超过 W^* 部分的绝对值；$v(T,s(T))$ 为 $W(T,s(T))$ 低于 W^* 部分的绝对值。为此，目标函数可表示为

$$Z(T) = \frac{\sum_{(s_1,s_2,\cdots,s_T) \in \Omega_1 \times \Omega_2 \times \cdots \times \Omega_T}[u(T,s(T)) - \varphi v(T,s(T))]}{|\Omega_1| \times |\Omega_2| \times \cdots \times |\Omega_T|} \tag{3-42}$$

式中，$u(T,s(T))$ 为规划期末基金财富超出目标值部分；$v(T,s(T))$ 为基金财富低于目标值的惩罚；φ 为惩罚因子，表示风险厌恶程度；Ω_T 为第 T 阶段情景 s_t 所属情景集合，$|\Omega_T|$ 表示第 T 阶段情景的个数。

假定个人账户养老保险基金投资者的目标函数为基金最终财富期望最大，据此，本节给出用于养老保险基金动态投资组合的一般形式模型：

$$\max E[Z(T)] \tag{3-43}$$

约束

$$\sum_{i=1}^{n} x_i(0)(1 + l_i^+) + x_0(0) = W(0) \tag{3-44}$$

$$x_i(t,s(t)) = x_i(t-1,s(t-1))R_i(t,s(t)) + y_i(t,s(t)) - z_i(t,s(t)) \tag{3-45}$$

$$x_0(t,s(t)) = x_0(t-1,s(t-1))R_0(t,s(t)) - \sum_{i=1}^{n} y_i(t,s(t))(1 + l_i^+)$$
$$+ \sum_{i=1}^{n} z_i(t,s(t))(1 - l_i^-) + B(t) - C(t) \tag{3-46}$$

$$W(T,s(T)) = \sum_{i=1}^{n} x_i(T-1,s(T-1))R_i(T,s(T))(1 - l_i^+)$$
$$+ x_0(T-1,s(T-1))R_0(T,s(T)) + B(T) - C(T) \tag{3-47}$$

$$c_i^{lo} \leqslant \frac{x_i(t)}{\sum_{i=1}^{n} x_i(t)} \leqslant c_i^{up} \tag{3-48}$$

式（3-44）保证最初的全部投资额等于最初的财富额。风险资产在所有阶段的交易平衡约束由式（3-45）给出，这个约束保证在阶段 t 投资到资产 i 的量等于该种资产的净财富。式（3-46）代表现金的交易平衡约束。式（3-47）表示规划

期末基金资产的总价值。式（3-48）代表相关政策对个人账户养老保险基金投资资产分配比例的上下限限制。

该模型建立在未来外生经济环境不确定的基础上。如何依据现有的信息并考虑未来信息变化对资产未来价格进行预测，是利用随机规划研究投资策略的关键。鉴于对多状态决策过程建模时，状态的构成必须能够反映时间的变化及未来信息的变化，故通过构建情景树来反映情景结构。

3.2.2　基于贝叶斯随机规划的求解方法

1. 情景分析

在构建情景树的常用方法中，向量自回归（vector autoregression，VAR）模型的结构简洁，预测效果稳定。然而，对一般 VAR 模型而言，建模过程中需要估计的参数过多，对数据序列样本长度的要求过大。尤其在高阶向量自回归中，待估计的参数数量巨大；同时变量间的高阶相关性对参数估计精度要求较高，导致 VAR 模型中的高阶回归实现比较困难。

采用贝叶斯向量自回归（Bayesian vector autoregression，BVAR）方法生成情景树可克服 VAR 模型的缺陷。与传统 VAR 方法不同，BVAR 方法假设回归模型中的参数本身也是随机变量。构建模型时，需预知情景参数的先验分布，最小二乘法确定的系数估计值包含了参数分布的先验信息。而当信息更新后，则要依据贝叶斯法则求得随机参数的后验分布，即随着时间的变化，情景树所反映的信息也随之更新。因此，基于 BVAR 方法对模型中的高阶系数进行估计有一定的优势。然而，BVAR 方法中回归系数先验分布的设定带有较强的主观性，导致 BVAR 模型的预测效果在一定程度上受决策者主观判定的影响。针对 BVAR 方法的不足，可采用 Minnesota 方法设定先验分布。

2. Minnesota 先验方法

Minnesota 方法刻画回归系数先验分布的主要原理：一部分系数的先验值是显著的，其余部分系数的分布是不显著的（其先验均值为 0）。每个回归系数都相互独立，服从正态分布，拥有其先验分布的均值和方差。

在 Minnesota 先验模型中，每个变量的一阶滞后系数的先验分布均值都设定为 1，而其他系数的先验均值被设定为 0。令 β_{ii1} 为第 i 个变量一阶滞后自回归系数，β_{ijk} 为第 i 个变量对第 j 个变量 k 阶滞后回归系数。即

$$\beta_{ii1} \sim N(1, \sigma_{ii1}^2)；\quad \beta_{ijk} \sim N(0, \sigma_{ijk}^2)，\quad 其中 i \neq j \quad 且 \quad k \geqslant 1 \qquad (3\text{-}49)$$

处理 BVAR 方法中的大量待估计参数，可利用超参数表示变量 j 对变量 i 的 k 阶滞后回归中的先验标准差 σ_{ijk}。即

$$\sigma_{ijk} = \theta\varpi(i,j)k^{-\phi}\frac{\hat{\sigma}_{uj}}{\hat{\sigma}_{ui}} \tag{3-50}$$

式中，θ 为总体紧度，其取值反映了决策者对先验信息的信心大小程度，较小的 θ 值代表了对先验信息的较大把握；$\varpi(i,j)$ 为相对紧度矩阵，表示在第 i 个回归方程式中先验方差对变量 i、j 的相对约束紧度；$k^{-\phi}$ 为 k 阶滞后变量相对一阶变量的紧度，表示过去信息比当前信息有用程度的减少，$\phi>0$ 表示滞后阶数越低，先验均值对系数的约束越强；$\hat{\sigma}_{uj}/\hat{\sigma}_{ui}$ 为排列因子，用于调整变量 i、j 数量级的差。

通常相对紧度矩阵 $\varpi(i,j)$ 作为一个主对角线元素为 1，其余元素为 $\delta_{ij}(i\neq j)$ 的矩阵。$\delta_{ij}\in(0,1)$，δ_{ij} 的取值大小反映对第 i 个方程中第 j 个变量（$i\neq j$）的相对紧度。对角线的 1 表示对每个依赖变量的一阶滞后系数的先验均值为 1 的约束要大于对其他变量先验均值为 0 的约束。

3.2.3 BVAR 模型中的参数估计

假设回归模型为

$$y_t = X_t'\beta + \varepsilon_t \tag{3-51}$$

式中，ε_t 为白噪声；X 为一个 $(k\times1)$ 的解释变量向量；β 为 $(k\times1)$ 的系数向量。假设存在观察期 T^h 内的观察值，令

$$Y_{(T^h\times1)} = [Y_1 \quad Y_2 \quad \cdots \quad Y_{T^h}]', \quad X_{(T^h\times k)} = [X_1 \quad X_2 \quad \cdots \quad X_{T^h}]' \tag{3-52}$$

假设 β 为随机变量，σ^2 已知，利用极大似然法可得

$$f(Y\,|\,\beta,X;\sigma^2) = \frac{1}{(2\pi\sigma^2)^{\frac{T^h}{2}}}\exp\left[\frac{-(Y-X\beta)'(Y-X\beta)}{2\sigma^2}\right] \tag{3-53}$$

假设回归系数 β 服从先验分布 $\beta\sim N(m,\sigma^2 M)$，其中 M 是先验方差的紧度系数矩阵，则

$$f(\beta\,|\,X;\sigma) = \frac{1}{(2\pi\sigma^2)^{\frac{k}{2}}}|M|^{-\frac{1}{2}}\exp\left[\frac{-(\beta-m)'M^{-1}(\beta-m)}{2\sigma^2}\right] \tag{3-54}$$

根据贝叶斯法则，可得

$$f(\beta\,|\,Y,X;\sigma^2) = \frac{1}{(2\pi\sigma^2)^{\frac{k}{2}}}|M^{-1}+X'X|^{\frac{1}{2}}\exp\left[\frac{-(\beta-m^*)'(M^{-1}+X'X)(\beta-m^*)}{2\sigma^2}\right]$$

$$\tag{3-55}$$

$$f(Y\,|\,X;\sigma^2)=\frac{1}{(2\pi\sigma^2)^{\frac{T^h}{2}}}\,|\,I_T+XMX'\,|^{-\frac{1}{2}}\exp\left[\frac{-(Y-Xm)'(XMX')^{-1}(Y-Xm)}{2\sigma^2}\right]$$

$$(3\text{-}56)$$

式（3-55）中 $m^*=(M^{-1}+X'X)^{-1}(M^{-1}m+X'y)$，由式（3-55）可得 β 对观察值 y 的条件分布为

$$f(\beta\,|\,Y,X;\sigma^2)\sim N(m^*,\sigma^2(M^{-1}+X'X)^{-1})\qquad(3\text{-}57)$$

由式（3-56）可得 y 对回归因子 x 的边缘分布为

$$f(Y\,|\,X;\sigma^2)\sim N(Xm,\sigma^2(I_{T^h}+XMX'))\qquad(3\text{-}58)$$

利用 Minnesota 法则设定回归参数的先验分布，能够确保一阶滞后变量参数均值的显著性，反映数据影响随时间递减的趋势，同时减少需要赋值的超参数数量，降低先验分布设定的主观性，提高 VAR 模型的预测精度。

3.2.4　最优投资策略计算步骤及模拟分析

1. 计算步骤

利用 BVAR 方法得到风险资产收益的情景树，即可对个人账户养老保险基金投资策略模型进行求解。然而在贝叶斯随机规划的情景生成中，VAR 模型参数为随机变量，很难得到最优投资策略的解析解，因此可依据仿真模拟求解，具体步骤如下：

步骤 1：根据历史数据，结合式（3-54）得出 BVAR 中 VAR 参数 β 的先验分布。

步骤 2：根据 VAR 系数 β 的先验分布，对其进行 Monte Carlo 模拟，对 β 的每一个 Monte Carlo 单点构建 $t=0$ 时的资产收益情景树。

步骤 3：在 $t=0$ 时的生成情景树，求解个人账户养老保险基金投资策略模型，所得 Monte Carlo 模拟均值即为 $t=0$ 时的养老保险基金最优投资策略。

步骤 4：引入新信息，结合贝叶斯法则，依据式（3-57）得出 BVAR 中参数的后验分布。

步骤 5：根据 VAR 回归系数 β 的后验分布，对其进行 Monte Carlo 模拟，对 β 的每一个 Monte Carlo 单点重新构建 $t=1$ 时的资产收益情景树。

步骤 6：根据 $t=1$ 时的每个情景树，求解个人账户养老保险基金投资策略模型，所得 Monte Carlo 模拟均值即为 $t=1$ 时的养老保险基金最优投资策略。

步骤 7：重复步骤 4～6 至 $t=T-1$，得出全部最优投资策略及规划期末养老保险基金财富值。

由上述 Monte Carlo 模拟步骤即可求出养老保险基金对各种资产的最优投资策略，同时得到养老保险基金的最终财富值。

2. 模拟分析

个人账户养老保险基金投资范围大致为存入银行、购买债券、投资股票。为此，假设个人账户养老保险基金投资者投资于 3 种资产，即银行存款、股票、债券。其中银行存款视为无风险资产投资，股票和债券视为有风险资产投资。根据中国个人账户养老保险基金投资政策约束，资产配置比例上下限为银行存款 50%～60%、债券 10%～40%、股票 10%～30%。目前我国投资银行存款、债券和股票的交易费用分别为 0、0.2‰和 5.5‰。历年养老保险收支情况如表 3-1 所示。

表 3-1　2001～2005 年度中国城镇基本养老保险数据　　　　（单位：亿元）

基本养老保险数据	2001 年	2002 年	2003 年	2004 年	2005 年
征缴收入额	2 489	2 551	3 044	3 585	4 312
给付支出额	2 321	2 842	3 122	3 502	4 040
累计结存	1 054	1 608	2 207	2 975	4 041

数据来源：劳动和社会保障事业发展统计公报（2001，2002，2003，2004，2005）

本节将 2001 年 1 月到 2005 年 12 月的银行存款日收益率、国债月收益率和上证股票日收益率作为投资收益的历史数据，利用一阶滞后 BVAR 方法预测未来资产收益（数据来源：CCER 经济金融数据库）。VAR 系数 β 的先验分布可由式（3-54）导出。其中，根据 Minnesota 先验方法设定 m 时，股票不采用后滞变量以避免问题的不稳定；紧度系数矩阵 M 采用一般表示形式，即

$$m = \begin{bmatrix} 1 & 0 & 0 \\ 0 & 1 & 0 \\ 0 & 0 & 0 \end{bmatrix}, \quad M = \begin{bmatrix} 1 & 0.5 & 0.5 \\ 0.5 & 1 & 0.5 \\ 0.5 & 0.5 & 1 \end{bmatrix}$$

考虑两个规划期，每一时期假设未来有三种可能情景发生，并假定发生的概率是相等的。情景树结构将为 1-3-3，共有 13 个节点，每个节点有 6 个约束条件，3 个决策变量。从而将随机规划问题简化为有 78 个约束条件、39 个决策变量的非线性动态规划问题。利用 MATLAB 软件对模型进行优化求解，得到养老保险基金的最优资产配置策略，结果见表 3-2。

表 3-2　计算结果（$W^* = 102$，$\varphi = 2$）

期初持有资产结构			期末持有资产结构			期末基金财富水平
银行存款	债券	股票	银行存款	债券	股票	
58.39%	25.42%	16.19%	57.66%	29.12%	13.22%	102.030 00

依据表 3-2，可得出如下结论：

（1）期初的资产配置中，银行存款所占比重最大，债券次之，股票最小。原因分析：目标函数中惩罚因子的存在使基金资产配置的风险管理要求较高，股票的收益率波动较大导致了股票在资产配置中所占份额最小。交易费用的存在使得对债券和股票的投资成本增加，并造成对其投资份额的减小。

（2）资产结构调整过程中，银行存款投资比例的变化率最小，债券其次，股票的变化率最大。原因分析：随着时间推移获得新信息，资产收益率后验分布替代了由 Minnesota 法则生成的先验分布，同时决策者对资产的配置策略进行修正。银行存款收益率变动较小从而 BVAR 中参数分布变动也非常小，其期初的资产配置接近于信息更新后的资产配置。股票收益率的波动性最大，导致 BVAR 中新信息生成的参数后验分布较先验分布有显著更新，资产配置的调整也更为明显。

3.3 基于损失厌恶的个人账户养老保险基金投资策略研究

针对养老保险基金个人账户投资运营过程中无法实现保值增值的问题，基于罚函数理论，构建组合收益率损失厌恶效用与不同资产收益率损失厌恶效用之间的偏差函数，以偏差最小化作为优化目标，将不同资产的比例限制作为边界条件，建立投资组合的优化模型。最后，对我国养老保险基金个人账户的最优投资策略进行实证分析，得到考虑投资主体损失厌恶心理的最优资产配置比例，验证了本部分提出方法的有效性。

3.3.1 个人账户养老保险基金投资管理的意义

在人口老龄化和新常态背景下，中国的经济发展面临新的挑战，养老金的收支失衡缺口逐年增大，如何弥补养老金缺口是政府和社会关注的重要问题。我国现行的"统账结合"的养老金制度实际上是现收现付制和个人积累制两种制度的结合。随着长寿风险的增大，这种养老保险制度面临的转制成本也逐渐增大[40]。除了政府补贴外，个人账户资金被大量挪用，造成了个人账户空账问题。为了解决这一问题，国务院于 2000 年底开始陆续在辽宁、吉林、黑龙江等 13 个省份做实个人账户，提出了社会统筹基金与个人账户的分账管理，统筹基金不足支付时不能挪用个人账户。但事实上，做实后的个人账户基金的投资收益率低下。所以我国基本养老保险基金面临的问题不仅是难以做实，更大的挑战来自于做实部分难以实现保值增值。个人账户基金是基本养老保险的重要组成部分，做好个人账户基金的保值增值工作也就间接地起到维护社会稳定，促进社会发展的作用。

个人账户养老金由于是完全积累制度，投资具有长期性，因而有效的投资组合管理可以减少养老金的贬值风险，达到保值增值的目的，并有效地抵御通货膨胀带来的负面影响。因此，研究个人账户下养老保险基金的投资管理具有一定的现实意义。

对于我国养老金个人账户的管理问题，研究方向集中在定性分析并提出体制机制的建设意见以及基于 Markowitz 的均值-方差理论的定量分析。刘昌平[41]从养老保险基金投资的必要性出发，构建了个人账户养老保险基金治理结构和担保机制，并提出了建立完善的养老保险基金监管框架。陈志国[42]通过对瑞典和俄罗斯公共养老个人账户投资管理模式进行比较，创新性地提出基于生命周期理论的名义账户管理模式。谷明淑和刘畅[43]结合"马克维茨资产组合理论"，通过采用计量经济学的方法，利用 EViews 进行一元线性回归分析，构建我国养老保险基金的投资组合。陈志国等[44]用 Cvar 的方法研究我国新能源指数投资是否满足养老保险基金投资的风险与收益的要求。在投资组合策略研究中，也有不少学者从行为金融学的角度出发建立模型。金秀等[45]建立了预期效用最大化的动态损失厌恶组合优化模型，研究几只股票在未来预期不同市场状态下，通过调整损失厌恶系数和参考点得到不同的最优组合。胡支军和叶丹[46]将投资者的效用函数表示为期末财富变化的函数，建立了基于损失厌恶的最优投资组合模型，针对 S 型效用函数在参考点附近的非光滑问题，设计了一个三次样条函数并对其进行光滑处理。陈其安等[47]以投资者效用最大化为决策目标，建立基于投资者情绪的投资组合模型，从理论上研究投资者情绪对投资组合结构及其收益-风险关系的影响。金秀等[48]在连续时间下，构建基于动态参考点的损失厌恶投资组合模型，使用鞅方法对模型进行求解，得到最优风险资产权重解析表达式。

综上分析，在对养老金个人账户投资问题的研究中，学者主要采用线性回归的方法来拟合资本市场线，得到风险-收益的关系。而 Harvey 等[49]指出线性回归模型虽然简单且易于使用，但几个好的线性回归模型往往只有 55%～65% 的预测能力。另外，在构建考虑投资者心理因素的投资组合时，研究方向集中在对于股票的最优投资组合策略的分析，而较少有人在研究不同类型投资工具的组合问题时考虑投资主体的损失厌恶心理。本节从行为金融学的角度，基于罚函数理论，建立组合收益率损失厌恶效用与不同资产收益率的损失厌恶效用之间的偏差函数作为优化目标函数，将不同资产的比例限制作为边界条件，建立投资组合的优化模型。求解过程中转化为求部分权重已知的非线性规划模型，得到考虑投资主体损失厌恶心理的最优资产配置比例。最后，选取股票、基金、国债和银行存款 2009～2014 年的数据进行实证研究，并与线性回归方法进行对比，验证了该方法的优越性。

3.3.2　理论背景

1. 罚函数理论

Calvo 等[50]从理论上研究了集成算子的构造与罚函数的关系问题，下面先给出罚函数的定义：

定义 3.3　若函数 $P: I^{n+1} \to I$ 满足以下三个条件：

（1）对任意向量 $x \in I^n$ 和数 $y \in I$，均有 $P(x, y) \geqslant 0$；

（2）若 $x = y$ 且 $y = (y_1, y_2, \cdots, y_n) \in I^n$，则有 $P(x, y) = 0$；

（3）对每个固定的向量 x，使得 $P(x, y)$ 的最小值构成的集合是单点集或区间。

则称函数 P 为一个罚函数。

将罚函数用于信息集成上面，就是要构造待集结的数据与集结结果之间的一个罚函数，这样的罚函数大多表现为偏差函数。例如，设在集结过程中，$a_1, a_2, \cdots, a_n$ 是待集结的数据，$w = (w_1, w_2, \cdots, w_n)^T$ 是数据加权向量，满足 $w_j \in [0,1], \sum_{j=1}^{n} w_j = 1$。设集结结果为 n 维函数 $y = f(a_1, a_2, \cdots, a_n)$，则 a_i 与 y 之间越接近表示集结结果越有效，故可最小化 a_i 与 y 的偏差，构建下述罚函数 J_1 以及最优偏差模型：

$$\min J_1 = \sum_{j=1}^{n} w_j (f^{\lambda} - a_j^{\lambda})^2 \tag{3-59}$$

这里 λ 为参数，且满足 $\lambda \in (-\infty, +\infty)$。

2. 线性损失厌恶函数

风险厌恶是 Kahneman 和 Tversky[51]提出的前景理论中的重要发现，描述了相对于给定的参考点，人们对于损失比对于收益更加敏感。更确切地指：回报是基于给定的参考点来衡量的；效用减少带来的边际损失总是比效用增加带来的边际收益更大。本部分采用一种损失厌恶的线性函数形式，是损失厌恶效用函数的一种特殊形式。因为传统的 S 型损失厌恶函数还有一个特征就是，在损失领域有明确的寻求风险的行为，这个特征在线性损失厌恶函数中没有刻画。下述就是资产组合 y 效用回报的线性损失厌恶函数形式[52]：

$$g(y) = \begin{cases} y, & y > \hat{y} \\ (1+\lambda)y - \lambda\hat{y}, & y \leqslant \hat{y} \end{cases} \tag{3-60}$$

$$= y - \lambda[\hat{y} - y]^+$$

式中，$\lambda \geqslant 0$，为损失厌恶系数，反映了投资者的损失厌恶程度；$\hat{y} \in R$，为给定的参考点，可以是无风险利率，也可以指投资组合的预期收益率；$[\hat{y} - y]^+$ 为 0 与

$\hat{y} - y$ 中的较大值。从式（3-60）中可以看出，参考点左侧损失的斜率大于参考点右侧收益的斜率，也就是说明投资主体对损失比对收益更敏感。

3.3.3 基于损失厌恶的投资组合优化模型

基于罚函数的思想并考虑投资主体的损失厌恶心理，构建下述投资组合优化模型。设有 m 个时期 $t_j (j = 1, 2, \cdots, m)$，$n$ 种可供选择的投资工具 $a_i (i = 1, 2, \cdots, n)$，对应的收益率表示为 $r_i (i = 1, 2, \cdots, n)$。用 w 表示各资产的配置比例 $w_i \in [0,1]$，$\sum_{i=1}^{n} w_i = 1$，$i = 1, 2, \cdots, n$。$v(z_0)$ 为最优权重下得到的组合收益率的损失厌恶效用值，$v(r_i)$ 为 i 资产收益率的损失厌恶效用值；$v(r_i) = r_i - \lambda [\hat{r} - r_i]^+, i = 1, 2, \cdots, n$，$\hat{r}$ 为给定的参考点。组合的损失厌恶效用处于均衡，各种资产的配置比例根据各自收益率的损失厌恶效用来确定，故可最小化 $v(z_0)$ 和 $v(r_i)$ 之间的偏差，构建下述罚函数及最优偏差模型：

$$\min J_2 = \sum_{i=1}^{n} w_i (v(z_0) - v(r_i))^2 \tag{3-61}$$

根据极值的必要条件，令 $\partial J_1 / \partial z_0 = 0$：

$$\frac{\partial J_1}{\partial z_0} = \sum_{i=1}^{n} w_i \times 2 \times (v(z_0) - v(r_i)) \times v'(z_0) = 0 \tag{3-62}$$

又 $\sum_{i=1}^{n} w_i = 1$，得

$$v(z_0) = \sum_{i=1}^{n} w_i v(r_i) \tag{3-63}$$

在许多现实复杂的最优投资组合问题中，资产的配置比例信息通常是完全未知或部分已知的。本部分给出了配置比例部分已知的最优投资组合策略模型。m 个观测期内，每期都有 n 种资产的收益率数据 $(r_{j1}, r_{j2}, \cdots, r_{jn})$，且每期都有实际的组合收益率数据 $x_j (j = 1, 2, \cdots, m)$。假设配置比例满足 $w = \left\{ (w_1, w_2, \cdots, w_n)^T \mid 0 \le \alpha_i \le w_i \le \beta_i, i = 1, 2, \cdots, n, \sum_{i=1}^{n} \alpha_i \le 1, \sum_{i=1}^{n} \beta_i \le 1 \right\}$，为了得到最优配置，关于比例 $w = (w_1, w_2, \cdots, w_n)^T$ 构造偏差：

$$\min e_j = \left| \sum_{i=1}^{n} w_i v(r_{ji}) - v(x_j) \right|, \quad j = 1, 2, \cdots, m \tag{3-64}$$

$$\text{s.t.} \begin{cases} \alpha_i \leqslant w_i \leqslant \beta_i \\ w_i \geqslant 0, \sum_{i=1}^{n} w_i = 1, i = 1, 2, \cdots, n \end{cases}$$

式（3-64）可转化成式（3-65）非线性多目标规划（nonlinear goal programming, NLGP）模型求解：

$$\min z = \sum_{j=1}^{m} (e_j^+ + e_j^-) \tag{3-65}$$

$$\text{s.t.} \begin{cases} \sum_{i=1}^{n} w_i v(r_{ji}) - v(x_j) - e_j^+ + e_j^- = 0 \\ \alpha_i \leqslant w_i \leqslant \beta_i, \quad w_i \geqslant 0, \sum_{i=1}^{n} w_i = 1, i = 1, 2, \cdots, n \\ e_j^+ \geqslant 0, \ e_j^- \geqslant 0, \ e_j^+ \cdot e_j^- = 0, \ j = 1, 2, \cdots, m \end{cases}$$

3.3.4　基于损失厌恶的个人账户下养老保险基金投资组合策略

1. 数据选取

本节选取股票、基金、国债及银行存款四种资产的 2009～2014 年数据进行定量分析，研究个人账户养老保险基金投资组合问题。选择上述四种资产进行投资组合，主要是基于以下几个方面的考虑。首先银行存款和国债在资产配置中是安全性的保证，而且在《基本养老保险基金投资管理办法》中也规定了银行存款的最低投资比例。另外，根据全国社会保障基金的投资经验，个人账户基金的投资为了实现目标收益率，应适当选择一些风险较大的投资工具配置资金，因此，选择股票和基金两种收益和风险都较高的资产，并在规定的限制比例下进行配置。尚未选取基础设施建设项目、股权投资等适合养老保险基金长期投资的项目，因为其风险的刻画缺少数据，故在定量分析中暂时没有考虑。考虑到 2008 年股灾之后 A 股市场和开放式基金的收益率都开始复苏并呈现相对稳定的增长，本部分选取 2009～2014 年上述四种投资工具对个人账户养老保险基金的最优投资组合进行实证研究。

在构建模型时，数据的选取如下：①为了保证养老金的安全性及突发情况下的可支配性，选取一年期存款利率。②选择十年期国债进行债券配置，十年期国债投资周期长且在发行的国债中的比重相对较大。③选择上证综指中排名前十的权重股，股票市场的收益状况由这 10 只股票的加权平均收益率表示。④在选择基金时，根据 2015 年 10 月全国社会保障基金理事会向各境内委托投资管理人公布的 2015 年境内委托投资年度考评结果,选择考评结果中 A 档的 6 家基金公司——易方达、南方、工银瑞信、银华、鹏华和大成的年度收益率的均值作为基金类资金的收益率。选取 6 家基金公司的 72 只基金 2009～2014 年的年平均收益率作为研究样本，这 72 只基金中包括股票型 17 只、债券型 24 只、混合型 24 只及指数型 7 只。基金市场的收益状况由 6 家基金公司的平均收益率表示。整理后的上述四种投资工具的收益率与风险情况如表 3-3 所示。

表 3-3　2009～2014 年不同资产收益率与风险

年份	权重股平均收益率/%	开放式基金/%	十年期国债/%	一年期存款/%	组合收益率/%	通货膨胀率/%
2009	12.64	45.70	3.34	2.25	8.39	−0.70
2010	−6.66	1.97	3.47	2.25	6.56	3.31
2011	−1.22	0.57	3.86	2.75	5.58	5.41
2012	−3.89	5.61	3.46	3.50	4.33	2.65
2013	19.45	4.96	3.83	3.00	5.54	2.63
2014	24.74	24.57	4.16	3.00	7.45	1.99
期望收益率	7.51	13.90	3.69	2.79	—	—
收益率标准差	13.21	17.85	0.31	0.49	—	—

数据来源：十年期国债根据中国债券信息网整理的"银行间固定利率国债收益率"；一年期存款利率摘自中国人民银行网站 http://www.pbc.gov.cn；权重股平均收益率由 Wind 资讯金融数据库数据计算得到；开放式基金数据由基金买卖网数据计算得到；组合收益率数据来自全国社会保障基金理事会公布的该基金每年的投资收益率；通货膨胀率数据来自 Wind 资讯金融数据库

2. 计算过程与结果

将股票、基金、国债和银行存款四种工具的收益情况以及配置比例范围代入式（3-64）中，共有 6 个时期，即 $t_j(j=1,2,\cdots,6)$；有 4 种可选择的投资工具，即 $a_i(i=1,2,3,4)$；$v(r_{ji})$ 为 t_j 期 a_i 资产收益率的损失厌恶效用值。$v(x_j)$ 是指剔除通胀因素之后的组合实际收益率的损失厌恶效用值。根据《基本养老保险基金投资管理办法》中的相关规定，给出股票和基金的投资比例不超过养老保险基金资产净值的 30%，银行存款的投资比例不低于养老保险基金资产净值的 10%，国债的投资比例不低于养老保险基金资产净值 40% 的比例配置约束。据此构建罚函数以及最优偏差模型，得到

$$\min e_j = \left| \sum_{i=1}^{4} w_i v(r_{ji}) - v(x_j) \right|, j = 1,2,\cdots,6 \qquad (3\text{-}66)$$

$$\text{s.t.} \begin{cases} w_1 + w_2 \leqslant 0.3 \\ w_3 \geqslant 0.4, w_4 \geqslant 0.1 \\ \sum_{i=1}^{4} w_i = 1 \\ v(r_{ji}) = r_{ji} - 2.25[\hat{r}_j - r_{ji}]^+ \end{cases}$$

式中，约束条件 w_1、w_2、w_3 和 w_4 分别代表股票、基金、国债和银行存款四种投资工具的配置比例。不同时期的损失厌恶效用在计算时，选取相应时期的通货膨胀率作为参考点。将式（3-66）转化为非线性目标规划模型并用 LINGO 求解，得到在考虑投资主体损失厌恶心理与给出的配置比例约束下，股票、基金、国债和银行存款四种投资工具的最优配置比例为 12.01%、11.87%、40% 和 36.12%。

3. 对比分析

根据文献[43]中的线性回归方法，在四种投资工具收益率已知的情况下，计算得到相关系数、协方差的数据，并通过 Excel 计算上述四种投资工具在不同投资比例的组合条件下，投资运营的平均收益率及方差。并用最小二乘法进行线性回归分析，得到如下方程：

$$Y = 0.372\,762X + 0.035\,556 \tag{3-67}$$

代入资本资产定价模型中可得

$$E(R_p) = R_f + (E(R_m) - R_f) \times \beta_p = 3.56\% + 0.372\,762\beta_p \tag{3-68}$$

式中，3.56% 为无风险投资的平均收益率，也就是资本市场线的截距；0.372 762 为该市场线线性方程的斜率，也就是通常所说的风险溢价率，表示的意义是，每增加 1% 的代表风险的方差，就可以获得 0.372 762% 的收益。当我们利用养老保险基金在资本市场中投资运营时，式（3-68）提供了衡量和计算收益率和风险的一个标准。我们可以利用该公式计算出投资工具根据不同组合进行投资时相应的平均收益率及其方差，并根据计算得到的数值来分析风险和效益。为了与本部分的结果进行对比，从拟合资本市场线的数据中，找到一个组合的比例。假设将投资风险标准差定在 10%（按照安全性的投资原则及国际参考标准），且不考虑其他投资工具，得到股票、基金、国债和银行存款的配置比例分别为 26%、26%、38% 和 10%。

与线性回归方法相比，我们发现：

（1）线性回归得到的资本市场线，能够粗略地反映四种工具构建的投资组合风险与收益之间的关系，用来分析目标收益率下可能承担的风险水平。本节优化模型给出了考虑投资主体损失厌恶心理因素的最优配置比例，得到的结果更符合投资者实践中的真实心理。模型在实际运用时，可以根据管理者预定的不同时期的收益率目标，建立优化模型，进而得到最优投资组合。

（2）本节提出的方法考虑了决策者的主观风险态度，在选定参考点后，投资主体面临收益时是风险规避的，而面临损失时是风险偏好的，这与现实投资中的心理相吻合；线性回归结果未考虑决策者的主观风险态度，只是对历史数据的拟合，如果想得到具体的最优配置比例，只能从原始拟合数据中粗略地选择。对比两种模型得到的结果，回归方法中股票与基金的比例之和超过 50%，一方面不符合规定中的比例限制，另一方面实际投资时对于风险较大的资产在安全性原则下应当慎重配比。

（3）基于罚函数思想构建的投资组合的优化模型中，对于损失厌恶效用值与目标收益率损失厌恶效用值偏差较大的资产，赋予较小的配置比例；反之，赋予较大的配置比例。实证得到的结果符合模型建立的初衷，对于股票和基金两种风险相对较大的投资工具，配置的比例较低，与现实基本相符。

从行为金融学的角度，本节研究我国养老保险基金个人账户的投资运营问题，考虑投资主体损失厌恶的心理特征，基于罚函数理论，建立组合收益率损失厌恶效用与不同资产收益率的损失厌恶效用之间的偏差函数，从而构建投资组合的优化模型。在我国投资环境背景下，选取了可以衡量风险-收益的四种投资工具，得到了包含投资主体损失厌恶的心理特征的最优投资策略。未来研究中，可以进一步研究股权投资、基础设施项目投资的风险-收益的评估方法，增加模型中资产工具的种类；另外可以进一步研究非线性损失厌恶效用函数的投资组合模型。

3.4 基于二阶段随机规划的个人账户养老基金投资策略

本节在随机收益率具有不确定概率信息条件下，基于 LPI 理论和 MaxEmin 准则，建立了两阶段随机规划投资组合策略模型。在投资比例的约束下，结合历史数据，进行数值试验，结果表明所建立的模型能够更好地帮助投资者优化投资策略。

3.4.1 LPI 基本含义

考虑状态集 $\{\xi_1, \xi_2, \cdots, \xi_n\}$，关于状态分布 $P = (p_1, p_2, \cdots, p_n)^{\mathrm{T}}$，如果没有有效的信息，容许分布可由单型分布 $\xi^{(n)}$ 的所有点表示

$$\xi^{(n)} = \{p \mid p_i \geq 0; p_1 + p_2 + \cdots + p_n = 1; i = 1, 2, \cdots, n\} \tag{3-69}$$

在完全随机规划的案例中，概率 p 的分布完全已知，任何多于一个元素的真子集，相当于 p 的随机部分信息，即为 $\mathrm{SPI}(p)$。

随机部分信息 $\mathrm{SPI}(p)$ 被称为关于 p 的 LPI 化，可被认为是如下线性不等式系统的解：

$$Ap' \leq b(A : k \times n; b : k \times l; p : l \times n) \tag{3-70}$$

设 TT 是相对于 LPI(p)：$Ap' \leqslant b$ 的凸多面体，则由 TT 的顶点生成的集合 TT*，构成来自于 LPI(p)的极值分布 $\{p^*\}$。任何 LPI(p)可由以下三种等价形式表示：

（1）$Ap' \leqslant b$；

（2）相对应的凸多面体 TT；

（3）极值点集 T^*。

3.4.2　MaxEmin 准则

LPI 决策状态：$[\{a_i\};\{\xi_j\};\text{LPI}(p);|u_{ij}|;i=1,2,\cdots,m;j=1,2,\cdots,n]$，其中，策略集 $\{a_i\}$，状态集 $\{\xi_j\}$，LPI 模糊状态分布 LPI(p)和效用矩阵 $|u_{ij}|$，LPI(p)分布的极值分布集 $T^* = \{p^*\}$。则若需获得最大保证期望值，决策者必须选择使最小期望值最大化的策略，这即为 MaxEmin 准则。a_i^* 是 MaxEmin 最优值当且仅当 $\min\limits_{\{p^*\}} E(a_i^*, p^*) = \max\limits_{i} \min\limits_{\{p^*\}} E(a_i, p^*)$。$E(a_i, p^*)$ 是在策略 a_i 和极值点 p^* 下的期望值。

3.4.3　基于 LPI 两阶段随机规划的模型

1. 参数设定

考虑到现实市场环境下会有很多因素影响到投资策略，为了简化模型，本节仅仅考虑收益率的影响，资产种类设定为投资渠道中常见的，如股票、国债及银行存款。

假设个人账户养老保险基金拟定两个阶段的投资计划，将初始财富 ω_0 投资到金融市场中的 N 种资产（包括有风险的股票、国债，无风险的银行存款）。在时刻 1 建立投资组合，并可在之后的第二阶段初调整其投资策略。并做出如下规定：养老金保费的缴费额和给付额以及投资策略的改变在第二阶段初发生。各个参数及决策变量的含义如下。

随机规划模型中的参数如下：

i ——所投资的资产类型，$i=1,2,\cdots,m$；

ξ_j ——二阶段的情景，$j=1,2,\cdots,n$；

r_i ——一阶段资产 i 的收益率；

$r_i(\xi_j)$ ——二阶段资产 i 在情景 ξ_j 下的收益率；

w_0 ——基金初始财富；

B ——一期末养老金的缴费额；

C ——一期末养老金的给付额；

$l_i^{l/u}$ ——资产 i 的投资比例下限/上限。

决策变量如下：

x_i ——初期投资于第 i 种风险资产的数量；

$y_i(\xi_j)$ ——调整策略后，在情景 ξ_j 下投资于第 i 种风险资产的数量。

2. 约束条件

投资开始时，把初始财富值 ω_0 投入 m 种资产，因此，这 m 种资产的总投资额不大于初始财富值，满足如下约束：

$$\sum_{i=1}^{m} x_i \leqslant \omega_0 \tag{3-71}$$

另外，在实际投资过程中，不存在负投资，所以：

$$x_i \geqslant 0 \tag{3-72}$$

由于政策限制，养老金在进入资本市场中，投资的每种资产要满足一定的比例，既不能超过其投资上限，又不能低于其投资下限，因此，满足如下约束：

$$l_i^l \leqslant \frac{x_i}{\sum\limits_{i=1}^{m} x_i} \leqslant l_i^u \tag{3-73}$$

在进入二阶段投资后，由于养老金的特点，流出一部分给付额（发放给退休人员的养老金）和流入一部分缴费额（新收缴的养老金），资金必须满足动态平衡，调整策略后，每种情景下的投资额等于二阶段期初的财富总值，满足如下公式：

$$\sum_{i=1}^{m} y_i(\xi_j) \leqslant \sum_{i=1}^{m} r_i x_i + B - C \tag{3-74}$$

同一阶段一样，二阶段也不存在负投资，则

$$y_i(\xi_i) \geqslant 0 \tag{3-75}$$

在二阶段投资中，每种资产投资的比例约束同一阶段一样，满足如下约束：

$$l_i^l \leqslant \frac{y_i(\xi_j)}{\sum\limits_{i=1}^{n} y_i(\xi_j)} \leqslant l_i^u \tag{3-76}$$

3. 目标函数

目标函数的确定是模型的一个重要问题，本章借鉴传统投资策略的随机规划模型的思想，在 LPI 理论（见 3.4.1 节）和 MaxEmin 准则（见 3.4.2 节）基础上，以资本收益的最大化作为目标函数，则

$$\max\left\{\sum_{i=1}^{m}(r_i - 1)x_i + \min_{p \in \pi}\sum_{j=1}^{n} p_j Q(x, \xi_j)\right\} \tag{3-77}$$

式（3-77）中，

$$Q(x,\xi_j) = \max \sum_{i=1}^{m} (r_i(\xi_j)-1) y_i(\xi_j) \qquad (3-78)$$

$\sum_{i=1}^{m} (r_i-1)x_i$ 表示一阶段各资产的利润和；式（3-78）中 $Q(x,\xi_j)$ 为补偿策略后，利润的最大值；p_j 为情景 ξ_j 发生概率，则 $\sum_{j=1}^{n} p_j Q(x,\xi_j)$ 为概率下的各情景利润的期望值，$\min_{p \in \pi} \sum_{j=1}^{n} p_j Q(x,\xi_j)$ 表示各种期望利润中的最小利润。式（3-77）表示对利润求最大值。

由上述约束条件和目标函数可知，模型如下：

$$\max \left\{ \sum_{i=1}^{m} (r_i-1)x_i + \min_{p \in \pi} \sum_{j=1}^{n} p_j Q(x,\xi_j) \right\}$$

$$\text{s.t.} \begin{cases} \sum_{i=1}^{m} x_i \leqslant \omega_0 \\ l_i^l \leqslant \dfrac{x_i}{\sum_{i=1}^{m} x_i} \leqslant l_i^u \\ x_i \geqslant 0 \end{cases} \qquad (3-79)$$

式（3-79）中，

$$Q(x,\xi_j) = \max \sum_{i=1}^{m} (r_i(\xi_j)-1) y_i(\xi_j)$$

$$\text{s.t.} \begin{cases} \sum_{i=1}^{m} y_i(\xi_j) \leqslant \sum_{i=1}^{m} r_i x_i + B - C \\ l_i^l \leqslant \dfrac{y_i(\xi_j)}{\sum_{i=1}^{n} y_i(\xi_j)} \leqslant l_i^u \\ y_i(\xi_i) \geqslant 0 \end{cases} \qquad (3-80)$$

式中，$p_j = P(\{\omega = \omega_j\})$ 为概率向量和 $\xi_i = \xi(\omega_i), i = 1,2,\cdots,N$ 各阶段的情景。LPI 概率分布如下，其中 l 是 R^N 上的固定向量。概率分布的等价集合为

$$\pi = \begin{cases} p = (p_1,p_2,\cdots,p_n)^{\mathrm{T}} \in R^n \\ l_i - d_i(1-\alpha_i) \leqslant p_i \leqslant l_i + d_i(1-\alpha_i) \\ \sum_{i=1}^{N} p_i = 1; p_i \geqslant 0, i = 1,2,\cdots,N \end{cases} \qquad (3-81)$$

式中，$d_i = -d_{N+i}$，$\alpha_i = \alpha_{N+i}$，$d = (d_1, d_2, \cdots, d_{2N})^{\mathrm{T}}$ 表示置信度水平。

由于在求解过程中，用到 L 型算法，因此把模型用下面的形式表示：

$$\begin{cases} \min\{c^{\mathrm{T}}x + E_{\xi}Q(x,\xi)\} \\ \text{s.t.} \begin{cases} Ax = b \\ x \geqslant 0 \end{cases} \end{cases} \tag{3-82}$$

式中，数学期望值函数 $E_{\xi}Q(x,\xi) = \sum\limits_{j=1}^{n} p_j Q(x, \xi_j)$。

$$Q(x, \xi_j) = \min_{y} q^{\mathrm{T}}y$$
$$\text{s.t.} \begin{cases} Wy = h(\xi_j) - T(\xi_j)x \\ y \geqslant 0 \end{cases} \tag{3-83}$$

$$c^{\mathrm{T}} = -(r_1 - 1, r_2 - 1, \cdots, r_i - 1, \cdots, r_m - 1)$$

$$x = (x_1, x_2, \cdots, x_i, \cdots, x_m)^{\mathrm{T}}$$

$$A = \begin{bmatrix} 1 & 1 & \cdots & 1 & \cdots & 1 \\ -1 & -1 & \cdots & -1 & \cdots & 1 \\ -l_1^u & -1 & \cdots & 1-l_1^u & \cdots & -l_m^u \\ l_1^l & l_2^l & \cdots & l_i^l - 1 & \cdots & l_m^l \end{bmatrix}$$

$$b = (\omega_0, -\omega_0, 0, 0)^{\mathrm{T}}$$

式（3-83）中，

$$q^{\mathrm{T}} = -(r_1(\xi_j) - 1, r_2(\xi_j) - 1, \cdots, r_i(\xi_j) - 1, \cdots, r_m(\xi_j) - 1)$$

$$y = (y_1(\xi_j), y_2(\xi_j), \cdots, y_i(\xi_j), \cdots, y_m(\xi_j))^{\mathrm{T}}$$

$$W = \begin{bmatrix} 1 & 1 & \cdots & 1 & \cdots & 1 \\ -1 & -1 & \cdots & -1 & \cdots & 1 \\ -l_1^u & -1 & \cdots & 1-l_1^u & \cdots & -l_m^u \\ l_1^l & l_2^l & \cdots & l_i^l - 1 & \cdots & l_m^l \end{bmatrix}$$

$$h = (-B + C, B - C, 0, 0)^{\mathrm{T}}$$

$$T = \begin{bmatrix} r_1 & r_2 & \cdots & r_i & \cdots & r_m \\ -r_1 & -r_2 & \cdots & -r_i & \cdots & -r_m \\ 0 & 0 & \cdots & 0 & \cdots & 0 \\ 0 & 0 & \cdots & 0 & \cdots & 0 \end{bmatrix}$$

3.4.4　改进的 L 型算法

改进的 L 型算法如下：

设 $r = s = k = 0$，

步骤 1：令 $k = k+1$。求解下列凸规划问题（主问题）：

$$
\begin{cases}
\min & \pi = \lambda^{\mathrm{T}}x + \theta \\
\text{s.t.} & \begin{cases}
D_l x \geq d_l & l = 1, 2, \cdots, r & (L-1) \\
E_l x \geq e_l & l = 1, 2, \cdots, s & (L-2) \\
Ax \leq b & & (L-3) \\
x \geq 0, \theta \in R & & (L-4)
\end{cases}
\end{cases}
\tag{3-84}
$$

设 (x^k, θ^k) 为一个最优解，如果式（3-84）不存在约束（L-2），则 $\theta^k = -\infty$，转步骤 2。

步骤 2：对每一个 $i = 1, 2, \cdots, N$，求解下列线性规划问题：

$$
\begin{cases}
\min & Z_i = e^{\mathrm{T}}u^+ + e^{\mathrm{T}}u^- \\
\text{s.t.} & \begin{cases}
Wy + Iu^+ - Iu^- = h(\xi_i) - T(\xi_i)x^k & (L-5) \\
y \geq 0, u^+ \geq 0, u^- \geq 0
\end{cases}
\end{cases}
\tag{3-85}
$$

式（3-85）中，$e_{n \times n}^{\mathrm{T}} = \mathrm{diag}(1, \cdots, 1)^{\mathrm{T}}$，直到对某 i，最优解 $z_i > 0$。在这种情况下，设 σ^k 为（L-5）的对偶变量最优取值，定义：

$$
\begin{cases}
D_{r+1} = (\sigma^k)^{\mathrm{T}} T(\xi_i) \\
d_{r+1} = (\sigma^k)^{\mathrm{T}} h(\xi_i)
\end{cases}
\tag{3-86}
$$

由此产生一个（L-1）形式的约束（称为可行割），加入约束（L-1）中，并令 $r = r+1$，返回步骤 1；如果对所有的 i，$z_i = 0$，进入步骤 3。

步骤 3：对 $i = 1, 2, \cdots, N$，对给定的 x^k，解如下凸规划问题：

$$
\begin{cases}
\min & q_i^{\mathrm{T}} y \\
\text{s.t.} & \begin{cases}
Wy = h(\xi_i) - T(\xi_i)x^k & (L-6) \\
y \geq 0 & (L-7)
\end{cases}
\end{cases}
\tag{3-87}
$$

设式（3-87）的最优值为 $Q(x^k, \xi_i)$，最优解为 $y^k(\xi_i)$，并设 $v^k(\xi_i)$，$u^k(\xi_i)$ 分别为等式约束（L-6）和不等式约束（L-7）的对偶变量的最优取值。若 $\overline{P} = (\overline{p}_1, \overline{p}_2, \cdots, \overline{p}_N)^{\mathrm{T}}$ 是 $\max\limits_{P \in \pi} \sum\limits_{i=1}^{N} p_i^k Q(x^k, \xi_i)$ 的最优解，即 $\overline{P} = \arg\max\limits_{P \in \pi} \sum\limits_{i=1}^{N} p_i Q(x^k, \xi_i)$，定义：

$$\begin{cases} E_{s+1} = -\sum_{i=1}^{N} \overline{p}_i (\pi_i^k)^{\mathrm{T}} T(\xi_i) \\ e_{s+1} = \sum_{i=1}^{N} \overline{p}_i (\pi_i^k)^{\mathrm{T}} h(\xi_i) \end{cases} \tag{3-88}$$

若 $\theta^k \geqslant e_{s+1} - E_{s+1} x^k$，计算结束，且 x^k 即为最优解；否则，将约束 $E_l x + \theta \geqslant e_l$（成为最优割）加入约束集（$L$–2），并令 $s = s + 1$，返回步骤 1。

3.4.5　算例分析

这里，我们考虑个人账户养老保险基金投资的两个规划期，第二阶段设有三种情景可能发生，为计算简便，假设投资三种资产：银行存款、企业债和股票，这三类资产分别代表无风险资产、中等风险资产和高风险资产。根据经验，我们估计每种情景发生的概率分别在 0.45、0.25 和 0.20 左右浮动，并且其概率满足 LPI 下的相关条件。根据《2012 年度人力资源和社会保障事业发展统计公报》选取相关数据，$w_0 = 20\,000$ 元，$B = 24\,000$ 元，$C = 16\,000$ 元。根据《全国社会保障基金投资管理暂行办法》可知，银行存款和国债投资的比例不得低于 50%，其中，银行存款的比例不得低于 10%，在一家银行的存款不得高于社保基金银行存款总额的 50%。企业债、金融债投资的比例不得高于 40%。证券投资基金、股票投资的比例不得高于 40%，这规定了每种资产的投资比例。我们根据历史收益数据，三种投资品的收益率：$r_1 = 1.03, r_2 = 1.053, r_3 = 1.071$，以及二阶段每种资产各种情况下的收益率：$(r_1(\xi_1), r_1(\xi_2), r_1(\xi_3)) = (1.030, 1.030, 1.030)$，$(r_2(\xi_1), r_2(\xi_2), r_2(\xi_3)) = (1.053, 1.158, 1.210)$，$(r_3(\xi_1), r_3(\xi_2), r_3(\xi_3)) = (1.071, 1.162, 1.214)$，这里，令 $p = (0.45, 0.35, 0.20)^{\mathrm{T}}$，$d_i = 1/12$，$\alpha = 0.9$，解此二阶段规划问题，特殊情况下，初值 $x^0 = (0,0,0)^{\mathrm{T}}$，计算结果如表 3-4 和表 3-5 所示。

表 3-4　LPI 下的改进 L 型算法结果

$X_k(Y)$	max(Y)	e_{s+1}	E_{s+1}	p
7 000			0.118	0.467
9 000	4 092.719	718.129	0.121	0.350
4 000			0.123	0.183
7 000			0.117	0.467
9 000	4 082.004	718.129	0.120	0.350
4 000			0.122	0.183

表 3-5 固定概率 $p = (1/2, 1/3, 1/6)$下的 L 型算法结果

$X_k(Y)$	max(Y)	e_{s+1}	E_{s+1}	p
2 000			0.114	1/2
10 000	4 375.379	882.440	0.116	1/3
8 000			0.118	1/6

表 3-4 是在 LPI 条件下求得的结果，表 3-5 是随机规划投资策略模型在固定概率条件下求得的结果。由这两种结果可以看到，在 LPI 条件的情况下，投资策略的改变增加了无风险的银行存款的投资额，减少了有风险的企业债和股票的投资额，并且在 LPI 条件下的最优值略小于在随机规划固定概率条件下的最优值。得到这样的结果，是因为在 LPI 条件下的最优解是考虑现实情况下的概率，取到定值的可能性要远小于概率被估计为区间值的可能性，这样的估计更加符合现实市场环境，这样能够降低风险，相应的收益也会减少，投资策略趋于保守。这种在 LPI 条件下的最优解的投资策略更加适合个人账户养老金的保守的投资风格，符合大众保值增值的目标。

3.5 基于前景理论的区间直觉模糊多准则决策方法

3.5.1 前景理论

1979 年，Kahneman 和 Kversky 提出"前景理论"，它是在修正最大主观期望效用理论的基础上发展而来的。该理论认为决策者在不确定因素下进行决策时，决策的结果与决策者的主观标准有关，对于同一问题，不同的决策者有不同的选择。该理论把决策分为编辑和评价两个阶段，编辑阶段主要对数据进行处理和对参考点进行选取，评价阶段则根据权重函数和价值函数对信息进行判断与计算。其决策过程能够反映决策者在决策中所表现的有限理性，因此，决策结果也更符合决策者本身所固有的思维习惯。

前景理论的核心为前景价值，其主要由"价值函数"与"权重函数"两部分组成，即

$$V = \sum_{i=1}^{n} \pi(p_i) v(\Delta x_i) \tag{3-89}$$

式中，$\pi(p)$ 为考虑风险态度的概率权重函数；$v(\Delta x)$ 为决策者通过主观感受形成的价值函数。两个函数的形式分别为

$$\pi(p) = \begin{cases} \dfrac{p^{\gamma}}{(p^{\gamma} + (1-p)^{\gamma})^{\frac{1}{\gamma}}}, & \Delta x \geqslant 0 \\[4mm] \dfrac{p^{\delta}}{(p^{\delta} + (1-p)^{\delta})^{\frac{1}{\delta}}}, & \Delta x < 0 \end{cases} \tag{3-90}$$

$$v(x) = \begin{cases} (\Delta x)^{\alpha}, & \Delta x \geqslant 0 \\ -\lambda(\Delta x)^{\beta}, & \Delta x < 0 \end{cases} \tag{3-91}$$

式中，Δx 为决策准则值相对于参考点的差值；α 和 β 分别为风险态度系数，$0 \leqslant \alpha, \beta \leqslant 1$，且 α、β 越大代表决策者越倾向于冒险，当 $\alpha = \beta = 1$ 时，决策者是风险中立者；λ 为损失规避系数，当 $\lambda > 1$ 时，代表决策者对于损失具有更高的敏感度。

3.5.2 区间直觉模糊数

区间直觉模糊数的隶属度及非隶属度取值均为区间数，其定义如下。

定义 3.4 设 X 是给定的论域，则 X 上的区间直觉模糊数 A 定义为 $A = \{\langle x, \tilde{\mu}_A(x), \tilde{v}_A(x)\rangle | x \in X\}$，其中，$\tilde{\mu}_A(x): X \to [0,1]$ 和 $\tilde{v}_A(x): X \to [0,1]$ 分别表示 x 对于集合 A 的隶属度和非隶属度，且满足条件 $0 \leqslant \sup \tilde{\mu}_A(x) + \sup \tilde{v}_A(x) \leqslant 1, x \in X$ 成立。称 $\tilde{\pi}_A(x) = 1 - \tilde{\mu}_A(x) - \tilde{v}_A(x)$ 为 A 中 x 的直觉模糊区间。

一般地，将 X 中的元素 x 对于 A 的隶属度区间 $v_A^L(x) = v_A^R(x)$ 和非隶属度区间 $[v_A^L(x), v_A^R(x)]$ 所组成的有序对 $([\mu_A^L(x), \mu_A^R(x)], [v_A^L(x), v_A^R(x)])$ 称为区间直觉模糊数，具体运算法则参见文献[53]。显然，当 $\mu_A^L(x) = \mu_A^R(x)$，$v_A^L(x) = v_A^R(x)$ 时，区间直觉模糊数退化为直觉模糊数。

定义 3.5 设任意区间直觉模糊数 $\tilde{\alpha} = ([\mu_A^L(x), \mu_A^R(x)], [v_A^L(x), v_A^R(x)])$，则 $\tilde{\alpha}$ 的得分函数为

$$S(\tilde{\alpha}) = \frac{1}{2}(\mu_A^L(x) + \mu_A^R(x) - v_A^L(x) - v_A^R(x)) \tag{3-92}$$

$\tilde{\alpha}$ 的精确函数为

$$H(\tilde{\alpha}) = \frac{1}{2}(\mu_A^L(x) + \mu_A^R(x) + v_A^L(x) + v_A^R(x)) \tag{3-93}$$

通常 $S(\tilde{\alpha})$ 值越大，$\tilde{\alpha}$ 越大；$H(\tilde{\alpha})$ 值越大，$\tilde{\alpha}$ 的精确度越高。刘华文[54]给出通过 $S(\tilde{\alpha})$ 和 $H(\tilde{\alpha})$ 比较区间直觉模糊数的规则。

3.5.3 一种新的记分函数

1. 现有记分函数分析

Chen 和 Tan[55]定义直觉模糊数 $\alpha = \langle \mu, v, \pi \rangle$ 的记分函数 $S(\alpha) = \mu - v$，S 值反

映了净支持程度，其值越大越好；但若两直觉模糊数的是、非隶属度不同，且差值相同时将难以比较大小。Hong 和 Choi[56]在 Chen 和 Tan 研究的基础上，引入精确函数 $H(\alpha) = \mu + v$。当两个直觉模糊数的记分函数值相同时，可根据精确函数值的大小进行排序；该精确函数必须与 Chen 和 Tan 记分函数同时使用才能区分直觉模糊数的大小。刘华文[54]将犹豫度细分为赞成、反对和弃权三部分，并定义记分函数 $S_L(\alpha) = \mu + \mu(1 - \mu - v)$。该记分函数对弃权部分进行了细化，符合决策者的要求，但当 $\mu = 0$ 时将难以比较。Ye[57]提出改进的记分函数 $S_Y(\alpha) = \mu - v + \varphi(1 - \mu - v)$，利用参数 φ 来反映决策者对于弃权部分 π 所起作用的判断，然而参数 φ 的合理取值难以确定。王坚强和李婧婧[58]考虑支持度、反对度和犹豫度对于决策的影响，通过直觉模糊交叉熵定义了新的记分函数：

$$S_W(\alpha) = \begin{cases} \mu - v + H(\alpha)\pi, & \mu > v \\ \mu - v - H(\alpha)\pi, & \mu < v \\ 0, & \mu = v \end{cases} \tag{3-94}$$

式中，$H(\alpha)$ 为直觉模糊交叉熵。该记分函数考虑了隶属度与非隶属度的交互关系，以此来确定犹豫度的分配，可在信息不完全条件下通过交叉熵做出准确判断。

2. 新的记分函数

决策者在利用记分函数对方案进行排序时，最优方案所得的赞成度越高越好，反对度越低越好，并且确定程度越高越好，即犹豫度越低越好。对决策者的目标进行量化即为 $\mu - v$ 差值越大越好，同时 π 越小越好。基于上述分析，本书提出一种带犹豫度放缩的精确记分函数（简记为 P-记分函数）。

定义 3.6 设 $\alpha = \langle \mu_A(x), v_A(x) \rangle$ 为任意直觉模糊数，令 $\pi_A(x) = 1 - \mu_A(x) - v_A(x)$，称

$$S_P(\alpha) = \frac{\mu_A(x) - v_A(x)}{\pi_A(x) + 1} \tag{3-95}$$

为直觉模糊数 α 的精确记分函数。其中，$\mu_A(x)$、$v_A(x)$ 和 $\pi_A(x)$ 分别为 x 对于集合 A 的隶属度、非隶属度和犹豫度。

定义 3.7 设 $\tilde{\alpha} = ([\mu_A^L(x), \mu_A^R(x)], [v_A^L(x), v_A^R(x)])$ 为任意区间直觉模糊数，称

$$S_P(\tilde{\alpha}) = \frac{\mu_A^L(x) + \mu_A^R(x) - v_A^L(x) - v_A^R(x)}{\pi_A^L(x) + \pi_A^R(x) + 2} \tag{3-96}$$

为区间直觉模糊数 $\tilde{\alpha}$ 的精确记分函数。式（3-96）中，$[\mu_A^L(x), \mu_A^R(x)]$、$[v_A^L(x), v_A^R(x)]$、$[\pi_A^L(x), \pi_A^R(x)] = [1 - \mu_A^R(x) - v_A^R(x), 1 - \mu_A^L(x) - v_A^L(x)]$ 分别为 x 对于集合 A 的隶属度、非隶属度和犹豫度区间。

（1）当 $\mu_A^L(x) = \mu_A^R(x)$、$v_A^L(x) = v_A^R(x)$，即区间直觉模糊数 $\tilde{\alpha}$ 退化为直觉模糊数时，$S_P(\tilde{\alpha})$ 退化为 $S_P(\alpha)$。

（2）当犹豫度为零，即 $\mu_A(x) + v_A(x) = 1$ 时，相应的 P-记分函数 $S_P(\alpha)$ 退化为 Chen 和 Tan 的记分函数 $S(\alpha)$。

（3）利用 P-记分函数可以很方便地给出（区间）直觉模糊数排序的方法。例如，可规定 $S_P(\alpha)$ [或 $S_P(\tilde{\alpha})$]值越大，（区间）直觉模糊数 $\tilde{\alpha}$ 越大。

定理 3.1 设 $\alpha = \langle \mu_A(x), v_A(x) \rangle$ 为直觉模糊数，$\mu_A(x)$，$v_A(x)$，$\pi_A(x) \in [0,1]$，$\pi_A(x) = 1 - \mu_A(x) - v_A(x)$，P-记分函数 $S_P(\alpha)$ 满足：

（1）$-1 \leqslant S_P(\alpha) \leqslant 1$；

（2）$S_P(\alpha) = 1 \Leftrightarrow \alpha = \langle 1,0 \rangle$，$S_P(\alpha) = -1 \Leftrightarrow \alpha = \langle 0,1 \rangle$。

证明：

由已知得 $-1 \leqslant \mu_A(x) - v_A(x) \leqslant 1$，则 $|S_P(\alpha)| = \left| \dfrac{\mu_A(x) - v_A(x)}{\pi_A(x) + 1} \right| \leqslant |\mu_A(x) - v_A(x)|$

$\leqslant 1$，因此 $-1 \leqslant S_P(\alpha) \leqslant 1$。由 $S_P(\alpha)$ 函数容易看出，只有当 $\mu_A(x) = 1, v_A(x) = 0$ 时，$S_P(\alpha)$ 达到最大值 1；只有当 $\mu_A(x) = 0, v_A(x) = 1$ 时，$S_P(\alpha)$ 达到最小值 -1。同理，可证关于 $S_P(\tilde{\alpha})$ 也有类似结论。

定理 3.2 设 $\alpha_1 = (\mu_1, v_1)$ 和 $\alpha_2 = (\mu_2, v_2)$ 为任意两个直觉模糊数，则

（1）$S(\alpha_1) = S(\alpha_2), H(\alpha_1) \geqslant H(\alpha_2) \Rightarrow S_P(\alpha_1) \geqslant S_P(\alpha_2)$；

（2）$S(\alpha_1) = S(\alpha_2), H(\alpha_1) = H(\alpha_2) \Rightarrow S_P(\alpha_1) = S_P(\alpha_2)$；

（3）$S(\alpha_1) = S(\alpha_2), H(\alpha_1) \leqslant H(\alpha_2) \Rightarrow S_P(\alpha_1) \leqslant S_P(\alpha_2)$。

证明：

（1）由 $S(\alpha_1) = S(\alpha_2), H(\alpha_1) \geqslant H(\alpha_2)$ 得 $\mu_1 - v_1 = \mu_2 - v_2, \mu_1 + v_1 \geqslant \mu_2 + v_2$，则 $S_P(\alpha_1) = \dfrac{\mu_1 - v_1}{(1 - \mu_1 - v_1) + 1} \geqslant S_P(\alpha_2) = \dfrac{\mu_2 - v_2}{(1 - \mu_2 - v_2) + 1}$；（2）、（3）同理。

由定理 3.2 可知，通过 Hong 和 Choi[56] 的精确函数与 Chen 和 Tan[55] 的记分函数判断直觉模糊数的大小时，P-记分函数可得到相同的结论，无需辅助函数。

P-记分函数与现有记分函数的关系可归纳为以下几点。

相同点：

（1）均考虑了隶属度和非隶属度对决策的影响，并据此把区间直觉模糊数转化为实数。

（2）除 Chen 和 Tan、Hong 和 Choi 的记分函数外，P-记分函数和其他记分函数均从不同方面考虑了犹豫度的作用。例如，刘华文[54] 的记分函数考虑了犹豫度中支持部分的作用，Ye[57] 的记分函数通过引入参数来确定决策者在犹豫部分的作用；王坚强和李婧婧[58] 的记分函数考虑了隶属度相对非隶属度的交叉熵对犹豫部分的影响。

不同点：

（1）P-记分函数从决策者角度量化了犹豫部分对决策结果的影响，即决策者

利用记分函数对方案进行排序时，最优方案所得的赞成度越高越好，反对度越低越好，并且犹豫度越低越好。

（2）P-记分函数有较强的选择能力，即对于已有记分函数无法区分直觉模糊数大小的情形，可利用 P-记分函数进行排序，且不需辅助函数，避免参数选取对决策的影响。可通过以下三个例子来说明 P-记分函数与已有记分函数的区别。

例 3.1　设两个直觉模糊数分别为 ⟨0.7,0.2⟩ 和 ⟨0.6,0.1⟩，运用 Chen 和 Tan[55] 记分函数的结果均为 0.5，无法区分两个直觉模糊数的大小。运用 P-记分函数的结果分别为 0.454 和 0.385，即前者较大。

例 3.2　设两个直觉模糊数分别为 ⟨0,0.2⟩ 和 ⟨0,0.7⟩，运用刘华文[54]记分函数的结果均为 0，无法区分两个直觉模糊数的大小。运用 P-记分函数的结果分别为–0.111 和–0.538，即前者较大。

例 3.3　设两个直觉模糊数分别为 ⟨0.6,0.04⟩ 和 ⟨0.68,0.12⟩，运用王坚强记分函数的结果分别为 0.667 2 和 0.610 8，即前者较大。然而运用 P-记分函数的结果分别为 0.411 8 和 0.466 7，即后者较大，这与运用 Hong 和 Choi[56]精确函数的结果一致。事实上，精确度越高，相应的直觉模糊数越优，因此后者较大。

3.5.4　基于前景理论的区间直觉模糊随机多准则决策方法

1. 问题描述

多准则随机决策问题是国内外学者研究的热门对象，将直觉模糊、语言评价、前景理论等应用于多准则随机决策取得了很好的成果[59-65]，本书将考虑区间直觉模糊随机多准则决策问题。设有 m 个可行方案 $A_1, A_2, \cdots, A_m$，n 个评价准则 $G_1, G_2, \cdots, G_n$，用 W 表示准则权重信息的集合。设状态集 $\theta = (\theta_1, \theta_2, \cdots, \theta_l)$，第 θ_t 种状态发生的概率为 p_t，且满足 $0 \leqslant p_t \leqslant 1, \sum_{t=1}^{l} p_t = 1$。在状态 θ_t 下，方案 A_i 在准则 G_j 下的取值为区间直觉模糊数 x_{ij}^t。由此得到 l 个状态下的区间直觉模糊数决策矩阵为 $D_1 = (x_{ij}^1)_{m \times n}, D_2 = (x_{ij}^2)_{m \times n}, \cdots, D_l = (x_{ij}^l)_{m \times n}$。

2. 决策步骤

针对上述问题，本书给出基于前景理论的区间直觉模糊随机多准则决策方法，具体步骤如下。

步骤 1：将区间直觉模糊数矩阵转化为记分函数矩阵。

利用式（3-47）将描述决策准则值信息的区间直觉模糊数 x_{ij}^t 转化为实数 s_{ij}^t，从而得到 l 个记分函数矩阵 $S_1 = (s_{ij}^1)_{m \times n}, S_2 = (s_{ij}^2)_{m \times n}, \cdots, S_l = (s_{ij}^l)_{m \times n}$。

步骤 2：计算前景矩阵。

以 0 为决策参考点，计算各方案在各准则下的前景值，得到前景矩阵：

$$V = (v_{ij})_{m \times n} = \sum_{t=1}^{l} w(p_t) v(s_{ij}^t) \tag{3-97}$$

式中，$v(s_{ij}^t) = \begin{cases} (s_{ij}^t)^\alpha, & (s_{ij}^t \geqslant 0) \\ -\theta(-s_{ij}^t)^\beta, & (s_{ij}^t < 0) \end{cases}$，$w(p_t) = \dfrac{p_t^\gamma}{(p_t^\gamma + (1-p_t)^\gamma)^{1/\gamma}}$。

步骤 3：构建最优化模型确定准则权系数。

在实际决策过程中，由于客观事物的复杂性及决策者认识的局限性，决策者常常难以给出明确的准则权重，会出现权重信息不完全，甚至完全未知的情况。因此，如何合理确定准则权重是一个重要的问题。文献[66-73]给出了熵最大化、综合前景最大化和灰色关联法等准则权重的确定方法。其中综合前景值最大化原则符合大多数决策者的习惯，且容易实施。因此，本书基于综合前景值最大化原则，对准则权重信息部分已知和完全未知两种情形，分别给出确定准则权系数的规划模型及其求解方法，具体如下。

1）准则权重信息部分已知

不失一般性，假定已知的部分准则权重信息可以表述为 $w \in W$ 的形式。事实上，常见的客观权重信息可以表示为 $a_i \leqslant w_i$、$w_i \geqslant b_i$、$\gamma_i \leqslant w_i \leqslant \gamma_i + \varepsilon_i$ 三种表达形式。此外，决策者对权重分配往往存在一定的主观偏好。决策者的主观权重偏好常可表示为 $w_i \geqslant w_j$、$w_i - w_j \geqslant \alpha$、$w_i \geqslant \beta w_j$、$\theta_i w_j \leqslant (\theta_i + \varepsilon_i) w_i$ 或 $\theta_i \leqslant \dfrac{w_i}{w_j}(\theta_i + \varepsilon_i)(w_j \neq 0)$、$w_i - w_j \geqslant w_k - w_l (j \neq k \neq l)$ 四种常见表达形式。这七种已知的部分准则权重信息表达形式都可以统一为 $w \in W$ 的集合约束。由此可建立兼顾主客观权重约束的综合优化模型：

$$\max V(w) = \sum_{i=1}^{m} \sum_{j=1}^{n} v_{ij} w_j \tag{3-98}$$
$$\text{s.t. } w \in W, \sum_{j=1}^{n} w_j = 1, w_j \geqslant 0, j = 1, 2, \cdots, n$$

式中，v_{ij} 为非负常数；w_j 为权重；W 为权重的集合约束。

对于形如式（3-98）的线性规划模型，可借助 MATLAB 或 LINGO 等常用数学软件进行求解，得到最优化准则权重向量 $W = (w_1, w_2, \cdots, w_n)$。

2）准则权重信息完全未知

针对此种情形，可建立如下优化模型：

$$\max V(w) = \sum_{i=1}^{m}\sum_{j=1}^{n} v_{ij} w_j$$

$$\text{s.t.} \sum_{j=1}^{n} w_j^2 = 1, w_j \geqslant 0, j = 1, 2, \cdots, n \tag{3-99}$$

对于形如式（3-99）的非线性优化模型，可利用拉格朗日方法求解。事实上，构造拉格朗日函数：

$$L(w,\lambda) = \sum_{i=1}^{m}\sum_{j=1}^{n} v_{ij} w_j + \frac{\lambda}{2}\left[\sum_{j=1}^{n} w_j^2 - 1\right] \tag{3-100}$$

对式（3-100）求偏导数，并令

$$\frac{\partial L}{\partial w_j} = \sum_{i=1}^{m}\sum_{j=1}^{n} v_{ij} + \lambda w_j = 0, \quad \frac{\partial L}{\partial \lambda} = \sum_{j=1}^{n} w_j^2 - 1 = 0 \tag{3-101}$$

得到准则权重的最优解：

$$w_j = \frac{1}{\sqrt{\sum_{j=1}^{n}\left(\sum_{i=1}^{m} v_{ij}\right)^2}} \sum_{i=1}^{m} v_{ij}, j = 1, 2, \cdots, n \tag{3-102}$$

对 w_j 进行归一化处理，可得到最优化准则权重：

$$w_j = \frac{1}{\sum_{j=1}^{n}\sum_{i=1}^{m} v_{ij}} \sum_{i=1}^{m} v_{ij}, j = 1, 2, \cdots, n \tag{3-103}$$

步骤 4：按照下面的公式计算各方案的综合前景值，并依次对各方案进行排序。若 v_i 越大，说明该方案的综合前景值越大，则对应的方案越优。

$$v_i = \sum_{j=1}^{n} w_j \cdot v_{ij}, i = 1, 2, \cdots, m \tag{3-104}$$

3.5.5 算例分析

某个人账户养老保险基金拟对三种备选方案择优进行投资，分别为 A_1，A_2，A_3。该基金将采用投资收益（G_1）、投资效益（G_2）和投资环境（G_3）三个准则对各方案进行评估。同时认为在投资期间各方案的各个准则对应有三种可能的风险状态：高、中等、低，其概率经专家评估分别为 0.1、0.6、0.3。专家经过打分得到决策矩阵如表 3-6～表 3-8 所示，试确定基金的最佳投资方案。

表 3-6　高风险决策表

参数	G_1	G_2	G_3
A_1	([0.2,0.4],[0.5,0.6])	([0.6,0.7],[0.1,0.3])	([0.3,0.5],[0.4,0.5])
A_2	([0.3,0.7],[0.1,0.2])	([0.2,0.5],[0.1,0.4])	([0.2,0.4],[0.3,0.5])
A_3	([0.4,0.5],[0.1,0.3])	([0.2,0.3],[0.4,0.6])	([0.5,0.6],[0.1,0.3])

表 3-7　中等风险决策表

参数	G_1	G_2	G_3
A_1	([0.3,0.8],[0.1,0.2])	([0.2,0.3],[0.4,0.5])	([0.2,0.5],[0.3,0.5])
A_2	([0.2,0.7],[0.1,0.2])	([0.1,0.4],[0.3,0.4])	([0.3,0.4],[0.3,0.5])
A_3	([0.7,0.8],[0.1,0.2])	([0.6,0.7],[0.2,0.3])	([0.3,0.4],[0.2,0.3])

表 3-8　低风险决策表

参数	G_1	G_2	G_3
A_1	([0.5,0.6],[0.1,0.2])	([0.1,0.4],[0.3,0.5])	([0.6,0.7],[0.1,0.3])
A_2	([0.4,0.7],[0.1,0.3])	([0.2,0.5],[0.1,0.3])	([0.3,0.5],[0.2,0.4])
A_3	([0.3,0.5],[0.1,0.3])	([0.2,0.5],[0.4,0.5])	([0.4,0.6],[0.1,0.3])

（1）利用式（3-96）分别计算高、中等、低风险下的记分函数矩阵：

$$S_1 = \begin{bmatrix} -0.217 & 0.391 & -0.043 \\ 0.259 & 0.071 & -0.077 \\ 0.185 & -0.200 & 0.280 \end{bmatrix}$$

$$S_2 = \begin{bmatrix} 0.308 & -0.154 & -0.040 \\ 0.214 & -0.071 & -0.040 \\ 0.545 & 0.364 & 0.071 \end{bmatrix}$$

$$S_3 = \begin{bmatrix} 0.308 & -0.111 & 0.391 \\ 0.280 & 0.103 & 0.077 \\ 0.143 & -0.083 & 0.231 \end{bmatrix}$$

（2）采用文献[52，53]给出的参数值 $\alpha = 0.89$、$\beta = 0.92$、$\theta = 2.25$、$\gamma = 0.74$，利用式（3-97）计算前景值，得到前景矩阵：

$$V = \begin{bmatrix} 0.233 & -0.058 & 0.100 \\ 0.249 & 0.007 & -0.009 \\ 0.371 & 0.137 & 0.159 \end{bmatrix}$$

（3）确定最优化准则权重并利用前景值对方案排序：准则权重部分已知。假设准则权重的客观允许范围为 $w_1 \in [0.4, 0.6]$，$w_2 \in [0.3, 0.5]$，$w_3 \in [0.2, 0.4]$；准则权重的主观偏好满足 $w_1 \geqslant w_2 \geqslant w_3$。由式（3-98）建立如下线性规划问题：

$$\max V(w) = 0.852w_1 + 0.086w_2 + 0.250w_3$$

$$\text{s.t.} \begin{cases} 0.4 \leqslant w_1 \leqslant 0.6 \\ 0.3 \leqslant w_2 \leqslant 0.5 \\ 0.2 \leqslant w_3 \leqslant 0.4 \\ w_1 \geqslant w_2 \geqslant w_3 \\ \sum_{j=1}^{n} w_j = 1 \\ w_j \geqslant 0, j = 1,2,3 \end{cases}$$

解得最优化准则权重向量：$W = (0.5, 0.3, 0.2)^{\mathrm{T}}$。由式（3-104）计算各方案的综合前景值：$v_1 = 0.119$，$v_2 = 0.125$，$v_3 = 0.258$。按 v_i 值大小对方案进行排序，得 $A_1 < A_2 < A_3$，故 A_3 方案为最优。

准则权重完全未知。可利用式（3-104）求出最优化准则权重向量 $W = (0.717, 0.073, 0.210)^{\mathrm{T}}$。

由式（3-104）计算各方案的综合前景值：$v_1 = 0.184$，$v_2 = 0.177$，$v_3 = 0.309$。按 v_i 值大小对方案进行排序，得 $A_2 < A_1 < A_3$，故 A_3 方案为最优。

3.6　基于前景理论和云模型的决策方法

3.6.1　云模型

1995 年，Li 等[74]提出一种能将定性语言值和定量数域通过不确定关系相互联系的云模型，该模型能够较好地刻画出语言值模糊性和随机性之间的关联，其具体定义如下。

定义 3.8　设 C 是定量论域 U 上的定性概念，若论域 U 中的元素 x 对 C 的确定度 $\mu_C(x)$ 是一个具有稳定倾向的随机数，则元素 x 的隶属度 $\mu_C(x)$ 在论域 U 上的分布称为云，记为 $C(U)$，即 $\mu_C(x): U \rightarrow [0,1]$，$\forall x \in U$ 均有 $x \rightarrow \mu_C(x)$。

云模型是通过期望值 Ex、熵 En 和超熵 He 三个特征数字有效地整合来刻画定性概念的随机性和模糊性，这从整体上反映出定性概念定量的性质。因此，一般将云模型记为 $C(Ex, En, He)$。其中，Ex 是云熵属于定性概念的数学期望值；En 是定性概念模糊性的度量；He 是反映云熵的离散程度和确定度的随机性。

3.6.2 语言值转化为云模型的生成方法

设决策者对各方案属性的语言评价等级为 n（一般为奇数），由专家制定有效论域 $U = [X_{\min}, X_{\max}]$，即可利用云变化或黄金分割法生成 n 朵云与相应的语言标度一一对应。中间云 $C_0(Ex_0, En_0, He_0)$ 为完整云，表达一般的定性概念，左右相邻的云分别为

$$\left\{ \begin{array}{c} C_{-1}(Ex_{-1}, En_{-1}, He_{-1}), C_{+1}(Ex_{+1}, En_{+1}, He_{+1}) \\ C_{-2}(Ex_{-2}, En_{-2}, He_{-2}), C_{+2}(Ex_{+2}, En_{+2}, He_{+2}) \\ \vdots \\ C_{-\frac{n-1}{2}}\left(Ex_{-\frac{n-1}{2}}, En_{-\frac{n-1}{2}}, He_{-\frac{n-1}{2}}\right), C_{+\frac{n-1}{2}}\left(Ex_{+\frac{n-1}{2}}, En_{+\frac{n-1}{2}}, He_{+\frac{n-1}{2}}\right) \end{array} \right\}$$

左边的云是半降云，表示一些较差的定性概念；右边的云是半升云，表示一些较好的定性概念。

针对具有 5 个语言等级的例子，文献[74-80]给出了利用黄金分割法生成云的计算方法，如表 3-9 所示。

表 3-9   相关文献中云模型生成方法

云模型	Ex	En	He
$C_{+2}(Ex_{+2}, En_{+2}, He_{+2})$	$X_{\min}$	$En_{+1}/0.618$	$He_{+1}/0.618$
$C_{+1}(Ex_{+1}, En_{+1}, He_{+1})$	$Ex_0 + 0.382 \times (X_{\max} + X_{\min})/2$	$0.382 \times (X_{\max} - X_{\min})/6$	$He_0/0.618$
$C_0(Ex_0, En_0, He_0)$	$(X_{\max} + X_{\min})/2$	$0.618 En_{-1}$	给定 He_0
$C_{-1}(Ex_{-1}, En_{-1}, He_{-1})$	$Ex_0 - 0.382 \times (X_{\max} + X_{\min})/2$	$0.382 \times (X_{\max} - X_{\min})/6$	$He_0/0.618$
$C_{-2}(Ex_{-2}, En_{-2}, He_{-2})$	$X_{\max}$	$En_{-1}/0.618$	$He_{-1}/0.618$

该方法具有一定的局限性，如在论域 $U = [10, 20]$ 上，构造的第 2 朵和第 4 朵云的期望值为

$$Ex_{-1} = Ex_0 - 0.382 \times \frac{X_{\min} + X_{\max}}{2} = 9.27$$

$$Ex_{+1} = Ex_0 + 0.382 \times \frac{X_{\min} + X_{\max}}{2} = 20.73$$

显然这两朵云期望值都已超出论域 U 的范围；若在论域 $U = [-10, 10]$ 上，构造的第 2 朵和第 4 朵云的期望值为 $Ex_{-1} = Ex_{+1} = Ex_0 = 0$，就无法区分语言评价标度的等级。针对上述方法中存在的局限性，下面根据构造原理对上述方法进行改进，给出一种新的在论域 $U = [X_{\min}, X_{\max}]$ 生成 n 朵云的计算方法，计算公式如表 3-10 所示。

表 3-10　云模型生成方法

云模型	Ex	En	He
$C_{+\frac{n-1}{2}}\left(Ex_{+\frac{n-1}{2}},En_{+\frac{n-1}{2}},He_{+\frac{n-1}{2}}\right)$	X_{max}	$\dfrac{En_{+\frac{n-3}{2}}}{0.618}$	$\dfrac{He_{+\frac{n-3}{2}}}{0.618}$
$C_{+\frac{n-3}{2}}\left(Ex_{+\frac{n-3}{2}},En_{+\frac{n-3}{2}},He_{+\frac{n-3}{2}}\right)$	$Ex_0+0.382\left(\dfrac{X_{max}-X_{min}}{2}\right)$	$\dfrac{En_{+\frac{n-5}{2}}}{0.618}$	$\dfrac{He_{+\frac{n-5}{2}}}{0.618}$
⋮	⋮	⋮	⋮
$C_{+2}(Ex_{+2},En_{+2},He_{+2})$	$Ex_0+0.382\left(\dfrac{X_{max}-X_{min}}{2}\right)\times\dfrac{2}{n-3}$	$\dfrac{En_{+1}}{0.618}$	$\dfrac{He_{+1}}{0.618}$
$C_{+1}(Ex_{+1},En_{+1},He_{+1})$	$Ex_0+\dfrac{0.382\left(\dfrac{X_{max}-X_{min}}{2}\right)}{\dfrac{n-3}{2}}$	$0.382\times\dfrac{X_{max}-X_{min}}{6}$	$\dfrac{He_0}{0.618}$
$C_0(Ex_0,En_0,He_0)$	$\dfrac{(X_{max}-X_{min})}{2}$	$0.618En_1$	给定 He_0
$C_{-1}(Ex_{-1},En_{-1},He_{-1})$	$Ex_0-\dfrac{0.382\left(\dfrac{X_{max}-X_{min}}{2}\right)}{\dfrac{n-3}{2}}$	$0.382\times\dfrac{X_{max}-X_{min}}{6}$	$\dfrac{He_0}{0.618}$
$C_{-2}(Ex_{-2},En_{-2},He_{-2})$	$Ex_0-0.382\left(\dfrac{X_{max}-X_{min}}{2}\right)\times\dfrac{2}{n-3}$	$\dfrac{En_{-1}}{0.618}$	$\dfrac{He_{-1}}{0.618}$
⋮	⋮	⋮	⋮
$C_{-\frac{n-3}{2}}\left(Ex_{-\frac{n-3}{2}},En_{-\frac{n-3}{2}},He_{-\frac{n-3}{2}}\right)$	$Ex_0-0.382\left(\dfrac{X_{max}-X_{min}}{2}\right)$	$\dfrac{En_{-\frac{n-5}{2}}}{0.618}$	$\dfrac{He_{-\frac{n-5}{2}}}{0.618}$
$C_{-\frac{n-1}{2}}\left(Ex_{-\frac{n-1}{2}},En_{-\frac{n-1}{2}},He_{-\frac{n-1}{2}}\right)$	X_{min}	$\dfrac{En_{-\frac{n-3}{2}}}{0.618}$	$\dfrac{He_{-\frac{n-3}{2}}}{0.618}$

具体步骤如下。

步骤 1：根据论域 $U=[X_{min},X_{max}]$，生成中间完整云、最后一朵半降云和最后一朵半升云的期望值，计算公式分别如下：

$$Ex_0=(X_{min}+X_{max})/2$$

$$Ex_{-\frac{n-1}{2}}=X_{min}$$

$$Ex_{+\frac{n-1}{2}}=X_{max}$$

步骤 2：生成与中间云相邻第 1 朵半降云和第 1 朵半升云的熵，计算公式为

$$En_{-1}=En_{+1}=0.382\times(X_{max}-X_{min})/6$$

步骤 3：给定中间云的超熵 He_0。

步骤 4：将中间云和最后一朵半升云的期望值作为线段的两个端点，取线段的 0.382 倍，依据剩余半升云的朵数将线段分成 $(n-3)/2$ 份，将每一点对应的数值赋予相对应剩余的半升云期望值。

步骤 5：依据前一朵云与后一朵云熵的比例为黄金分割率的原则，生成中间云的熵 $En_0 = 0.618En_1$，并生成第 2 朵半升云和半降云的熵 $En_{-2} = En_{-1}/0.618$，$En_{+2} = En_{+1}/0.618$。

步骤 6：依据前一朵云与后一朵云超熵比例为黄金分割率的原则，生成第 1 朵半升云和半降云的超熵 $He_{-1} = He_{+1} = He_0/0.618$。

步骤 7：依据生成剩余半升云期望值的原理，生成剩余半降云的期望值。

步骤 8：依据前一朵云与后一朵云熵和超熵的比例为黄金分割率的原则，生成剩余半升云和半降云的熵、超熵。

性质 3.1　本方法生成云模型的期望值各不相同，且均在论域 U 中。

证明：

（1）由于论域 U 的长度 $l_U = X_{max} - X_{min} \neq 0$，即 $0.382 \times (X_{max} - X_{min})/2 \neq 0$，显然本方法生成的云模型期望值各不相同。

（2）以半升云的期望值为例，除最后一朵半升云模型的端点期望值 $Ex_{+\frac{n-1}{2}} = X_{max}$ 外，若剩余半升云模型的最大期望值和最小期望值均在论域中，则可证明半升云的期望值均在论域中。第 1 朵半升云的期望值 Ex_{+1} 就是最小期望值，$Ex_{+1} = Ex_0 + 0.382 \times (X_{max} - X_{min})/(n-3)$。将 $Ex_0 = (X_{min} + X_{max})/2$ 代入，可得

$$Ex_{+1} = \left(0.5 + \frac{0.382}{n-3}\right)X_{max} + \left(0.5 - \frac{0.382}{n-3}\right)X_{min} = X_{max} - \left(0.5 + \frac{0.382}{n-3}\right) \times l_U$$

其中 $l_U = X_{max} - X_{min}$。由 $n - 3 \geqslant 1$ 得 $X_{min} < Ex_{+1} < X_{max}$，即最小期望值在论域中。倒数第 2 朵半升云的期望值 $Ex_{+\frac{n-3}{2}}$ 就是剩余云中最大期望值，$Ex_{+\frac{n-3}{2}} = Ex_0 + 0.382 \times (X_{max} - X_{min})/2$。同理得

$$Ex_{+\frac{n-3}{2}} = 0.691X_{max} - 0.309X_{min} = X_{max} - 0.309 \times l_U$$

从而 $X_{min} < Ex_{+\frac{n-3}{2}} < X_{max}$，即最大期望值也在论域中。因此，半升云的期望值均在论域 U 中。

对于半降云，可采用类似半升云的证明方法，证明半降云的期望值也在论域中。

3.6.3　云模型运算法则

对于云模型距离的运算，为全面考虑云模型三个特征数字的关系，本书基于云模型"3En 规则"给出一种云模型距离运算的定义。

定义 3.9　设 Y_1, Y_2 是两朵一维正态云，F 是正态云集合，d 是一个映射，即 $d: F \times F \to R$。如果 $d(Y_1, Y_2)$ 满足：① $d(Y_1, Y_2) \geqslant 0$，$d(Y_2, Y_1) \geqslant 0$；② $d(Y_1, Y_2) = d(Y_2, Y_1)$；③若 Y_3 为任一正态云，$d(Y_1, Y_3) \leqslant d(Y_1, Y_2) + d(Y_2, Y_3)$。则 $d(Y_1, Y_2)$ 为正态云 Y_1 与 Y_2 之间的距离。

定义 3.10　设 $C_1(Ex_1, En_1, He_1)$ 和 $C_2(Ex_2, En_2, He_2)$ 为论域 U 中两朵一维正态云，根据正态云"3En 规则"，正态云 C_1 与 C_2 的 Hamming 距离为

$$D(C_1, C_2) = \sqrt{\frac{\underline{d}^2(C_1, C_2) + \overline{d}^2(C_1, C_2)}{2}} \tag{3-105}$$

式（3-105）中，

$$\underline{d}(C_1, C_2) = \left| \left(1 - \frac{3\sqrt{En_1^2 + He_1^2}}{Ex_1} \right) Ex_1 - \left(1 - \frac{3\sqrt{En_2^2 + He_2^2}}{Ex_2} \right) Ex_2 \right| \tag{3-106}$$

$$\overline{d}(C_1, C_2) = \left| \left(1 - \frac{3\sqrt{En_1^2 + He_1^2}}{Ex_1} \right) Ex_1 - \left(1 - \frac{3\sqrt{En_2^2 + He_2^2}}{Ex_2} \right) Ex_2 \right| \tag{3-107}$$

容易证明，上述距离满足定义 3.9 中的三个条件。

云模型具有三个特征数字，无法直接比较大小。本书通过定义云模型可能度给出一种比较云模型大小的方法。

定义 3.11　设 $C_1(Ex_1, En_1, He_1)$ 和 $C_2(Ex_2, En_2, He_2)$ 为论域 U 中两朵一维正态云，正理想云为 $C^*(\max_i Ex_i, \max_i En_i, \max_i He_i)$，$i = 1, 2$，$P(C_1 \geqslant C_2)$ 为 $C_1 \geqslant C_2$ 的可能度，表示为

$$P(C_1 \geqslant C_2) = 1 - \frac{D(C^*, C_1)}{D(C^*, C_1) + D(C^*, C_2)} \tag{3-108}$$

式中，$D(C^*, C_1)$ 和 $D(C^*, C_2)$ 分别为 C_1 和 C_2 的理想云 C^* 的 Hamming 距离。若 $P(C_1 \geqslant C_2) \geqslant 0.5$，则 $C_1 \geqslant C_2$，否则 $C_1 < C_2$。

由定义 3.11 可知：

（1） $0 \leqslant P(C_1 \geqslant C_2) \leqslant 1$；

（2） $P(C_1 \geqslant C_2) + P(C_2 \geqslant C_1) = 1$；

（3） 若 $P(C_1 \geqslant C_2) = P(C_2 \geqslant C_1) = 0.5$，则云 C_1 与云 C_2 相等。

性质 3.2　论域 U 中，在云的期望值相同的条件下，若云的随机性和离散程度越大，则云越差，即云描述的定性概念越模糊。

证明：

设 $C_1(Ex_1, En_1, He_1)$ 和 $C_2(Ex_2, En_2, He_2)$ 为论域 U 中的两朵一维正态云，根据性质 3.2 自身的前提条件可得

$$Ex_1 = Ex_2, En_1 \leqslant En_2, He_1 \leqslant He_2$$

根据定义 3.11 求得正理想云为 $C^*(Ex_1, En_1, He_1)$，根据式（3-108）得 $P(C_1 \geqslant C_2) = 1$，由此可得 $C_1 > C_2$，即云 C_2 随机性和离散程度越大，云 C_2 越差。

一般情况下，针对云模型可以采用综合集结算子和加权平均集结算子进行集结，考虑到各正态云不同的重要程度，本书采用加权平均集结算子对 n 朵正态云进行集结。

定义 3.12　设论域 U 中存在 n 朵云 $\{C_1(Ex_1, En_1, He_1), C_2(Ex_2, En_2, He_2), \cdots, C_n(Ex_n, En_n, He_n)\}$，若 n 朵云通过权重集结算子生成一朵综合云为 $C(Ex, En, He)$，则

$$C = \left[\sum_{i=1}^{n} w_i Ex_i, \sqrt{\sum_{i=1}^{n} (w_i En_i)^2}, \sqrt{\sum_{i=1}^{n} (w_i He_i)^2} \right] \tag{3-109}$$

式中，$W = \{w_1, w_2, \cdots, w_n\}$ 为各云模型的权重。

3.6.4　云模型前景价值

前景理论中式（3-105）和式（3-108）的运算均是针对实数，无法在本书中直接使用。为此，本书针对操作变量为云模型的情况，给出云模型前景价值函数的定义。

定义 3.13　设 $C_1(Ex_1, En_1, He_1)$ 和 $C_2(Ex_2, En_2, He_2)$ 为两朵正态云，若以云 C_2 为参考点，依据距离运算和比较大小的规则，构建云 C_1 的前景价值函数为

$$v(C_1) = \begin{cases} (D(C_1, C_2))^\alpha, C_1 \geqslant C_2 \\ -\lambda (D(C_1, C_2))^\beta, C_1 < C_2 \end{cases} \tag{3-110}$$

式（3-110）中云模型的距离和比较大小的规则分别采用定义 3.10 和定义 3.11 中的式（3-105）和式（3-108）。

3.6.5　基于前景理论及云模型风险型多准则决策步骤

假设对于某个语言变量风险型多准则决策问题，方案集 $A = \{a_1, a_2, \cdots, a_m\}$，方案的准则 $Z = \{z_1, z_2, \cdots, z_n\}$，各准则间相互独立，准则权重向量 $W = \{w_1, w_2, \cdots, w_n\}$，并有约束条件 $\sum_{j=1}^{n} w_j = 1$，$w_j \geqslant 0$，$j = 1, 2, \cdots, n$。准则 z_j 下可能发生的自然状态为

$\Theta^j = \{\theta_1^j, \theta_2^j, \cdots, \theta_{l_j}^j\}$，且 $\theta_t^j (1 \leqslant t \leqslant l_j)$ 状态发生的概率为 p_t^j。方案 a_i 在准则 z_j 状态 θ_t^j 下的语言变量为 x_{ij}^t，得到语言决策矩阵如表 3-11 所示。

表 3-11　风险型语言决策矩阵

参数	z_1				···	z_n			
	θ_1^1	θ_2^1	···	$\theta_{l_1}^1$	···	θ_1^n	θ_2^n	···	$\theta_{l_n}^n$
a_1	x_{11}^1	x_{11}^2	···	$x_{11}^{l_1}$	···	x_{1n}^1	x_{1n}^2	···	$x_{1n}^{l_n}$
a_2	x_{21}^1	x_{21}^2	···	$x_{21}^{l_1}$	···	x_{2n}^1	x_{2n}^2	···	$x_{2n}^{l_n}$
$\vdots$	$\vdots$	$\vdots$	$\ddots$	$\vdots$	$\ddots$	$\vdots$	$\vdots$	$\ddots$	$\vdots$
a_m	x_{m1}^1	x_{m1}^2	···	$x_{m1}^{l_1}$	···	x_{mn}^1	x_{mn}^2	···	$x_{mn}^{l_n}$
概率	p_1^1	p_2^1	···	$p_{l_1}^1$	···	p_1^n	p_2^n	···	$p_{l_1}^n$

针对上述问题，基于前景理论及云模型的风险型决策方法步骤如下。

步骤 1：将语言变量转化为正态云模型。根据决策者语言评价标度，利用本章在表 3-5 中给出的方法在有效论域 $U = [X_{\min}, X_{\max}]$ 上生成相对应的云模型，得到云决策矩阵。

步骤 2：确定各方案云模型前景决策矩阵。前景理论指出，决策者在进行决策时是利用结果与预期的差距来衡量"收益"或"损失"，因此参考点的选取极其重要。采用脚注文献的方法[48]，以其他备选方案为动态参考点，根据下式计算各方案在各准则下的云前景值：

$$V = \sum_{k=1}^{s} \sum_{l=1, l \neq i}^{m} \pi_{lji}(p_k) v(C_{lji}^k) \tag{3-111}$$

式（3-111）中价值函数和权重函数分别为

$$v(C_{lji}^k) = \begin{cases} (D(C_{lj}^k, C_{ij}^k))^\alpha, & C_{lj}^k \geqslant C_{ij}^k \\ -\lambda(D(C_{lj}^k, C_{ij}^k))^\beta, & C_{lj}^k < C_{ij}^k \end{cases}$$

$$\pi_{lji}(p_k) = \begin{cases} \dfrac{p_k^\gamma}{(p_k^\gamma + (1 - p_k)^\gamma)^{\frac{1}{\gamma}}}, & C_{lj}^k \geqslant C_{ij}^k \\ \dfrac{p_k^\delta}{(p_k^\delta + (1 - p_k)^\delta)^{\frac{1}{\delta}}}, & C_{lj}^k < C_{ij}^k \end{cases}$$

步骤 3：确定准则权系数。若准则权系数直接由决策者主观给出，则这种方法的透明性和再现性较差，也缺乏一定合理的依据；若直接通过决策数据客观制定权重，则完全忽略了决策者的信息。因此，本书在决策者主观给出部分准则权信息的基础上，依据离差最大化方法构建一种线性规划优化模型，即

$$\max Z = \sum_{i=1}^{m-1} \sum_{k=i+1}^{m} \sum_{j=1}^{n} |V_{ij} - V_{kj}| w_j$$

$$\text{s.t.} \sum_{j=1}^{n} w_j = 1, w \in H$$

（3-112）

式中，H 为由决策者主观给出的部分准则权系数。

对于上述式（3-110），可在 MATLAB 或 LINGO 软件上通过编程求得最优权系数 $W^* = (w_1^*, w_2^*, \cdots, w_n^*)$。

步骤 4：计算各方案综合前景值。

$$V_i = \sum_{j=1}^{n} w_j v_{ij}, i = 1, 2, \cdots, m$$

（3-113）

依据各方案的综合前景值越大方案越优对整个方案集进行排序，得出最优方案。

3.6.6　算例分析

某某个人账户养老保险基金计划从以下 3 个可能的方案中选一个最优方案进行投资，各方案为：① A_1 银行存款；② A_2 国债；③ A_3 股票。决策者分别按投资收益（Z_1）、投资比例限制（Z_2）、投资环境（Z_3）和投资期限（Z_4）4 个准则进行评估。因为基金管理者在投资时更加看重基金在未来能够与外部环境相互促进的可持续发展，所以结合以往投资经验主观给出了不完全确定的准则权系数空间 $H = \{w_2 > w_4 > w_3, 0.3 \le w_2 \le 0.5, 0.15 \le w_1 \le 0.2\}$。根据市场预测每个准则存在 5 种可能的自然状态，即很好（θ_1）、好（θ_2）、中等（θ_3）、差（θ_4）和很差（θ_5），各准则自然状态发生的概率如表 3-12 所示。各方案在各准则下的评价值是以语言信息给出的，语言评价集为 $S = \{VG, G, F, P, VP\} = \{verygood, good, fair, poor, verypoor\}$。决策者对各方案各准则的评价数据如表 3-12 所示，依据上述评价信息，试从这 3 个方案中选出一个最好的方案。

表 3-12　风险型决策表

参数	Z_1					Z_2				
	θ_1^1	θ_2^1	θ_3^1	θ_4^1	θ_5^1	θ_1^2	θ_2^2	θ_3^2	θ_4^2	θ_5^2
A_1	G	G	G	F	F	G	VG	F	G	G
A_2	G	F	VG	VP	G	VG	F	VG	P	G
A_3	F	VG	F	G	P	G	VG	P	G	P
概率	0.1	0.2	0.5	0.1	0.1	0.05	0.1	0.6	0.15	0.1

续表

参数	Z_3					Z_4				
	θ_1^3	θ_2^3	θ_3^3	θ_4^3	θ_5^3	θ_1^4	θ_2^4	θ_3^4	θ_4^4	θ_5^4
A_1	F	VP	VG	F	P	VG	G	P	F	VP
A_2	G	F	F	VP	F	G	G	F	G	F
A_3	G	P	VG	VP	P	G	VG	F	F	VP
概率	0.07	0.25	0.35	0.2	0.13	0.15	0.15	0.3	0.2	0.2

（1）根据步骤 1 将专家 5 个等级的语言评价值转化论域 $U=[-10,10]$ 上的 5 朵云模型，即 $\{C_{+2},C_{+1},C_0,C_{-1},C_{-2}\}$，其中 5 朵云的数字特征如表 3-13 所示。进而依据"语言值越好云越大"的原则将 5 朵云分别对应 $\{VG,G,F,P,VP\}$ 这 5 个语言评价值，则表 3-12 中各方案在各状态准则下的语言准则值可转化为一维正态云，得到云决策矩阵。

表 3-13　5 朵云数字特征

云模型	Ex	En	He
$C_{+2}(Ex_{+2},En_{+2},He_{+2})$	10	2.06	0.131
$C_{+1}(Ex_{+1},En_{+1},He_{+1})$	3.82	1.273	0.081
$C_0(Ex_0,En_0,He_0)$	0	0.787	0.05
$C_{-1}(Ex_{-1},En_{-1},He_{-1})$	−3.82	1.273	0.081
$C_{-2}(Ex_{-2},En_{-2},He_{-2})$	−410	2.06	0.131

（2）在各自然状态下，以其他的备选方案作为动态参考点，根据式（3-111）得前景价值函数 $v(C_{lji}^k)$ 和前景权重函数 $\pi_{lji}(p_k)$。其中各参数取值为 $\alpha=\beta=0.88$，$\lambda=2.25$，$\gamma=0.61,\delta=0.69$，得综合前景决策矩阵为

$$V=\begin{bmatrix} -7.149 & -5.58 & -7.326 & -13.79 \\ -7.97 & -3.09 & -13.989 & 1.13 \\ -14.057 & -17.53 & -5.143 & -7.07 \end{bmatrix}$$

（3）根据离差最大化思想，结合决策者主观给出准则权系数空间，用式（3-112）构建如下优化模型：

$$\max V(w) = 13.82w_1 + 28.89w_2 + 23.69w_3 + 19.06w_4$$

$$\text{s.t.} \begin{cases} 0.3 \leqslant w_2 \leqslant 0.5, 0.15 \leqslant w_1 \leqslant 0.2 \\ w_2 > w_4 > w_1, w_4 > w_3 \\ \sum_{j=1}^{4} w_j = 1, w_j \geqslant 0, j = 1,2,3,4 \end{cases}$$

利用 MATLAB 软件对模型编程求解，得到最优权系数向量 $W^* = \{0.17, 0.37, 0.24, 0.22\}$。

（4）根据式（3-113），得出各方案综合前景价值：$v_1 = -7.89, v_2 = -4.52$, $v_3 = -14.79$。依据综合前景值越大方案越好的原则，得到方案排序为 $A_2 > A_1 > A_3$，故方案 A_2 是最优方案。

3.7 本 章 小 结

本章主要针对新农保个人账户养老保险基金的投资与决策做了以下研究：

（1）依据风险资产遵循布朗运动的投资模型，假设基金经理的目标是最小化预期效用损失函数，我们扩展了一些涉及财富动态变化的噪声，财富的变化满足短距离非独立的分数布朗运动。不同于动态编程的方法，本章把随机优化的控制问题转换为一个非随机优化问题。基于决策优化控制准则，我们取得了一个明确的优化策略解决方案。

（2）假定养老保险基金投资者的目标函数为基金最终财富期望最大，利用贝叶斯随机规划的求解方法构建情景树，给出求解最优投资策略的计算步骤，通过模拟分析，研究最优投资策略的规律。研究发现：期初的资产配置中，银行存款所占比重最大，债券次之，股票最小；资产结构调整过程中，银行存款投资比例变动最小，债券其次，股票的变动幅度最大。

（3）增值的问题，基于罚函数理论，构建组合收益率损失厌恶效用与不同资产收益率损失厌恶效用之间的偏差函数，以偏差最小化作为优化目标，将不同资产的比例限制作为边界条件，建立投资组合的优化模型。最后，对我国养老保险基金个人账户的最优投资策略进行实证分析，得到考虑投资主体损失厌恶心理的最优资产配置比例。

（4）结合 LPI 与两阶段随机规划的相关理论，构建基于 LPI 两阶段随机规划的养老金投资策略模型，并根据相关历史数据进行分析，得出本模型能够帮助投资者在降低风险的情况下达到保值增值的结论。

（5）在基于前景理论的决策模型中，本章主要介绍了两种随机多准则决策方法：一是区间直觉模糊数的随机多准则决策问题，提出一种新的记分函数（P-记分函数），并讨论它的性质；同时建立一种兼顾主客观权重约束的综合优化模型来确定准则权系数；在此基础上，考虑决策者面临收益和损失时的主观风险态度，给出一种基于前景理论的决策方法。在实际决策过程中，该模型可根据决策者的风险偏好调整参数，以便更加合理地得到决策者的满意方案。二是针对具有语言评价变量、各准则发生概率不同且准则权系数部分已知的风险型多准则决策问题，提出一种基于前景理论结合云模型的决策方法。该方法同时考虑了决策者风险态度和决策者语言评价值的模糊性及外界环境的复杂性，更加符合实际决策的过程。针对云模型已有方法的一些局限性，本章定义了新的云生成方法、云距离运算法则和云可能度公式，讨论了其性质，并据此定义了云模型的前景价值。

　　新农保基金的保值增值过程就是一个投资决策的过程，本章所介绍的投资与决策理论，对新农保基金的投资与决策行为有一定的借鉴意义。

第4章　新农保风险管理研究

1964 年，Williams 在《风险管理与保险》一书中对风险管理做了比较经典的诠释，他认为"风险管理是根据组织的目标或目的以最少费用，通过风险识别、测定、处理及风险控制技术把风险带来的不利影响降低到最低程度的科学管理"。

风险管理行为贯穿于损失发生的全过程，其总目标是"以最小的风险管理成本获得最大的安全保障"。目前，风险管理的过程在业内已达成共识[81-89]，包括风险识别、风险测度、风险控制和风险管理评价等主要环节，且整个过程是一个循环系统。具体而言，包括以下几个内容环节。

首先是风险识别。这是整个风险管理活动的基础和前提。它包括调查风险是否存在，分析产生风险的各种原因，并对风险的影响程度做出初步评估，即要认识最主要的风险是什么，这些风险来源何在，风险的结构、性质如何，以及这些风险之间的相互关系如何，等等。

其次是风险测度。风险测度是指在风险识别的基础上，对其中较为重要的风险进行定量化，为下一步的风险决策提供可靠的依据。风险测度运用概率论和数理统计方法，并借助于电子计算机等现代精算工具进行。根据风险发生的强度和频率等将风险进行分类，为风险管理决策提供科学的依据。

再次是风险控制。风险控制是根据风险评估的结果，通过采取一些具体的技术手段来防止风险的发生以及将发生的风险损失结果降到最低。这些技术手段包括回避风险、损失的预防和抑制、进行非保险转移等。风险控制的技术和手段很多，其中损失控制和损失减少属于比较积极的风险防范手段。

最后是风险管理评价。风险管理评价是对风险管理技术适用性及管理效果的分析、检验、修正和评估，考虑与风险管理的整体目标是否一致。风险管理评价可以及时发现风险管理中的问题并加以修正。

4.1　风险管理的目标和原则

4.1.1　新农保风险管理的目标

新农保制度风险是指新农保制度设计、制度运行及外部环境的作用所造成的新农保制度实际执行的结果与预期达到的目标之间的负向偏差。对新农保制度进行风险管理的目标是通过对各个环节风险因素的识别和评估，采取有效的风险处理措施，保障新农保预期目标的实现和制度的可持续发展。对新农保制度风险进行有效的管理，无论是为解决广大农民老年生活的后顾之忧，还是提高政府的公信力以及促进社会公平、和谐和稳定，都具有重要的意义。

无论各种责任主体面临什么类型的风险，对风险进行管理的目标都可以概括为"两小一大"，即以成本效益原则为本，最小的成本支付达到风险损失的最小化，取得最大的安全保障。具体来说，按照期望值的大小，风险管理的目标可以分为保生存的最低目标、保稳定的中间目标、保发展和实现社会责任的最高目标。

新农保风险防范的基本目标是尽量减少制度实际运行效果相对于预期结果的负偏离，实现制度的预期目标，使有限的农村社会养老资源实现养老效用最大化。新农保的风险防范就是为了让新农保政策更好地实现预期的功能，在风险识别、风险筛选和风险评价的基础上，以风险事件预见为导向，以完善新农保制度为主要手段，达到预防和规避新农保风险的目的。参考新农保制度的基本原则和任务目标，如表 4-1 所示。

表 4-1　新农保制度的基本内容

分类	目标
基本原则	保基本、广覆盖、有弹性、可持续
任务目标	2020 年之前实现适龄农民全覆盖

具体而言，新农保风险防范的目标主要有以下四个：①维护广大参保农民的基本权益。这是新农保风险防范的最终目标。目前新农保制度仍处于试点推广阶段。新农保作为一项惠民政策最直接的目的就是要确保参保农村居民年老以后，能够维持基本的生活水平，保障他们的老年生活。②保障新农保运行安全。实现新农保制度的设计完善和可持续性运行，是保障制度可达到预期目标和效果的前提和基础。③保障基金保值增值。基金保值增值包括新农保基金安全的财务的可持续性，这是新农保风险防范的核心目标。随着新农保试点快速推行、覆盖面的扩大，各地所积累的新农保基金规模不断增大，社会养老保险基金必须参与投资市场来寻求保值增值的方法。近些年来中国商业银行存款利率不断下调，而物价指数则节节攀升，通货膨胀也接连出现，如果继续将新农保基金存入银行和买国债，资金缩水将非常严重，将会面临和城镇企业基本养老保险一样的危机。④保障社会和谐稳定。新农保作为一项重大的惠农政策，是整个国家促进社会公平正义、破除城乡二元结构、逐步实现基本公共服务均等化的一个重大举措。因此，新农保风险防范的一个政策性目标就是要实现制度的目标，改变城乡社会养老方面的二元现状，从而维护社会的和谐稳定。

4.1.2　新农保风险管理的原则

1. 相互牵制原则

相互牵制原则是指一项完整的经济业务活动，必须分配给具有互相制约关系的两个或两个以上的部门（或岗位）分别完成。即在横向关系上，至少要由彼此独立的两个部门或人员办理，以使该部门或人员的工作接受另一个部门或人员的检查和制约；在纵向关系上，至少要经过互不隶属的两个或两个以上的岗位和环节，以使下级受上级监督，上级受下级牵制。其理论根据是在相互牵制的关系下，几个人发生同一错弊而不被发现的概率，是每个人发生该项错弊的概率的连乘积，从而降低误差率。新农保制度的实施需要各级政府相互牵制，相互监督。

2. 成本效益原则

贯彻成本效益原则，即要求在实行风险控制花费的成本和由此而产生的经济效益之间保持适当的比例，实行风险控制所花费的代价不能超过由此而获得的效益，否则应舍弃该控制措施。其目标是使制度充分发挥出积极效用，尽量趋近甚至优于制度预期目标，实现社会、经济效益最大化。因此风险防范应具有高度的概括性，能全面应对新农保风险，为新农保制度的顺利运行保驾护航。

3. 整体结构原则

新农保风险的控制，包括控制环境、风险评估、控制活动、信息与沟通、监督五项要素，覆盖各项业务和部门。换言之，各项控制要素、各业务循环或部门的子控制系统，必须有机构成新农保风险控制的整体架构。这就要求各子系统的具体控制目标，必须对应整体控制系统的一般目标。具体来说，风险因素能够被及时发现，需要从制度设计、运行过程等要素进行考虑；发现风险发生征兆后，需要能够有效组织各方资源和力量及时采取防范措施的要素；此外，新农保风险防范还需要有效运行的信息支持系统。

4. 协调与效率原则

新农保制度实施中各主体之间权责划分要明确、清晰，便于操作，保证主体间信息沟通方便、快捷，正确无误，在协调配合的同时，各级政府之间，政府与基金托管机构之间要建立必要的监督机制。

5. 前瞻性原则

构建科学有效的新农保风险控制体系必须面向未来、面向城乡居民养老保险一体化。从长远发展看，既要考虑新农保实施中防范和化解风险的需要，也要考虑城乡居民养老保险合并后所产生的风险的防范。

6. 重要性原则

新农保风险控制体系既要着眼于整体和全面，又要突出重点，抓重要部位、重要环节、重要岗位，以及重视对主体风险的控制。

4.2　新农保风险识别与评价

新农保风险管理即是运用风险管理这一工具评价新农保作为保障农村老年居民基本生活的手段是否恰当；这一手段在运行了一段时间后，是否会由于精算参数设置没有相应调整而出现问题；制度快速扩面以后，是否顺利实现与其他社会养老保险制度的衔接整合，这一过程中制度效率是否会受到影响；快速的人口老龄化、城镇化及外部经济扰动等因素的存在，是否影响其目标和初衷的实现；等等。以上这些都增加了制度的不确定性。识别并防范新农保这一手段在目标实现过程中的一系列不确定性因素，确保制度初衷和预期目标的最终实现，是新农保风险管理的过程机理。

本节基于风险管理的基本框架和新农保制度目标设计风险控制评价指标体系，采取 AHP 确定评价指标权重，采用 FCE 的方法构建风险控制 FCE 模型。

关于新农保风险控制的评价指标，主要存在以下两类设计方式。

（1）基于新农保制度设计思路：包括保障水平和可持续发展的衡量指标，主要按照缴费风险、基金投资与决策风险及待遇给付风险的顺序进行风险管理。

（2）基于新农保的制度目标：按照保基本的原则选取替代率或贡献率指标，根据广覆盖目标选取参保率指标，根据有弹性目标选取与经济增长率和通胀率挂钩的指标，根据可持续目标选择财政适度水平指标，等等。

4.2.1　新农保制度风险的识别

风险识别是指人们利用各种方法和技术对项目事件所面临的显性或潜在的风险进行整理、判断和分析，找出导致风险发生的关键因素，并对诸因素进行系统的分析和定性，挖掘风险发生的内在本质和规律。

制度设计风险主要考虑新农保制度的实施效果与政策初衷的背离程度，微观上包括对于参保人基本生活的保障程度，宏观上主要是指政府补贴对于制度长效供给的影响。筹资风险从养老金的三个来源进行分析；基金管理风险包括多元化投资和决策风险；待遇给付风险包括待遇领取方和待遇给付方的风险。

每一环节都可能由于制度内部的各种因素直接导致新农保风险事故，发生风险损失，制度实际目标低于新农保风险管理的期望值，发生负偏离。新农保核心风险管理指标如表 4-2 所示。

表 4-2　新农保核心风险管理指标

核心风险指标	制度设计风险	养老金替代率风险
		养老金贡献率风险
		养老金适度性风险
		个人账户计发系数风险
		城乡居民养老保险协调风险
	筹资风险	财政筹资风险
		集体筹资风险
		个人筹资风险
	管理风险	基金投资风险
		基金决策风险
	给付风险	待遇领取方风险
		待遇给付方风险

1. 制度设计风险

在新农保制度内部，虽然新农保在制度设计上进行了重大改进和创新，但它还存在一些不足。制度本身设计不合理，缺乏精算或精算有误，导致预期目标与实际结果间的负偏差，即"制度设计风险"，主要表现为制度目标替代率过低，致使制度不能实现保基本的预期目标。精算参数无法精确合理地设置导致制度运行过程中的不可持续，以及历史原因造成的制度本身的不确定性。结合第 2 章新农保可持续发展精算指标，选取衡量制度保障水平和可持续供给的相关风险因素进行分析，主要包括养老金替代率风险、养老金贡献率风险、养老金适度性风险、个人账户计发系数风险、城乡居民养老保险协调风险五类。

1）养老金替代率风险

养老金替代率风险是指在制度设计之初将养老金替代率设定的较低或较高，替代率较低导致制度无法保障农村老年人的基本生活，不能实现"保基本"的目标；替代率较高会给个人或国家带来缴费或财政负担，导致制度不可持续的风险。

新农保养老金替代率是指国家财政供给的基础养老金占农民平均收入水平的比率，目前，我国新农保制度基础养老金支付的标准为每人每月 55 元，全国平均替代率只有 13.86%，预计到 2020 年实现基础替代率达到 20% 的目标。新农保制度养老金替代率风险包括两种：一种是指养老金替代率过高造成政府的负担过重而使待遇无法可持续支付的风险；另一种是养老金替代率设置过低而导致农村老年居民基本生活无法得到保障的风险。

2）养老金贡献率风险

为了能够保障农村老年居民的基本生活水平，领取的养老金应该大于其生活消费所需要的基本支出，即"新农保贡献率"应该大于 1，且此值越大，对农民参加养老保险的吸引力就越强，从而有利于实现农村养老保险的全覆盖。并且，农村养老保险个人缴纳费用总额的增加，可以缓解中央财政压力。当贡献率指标小于 1 时，则认为存在贡献率风险。

3）养老金适度性风险

农民养老保障的水平同样存在一个适度的问题，既不能太高，也不能太低。太高的养老保障水平会超出农民的缴费承受能力和政府补贴的承受能力，且由于社会保障是一种刚性需求，只能提高不能降低，长此下去政府财政将面临困境，对宏观经济运行产生不良的影响。而保障水平过低则不能有效起到缓解农民生存困境，保障老年基本生活，维持农村社会稳定的作用。同时过低的保障水平也使农民缺乏缴费的内在动力，因为即使正常缴费，将来的退休金也不能有效起到保证养老需求的目的。养老金适度水平过高或过低都认为存在适度性风险。

4）个人账户计发系数风险

个人账户计发系数风险是指在制度设计时，没有预先精确预测到人口寿命，制度对个人领取养老金的计发系数设定过高或过低，导致新农保的个人账户无法实现自身的收支平衡，出现支大于收的风险。

新农保个人账户养老金计发系数是达到退休年龄后个人账户积累额计划平均发放的月数。合理设置个人账户计发系数是养老金个人账户依靠自身实现收支平衡的必要条件。目前我国新农保个人账户养老金计发系数不区分男、女寿命的差距，统一精算为 139。个人养老金账户计发系数风险是指计发系数过高或过低导致制度预期目标无法实现的风险。

5）城乡居民养老保险协调风险

由于历史原因，各省单独设立城乡居民养老保险的缴费档次和给付水平，城乡居民养老保险制度存在碎片化，因此造成制度存在衔接问题，这使得城乡居民养老保险在扩大覆盖面和待遇给付上产生不确定性。因此，需要统一协调各省城乡居民养老保险缴费档次和给付水平，而城乡居民养老保险协调风险包括，实现城乡养老保险制度模式一致性风险，以及城乡养老保险水平协调发展的风险。

2. 筹资风险

筹资风险指新农保资金筹集主体，包括政府、集体和个人，目前或未来在承担新农保补贴、补助和缴费方面能力或意愿的不确定性而导致的无法负担相应的筹资责任和制度财务的不可持续，因此也称财务可持续性风险。与筹资主体相对应，资金筹集风险具体包括财政筹资风险、集体筹资风险和个人筹资风险。

1）财政筹资风险

财政风险是指中央财政或者地方政府在当期或者将来，由于制度扩面、人口老龄化、各级政府间财政责任不明确等而出现没有能力负担新农保政府补贴的风险。新农保制度设计中的最大特点，是通过建立各项政府补贴机制，构建普惠式的农民养老金制度，因此财政风险事关重大。尤其是目前各地的新农保试点办法在资金筹集上对地方政府间的职责没有明确界定，各级财政风险也大相径庭，需要具体分析和识别。

2）集体筹资风险

集体筹资风险主要是指筹资意愿和筹资能力等方面的不确定导致集体对新农保的补助无法到位的风险。其表现为两个方面：其一，无意愿负担新农保补助的风险。制度考虑到各地区经济发展不平衡的情况，对"有条件的村集体对参保人缴费给予补贴"，为集体减少承担补助责任留下了制度漏洞，集体补助难以落实。其二，没有能力负担新农保补助的风险。根据我国的实际情况，除了东部经济较发达地区和一些经济较富裕的农村外，大部分地区农村集体经济没有财力进行新农保补助，在经济欠发达地区，集体经济组织几乎不复存在，这直接导致新农保集体补助实现乏力，最后新农保筹资结构衍变为个人缴费和政府补贴。

3）个人筹资风险

个人筹资风险是指个人在当前或将来没有能力和意愿负担新农保缴费的风险，包括客观因素和主观因素。客观因素是指参保人有没有参保缴费的经济能力，如由于经济环境的恶化或个人本身的劳动能力缺陷，参保者收入水平较低，尤其是一些贫困地区及贫困家庭的农村居民，没有能力如期足额参保缴费。主观因素是指参保人有没有参保缴费的意愿，农民的缴费意愿是造成新农保筹资来源不确定的重要因素，也是新农保筹资是否具有可持续性的重要方面。缴费能力的不确定性主要体现在市场经济条件下，农民收入存在极大的不确定性，而且收入高低差异大，因此导致个人缴费能力差异大。部分农民会因为缴不起应缴保费而被排除在制度覆盖范围之外，即使参保，也往往按最低档次缴费，致使养老保险效果差。

3. 管理风险

基金在管理过程中存在的风险主要有以下几类：首先，现阶段养老金仅投资于银行存款和国债，收益率较低甚至会出现低于通胀率的情况，导致新农保制度对于青年的吸引力大大降低，中青年会选择市场上收益率更高的理财产品进行投资，从而造成新农保筹资风险，不利于制度的可持续发展；其次，随着养老金管理的放开，养老金多元化投资将会是未来养老保险基金管理的重点，但是如何平衡风险和收益之间的关系，将带给投资与决策较大的风险；最后，养老金的托管、投资应由第三方机构进行操作并由相应的法律作为制度保障，且各主体之间应该形成有效的监督体系。

4. 给付风险

新农保的每个环节都构成了待遇给付的风险链条，最终反映到新农保的待遇支付能力上，所以，待遇给付的风险并不单纯在于最后的待遇给付环节，它可能存在于制度设计环节，也可能由制度运行中的操作风险、道德风险引发而来。因此，待遇给付风险的化解需要新农保体系相关各方的共同努力与合作。

待遇给付环节的风险可分为两类考虑：一方面，将农村养老保险领取养老金问题视为保险公司索赔问题，研究基于风险控制的破产问题，考虑政府的初始社会保障预算支出与实际基础养老金支出之间的偏差，即人口老龄化导致的长寿风险，以及领取人过早死亡而产生的丧葬费等支出，使得政府在政府补贴过程中产生给付风险。研究涉及一个类型的主索赔和两种类型的副索赔，即一般风险模型带有延迟索赔的扩展风险模型。主索赔相当于政策规定的 139 个月正常的基础养老金给付，两个互斥的副索赔包括长寿风险导致的实际寿命延长而产生的超月给付和领取人意外过早死亡未领取基础养老金而产生的丧葬费等补贴。另一方面，考虑连续时间情形下给付确定型养老金模型的最优控制问题。在养老金给付期望为指数增长，目标函数为最小化贡献率风险和偿付能力风险线性组合的假设下，在给付已知的情形下如何确定合理的缴费率使得政府承担的风险最小，得到无风险投资时的最优贡献率和最小风险。

4.2.2　新农保制度风险管理的评价

本节基于风险管理的基本框架和新农保制度目标设计了风险控制评价指标体系，采取 AHP 确定了评价指标权重，采用 FCE 的方法构建风险控制 FCE 模型。以下为基于 AHP、风险控制综合评价模型及基于 FCE 的模糊评判模型。

1. AHP 及其可行性

AHP 是由美国 T. L. Saaty 基于网络系统理论和多目标综合评估方法提出的系统化、层次化、定性和定量分析相结合的决策方法，它将由多因素构成的复杂系统分解为若干层次，通过定性指标模糊量化方法计算出各层次指标权数。AHP 通过将复杂系统层次结构化、层次内两两比较和层次间赋权方式解决了多因素、主观判断的不可公度问题，通过一致性检验在一定程度上解决了主观判断的不可靠性问题，提高了主观决策过程的科学性，是分析多目标、多因素、多准则复杂系统的有力工具，通过将评价者的经验予以量化，特别适用于目标结构复杂且缺乏数据的情况。

新农保风险控制评价符合上述复杂系统的特征，AHP能保证模型具有良好的合理性、适用性、有效性和系统性。因此，本书选用AHP确定内部控制评价指标的权重。新农保核心风险管理指标的符号如表4-3所示。

表4-3　新农保核心风险管理指标

核心风险指标	制度设计风险 U_1	养老金替代率风险 U_{11}
		养老金贡献率风险 U_{12}
		养老金适度性风险 U_{13}
		个人账户计发系数风险 U_{14}
		城乡居民养老保险协调风险 U_{15}
	筹资风险 U_2	财政筹资风险 U_{21}
		集体筹资风险 U_{22}
		个人筹资风险 U_{23}
	管理风险 U_3	基金投资风险 U_{31}
		基金决策风险 U_{32}
	给付风险 U_4	待遇领取方风险 U_{41}
		待遇给付方风险 U_{42}

由数值形式对每一层次单个因素的相对重要性给出判断，并写成矩阵形式。矩阵表示相对于总指标 A 而言，各准则层指标 B_i 的相对重要性。通常取 $1,2,\cdots,9$ 作为标度，其标度含义如表4-4所示。

表4-4　标度和含义

标度	含义
1	两指标相比，具有同等重要程度
3	两指标相比，一个指标比另一个指标稍微重要
5	两指标相比，一个指标比另一个指标明显重要
7	两指标相比，一个指标比另一个指标非常重要
9	两指标相比，一个指标比另一个指标极端重要
2, 4, 6, 8	取上述两相邻判断的中值

根据 9 级标度法，建立两两比较的判断矩阵，判断矩阵表示针对上一层次某单元（元素），本层次与它有关单元之间相对重要性的比较。判断矩阵具有如下特征：

$$b_{ii} = 1$$
$$b_{ji} = 1 / b_{ij}$$
$$b_{ij} = b_{ik} / b_{jk}$$
$$(i, j, k = 1, 2, \cdots, n)$$

判断矩阵中的 b_{ij} 是根据资料数据、专家的意见和系统分析人员的经验反复研究后确定。应用 AHP 保持判断思维的一致性是非常重要的，只要矩阵中的 b_{ij} 满足上述三条关系式，就说明判断矩阵具有完全的一致性。判断矩阵一致性指标（consistency index，CI）：

$$CI = \frac{\lambda_{max} - n}{n - 1}$$

CI 的值越大，表明判断矩阵偏离完全一致性的程度越大，CI 的值越小，表明判断矩阵就越接近完全一致性。对于多阶判断矩阵，引入平均随机一致性指标（random index，RI），RI 的取值如表 4-5 所示。

表 4-5　阶数及 RI 值

阶数 n	1	2	3	4	5	6	7	8	9
RI	0	0	0.58	0.9	1.12	1.24	1.32	1.41	1.45

当 $n < 3$ 时，判断矩阵永远具有完全一致性。CI 与同阶 RI 之比为随机一致性比率（consistency ratio，CR）：

$$CR = \frac{CI}{RI}$$

当 CR < 0.1 时，便认为判断矩阵具有可以接受的一致性。当 CR ≥ 0.1 时，就需要调整和修正判断矩阵，使其满足 CR < 0.1，从而具有满意的一致性。

这里采用层次单排序的方法，就是把本层的所有元素对上一层来说，排出评比顺序。这就要计算并判断矩阵的最大特征向量，最常用的方法是和积法。具体步骤如下：

（1）将判断矩阵的每一列元素作归一化处理，其元素的一般项为

$$b_{ij} = \frac{b_{ij}}{\sum b_{ij}} (i, j = 1, 2, \cdots, n)$$

（2）将每一列经归一化处理后的判断矩阵按行相加，为

$$w_i = \sum_{j=1}^{n} b_{ij} (i = 1, 2, \cdots, n)$$

（3）对向量 $w = (w_1, w_2, \cdots, w_n)$ 归一化处理，即为所求的特征向量的近似解：

$$w_i = \frac{w_i}{\sum_{j=1}^{n} w_j} (i = 1, 2, \cdots, n)$$

（4）计算判断矩阵最大特征根：

$$\lambda_{\max} = \sum_{i=1}^{n} \frac{(BW)_j}{n w_i}$$

在建立起新农保风险预警指标体系，确定了各风险指标的权重之后，就可对各指标的风险大小进行具体的评估，将各指标的风险值与其权重相乘即为整个新农保制度所面临的风险值大小。

2. 风险控制综合评价模型

上述风险控制评价指标彼此基本独立，因此可以采取加法合成方式。同时，鉴于风险控制重大缺陷可导致新农保制度风险控制完全失效，因此设立重大缺陷指标，即一个或多个可能导致新农保制度的实施严重偏离控制目标的控制缺陷的组合，如高层管理人员舞弊、财务报表存在重大错报而风险控制未能发现等。新农保风险控制重大缺陷同风险控制水平高度相关，因此可采取乘法合成指标与上述内控评价指标。综上所述，建立如下风险控制综合评价模型，其中 RCQ 为风险控制综合评价值，W 为指标权重，U 为指标评价值，D 为重大缺陷（如存在重大缺陷则为 0，否则为 1）：

$$\text{RCQ} = D \times \left[\sum_{i=1}^{4} W_i \times \left(\sum_{j=1}^{n_i} W_{ij} U_{ij} \right) \right]$$

3. 基于 FCE 的模糊评判模型

FCE 是美国 L. A. Sade 基于模糊数学和模糊关系合成原理提出的针对边界不清、不易定量的因素进行定量化综合评价的决策方法。其最大特点是可以比较自然地处理人类思维的模糊性和不确定性问题，通常是在模糊环境下综合评判多因素、多层级、不易定量、不易精确描述的复杂系统的有效途径。

基本步骤为：首先确定被评价对象的因素集和评语集；其次分别确定各个因素的权重及其隶属度向量，建立模糊评判矩阵；最后把模糊评判矩阵与因素的权向量进行模糊运算并进行归一化，模糊合成评判结果。必要时通过对评语集赋值构造列向量并模糊运算模型 $Q = B \times F$ 获得最终评价结果。FCE 模型为 $Q = B \times F$，

$B = W \times R$，其中，Q 为评价分值，B 为评价结果向量，F 为评语集的赋值列向量，W 为评价因素的权重向量，R 为评价结果的隶属度矩阵，表示模糊算子。

具体评估新农保的风险时，一般按照如下思路进行。

1）确定因素集、权重集和评语集

因素集是由影响评价对象的因素组成的集合，即为上述风险控制评价指标体系 $U = \{U_1, U_2, U_3, U_4\} = \{$制度设计风险，筹资风险，管理风险，给付风险$\}$，其子集 U_{ij} 见表 4-3。

权重集是由因素集中各因素权重所组成的集合，$W = \{w_1, w_2, w_3, w_4\}$。

评语集是对因素集中评估结果的集合，如通过对新农保制度实施中的保障水平的测算，可以得到具体的替代率、贡献率等指标值，根据测算结果可以将不同的指标划分相应的等级，如 $V = \{v_1, v_2, v_3, v_4, v_5\} = \{$强，较强，中等，较弱，弱$\}$，需要根据不同的指标设置相应的评价等级。

2）进行单因素评价

根据上述新农保风险控制的评价指标体系，进行实际风险测算并建立不同指标的评分标准，根据不同的评估结果形成对应的二级指标的模糊评语集。

3）建立评价矩阵

计算各项二级指标对其评语的隶属度，并构造相应的模糊评判矩阵 $R_i(i=1, 2, 3, 4)$。然后采用普通矩阵乘法模糊运算 $B_i = W_i \times R_i(i=1, 2, 3, 4)$，得到由 B_i 组成的列向量 $R = (B_1, B_2, B_3, B_4)$。

4）FCE

根据权重结果和模糊乘法运算 $B = W \times R$，可以得到 FCE 向量 B。可以对等级评语集进行赋值得到更细化和直观的评价结果。

4.3　新农保制度设计风险的评估与控制

风险评估是指依据一定的指标体系对风险发生的可能性大小、产生的不利影响或损失程度、风险的重要性、缓急程度等进行估算和评价。风险评估活动是整个风险管理活动的核心环节，一般居于风险识别之后，多采用定量与定性相结合的方法进行。

4.3.1　制度设计风险评估

1. 替代率风险评估

1）基础养老金替代率

由于基础养老金从试点以来还未进行调整，根据第 2 章精算模型计算基础养老金替代率，存在替代率水平不断下降的风险。因此，养老金随着农村居民收入增长情况或物价变动情况进行适当的调整是保证基础养老金替代率水平维持相对稳定的必要措施。

2）个人账户替代率风险评估

个人账户替代率风险的大小取决于参保人的参保年龄和缴费档次的选择，一般来说参保年龄越小、累积缴费年限越长、选择的缴费档次越高则替代率相应越高，个人账户替代率的风险也就越小。

2. 贡献率风险评估

通过参保农民领取的养老金对农村老年居民基本生活消费支出的覆盖程度进行测算，可以得到贡献率数据，可根据数值大小进行风险评估。

3. 适度性风险评估

适度的保障水平关键在于缴费水平同目前农民的可支配收入及政府的财政收入水平相适应，给付水平要能够满足农民的养老需求，包括基本生存需求及生活需求。通过对新农保适度水平的测算，可以分析财政负担情况及政策的可持续发展水平。

4. 计发系数风险评估

为了使研究结果尽量精确，以下在引进个人账户计发系数精算模型的基础上，先推导和测算省级、市级农村居民的平均预期寿命，然后在对个人账户收益率进行假定的基础上，评估新农保的个人账户计发系数风险。用编制生命表的方法，分性别进行寿命预期，并给定不同利率下的预期余命，结果均高于 139 个月，那么计发系数产生的风险就是多出的月份政府的补贴风险，而关于分级政府的责任并没有太明确，进而产生支付风险。

5. 城乡协调风险评估

为了衡量城乡养老保险合并后的协调发展水平，通过协调度，即子系统在发展过程中和谐一致的程度，对系统实际状态与理想状态偏离程度进行度量。在城乡养老保险体系中，影响协调度的指标有很多，包括参保率、缴费率、替代率、基金收益率、适度水平和管理成本等。考虑到指标的可获取性，以及对新农保制度的反应程度，主要从前面部分选取供给替代率、需求替代率、贡献率、适度水平四个指标，用以评估实现城乡养老保险制度模式一致性，以及城乡养老保险水平协调发展水平。

4.3.2　制度设计风险控制

风险处理是指针对不同领域、不同类型、不同概率、不同规模的风险，采取不同的措施、方案或方法加以控制或消除,使经济单位的风险损失最小化的过程。风险处理是风险管理的最终任务,因此也是最为重要的一环。

对于新农保制度风险,通过分析影响替代率、贡献率、适度水平的相关因素,得到提高制度的保障水平的有效途径,建立动态计发系数,降低领取风险。基础养老金替代率呈现逐年降低的趋势,本书第 2 章将长缴多得和多缴多得考虑到基础养老金动态调整模型中,从而建立相应精算指标体系的风险控制方法;个人账户替代率的风险主要是个人缴费风险,风险控制的主要思路是建立个人缴费激励政策。贡献率风险反映了新农保的基本保障水平,风险主要来源于政府补贴和参保人的缴费档次选择,对应第 2 章精算指标体系,针对贡献率给出不同参保年龄的最优缴费档次选择,同时根据经济发展水平和通货膨胀情况分阶段对基础养老金进行动态调整;针对新农保的财政适度水平,根据 2015 年实际参保和领取情况,以及实际政府补贴和政府的财政收入数据进行测算,分析得到现有的政府补贴水平是适度的,尚未给地方政府财政造成压力,据此可以针对政府补贴建立过程实施监控,从而实现有效的风险控制。

4.4 新农保筹资风险的评估与控制

4.4.1 筹资风险的评估

1. 政府筹资风险

李莹[83]基于乡-城人口迁移对新农保财政负担率的测算表明,2009~2011 年中央政府补贴额占中央财政收入的平均比重显示中央财政有充足的财力负担起新农保基础养老金的筹资,省级财政也有能力负担新农保个人账户缴费补贴,但是西部省份的政府补贴负担任务比中部省份重。政府补贴基础养老金部分约占领取额的 80%,2009~2020 年为与物价水平和经济的增长相适应进行调整基础养老金,占比将继续提高约 88%。

即使在占比被高估的情况下,新农保的中央和地方政府补贴支出总体规模比例较小,表明新农保财政支出负担较小,相应新农保财政风险较小。另外,从实际支出来看,2010 年中央财政实际支出新农保补助资金 53 亿元,仅占 2009 年中央财政社会保障支出(2906 亿元)的 1.8%,而省级财政也完全能够负担每人每年 30 元的新农保补贴。整体而言,新农保在中央财政补贴风险和地方政府财政补贴风险均较小。

2. 集体筹资风险

有些学者利用全国各省份统计数据,通过相关分析和回归分析发现,集体补助与保费收入相关程度相当高，并且集体补助对于提高农民参保率有相当重要的作用，但补助比重与参保率相关性较弱，呈现边际效用递减规律。

可见适度的集体补助作为新农保资金筹集的来源之一，是制度财务可持续性的重要政策变量。根据补助比重与参保率相关性较弱的结论，可以认为相应的集体筹资风险在于新农保试点中是否有"集体补助"，而不在于"集体补助比重的多少"。

3. 个人筹资风险

作为新农保制度的主要利益群体，农民是否具有参保意愿，参保后是否对制度感到满意，将在很大程度上取决于农民是否参保及参保后是否持续缴费的行为，这将构成制度筹资的一大不确定性。此外，作为新农保制度的需求方，要对制度形成有效的需求，农民除了有需求意愿外，还必须具有相应的需求能力，即农民是否具有相应参保缴费能力。同时具备需求意愿和需求能力，新农保的个人账户筹资才能有保障。

随着经济的发展，农民的人均纯收入、人均生活消费支出都在持续增长。按照经济学理论，随着人民生活水平的提高，食品等基本生活消费的支出占人们总支出的比例会逐渐下降，使得农民的人均纯收入的增长大于人均生活消费支出的增长，在缴费档次没有调整提高的情况下，农民的缴费能力持续提高，缴费能力风险会持续下降，但却带来另外的风险，即由于缴费较少，个人账户积累不足，最终产生养老金的保障能力不足的风险。

4.4.2　筹资风险的控制

针对养老金的缴费风险，对于政府、集体、个人三类主体进行权责划分。

首先，针对政府的筹资风险，根据第2章中对2015年各省份政府补贴的适度水平的测算，可以看出财政负担水平是适度的，也就是说政府的筹资风险较小，在建立长缴多得、多缴多得的激励政策，各省份调整入口补贴和出口补贴额度后，仍然能够有效负担新农保补贴。但是仍应该建立适度水平动态监控数据库，将政府补贴控制在一定的适度水平范围内，避免造成地方政府财政压力过大，控制可能导致制度不可持续的风险因素。

其次，针对集体筹资的风险，集体补助的非强制性，导致该项风险较大，也就是落实情况较差且很难有相关统计数据来反映实施效果。新农保的一大特色就是三大筹资支柱，因此针对集体补助应该有明确的制度保障，一方面是明确集体的范围，补助主体的确立是保障集体补助落实的重要基础，另一方面是针对缴费档次建立不同的补贴标准，将补助具体内容规则化是保障制度有效的关键。

最后，对于个人缴费的风险管理，主要是针对农民缴费意愿不强的风险控制，在第 2 章通过贡献率的测算，给出的不同缴费年龄段的最低缴费档次选择，可以作为政策推广的重要依据。另外，农民缴费意愿不强也和现有基金收益率较低有关，故通过提高基金收益率也能在一定程度上控制个人缴费的风险。

4.5　新农保基金管理风险的评估与控制

4.5.1　基金投资运营风险评估与控制

对于基金管理过程中的风险测度，第 3 章已给出了具体的模型，具体如下。

（1）风险资产遵循布朗运动的投资模型中，假设基金经理的目标是最小化预期效用损失函数，我们扩展了一些涉及财富动态变化的噪声，财富的变化满足短距离非独立的分数布朗运动。不同于动态编程的方法，本章把随机优化的控制问题转换为一个非随机优化问题。基于决策优化控制准则，我们取得了一个明确的优化策略解决方案。

（2）假定养老保险基金投资者的目标函数为基金最终财富期望最大，利用贝叶斯随机规划的求解方法构建情景树，给出求解最优投资策略的计算步骤，通过模拟分析，研究最优投资策略的规律。研究发现：期初的资产配置中，银行存款所占比重最大，债券次之，股票最小；资产结构调整过程中，银行存款投资比例变动最小，债券其次，股票的变动幅度最大。

（3）关于养老金多元化投资的问题，基于罚函数理论，构建组合收益率损失厌恶效用与不同资产收益率损失厌恶效用之间的偏差函数，以偏差最小化为优化目标，将不同资产的比例限制作为边界条件，建立投资组合的优化模型。最后，对我国养老保险基金个人账户的最优投资策略进行实证分析，得到考虑投资主体损失厌恶心理的最优资产配置比例。

（4）结合 LPI 与两阶段随机规划的相关理论，构建基于 LPI 两阶段随机规划的养老金投资策略模型，并根据相关历史数据进行分析，得出本模型能够帮助投资者在降低风险的情况下达到保值增值的结论。

（5）在基于前景理论的决策模型中，介绍两种：一是区间直觉模糊数的随机多准则决策问题，提出一种新的记分函数（P-记分函数），并讨论了它的性质；同时建立一种兼顾主客观权重约束的综合优化模型来确定准则权系数；在此基础上，考虑决策者面临收益和损失时的主观风险态度，给出了一种基于前景理论的决策方法。在实际决策过程中，该模型可根据决策者的风险偏好调整参数，以便更加合理地得到决策者的满意方案。二是针对具有语言评价变量、各准则发生概率不同且准则权系数部分已知的风险型多准则决策问题，提出一种基于前景理论结合云模型的决策方法。该方法同时考虑了决策者风险态度和决策者语言评价值的模糊性及外界环境的复杂性，更加符合实际决策的过程。针对云模型已有方法的一些局限性，定义了新的云生成方法、云距离运算法则和云可能度公式，讨论了其性质，并据此定义了云模型的前景价值。

新农保基金的保值增值过程就是一个投资决策的过程，第 3 章所介绍的投资与决策理论，给新农保的个人账户基金投资运营提供了风险控制的有效途径。

4.5.2　新农保管理中委托–代理问题的风险评估与控制

新农保基金个人账户实行基金积累制，客观上要求进行市场化运营以实现保值增值。目前我国新农保基金运营采用的是政府直接运营管理模式，由政府新农保经办机构统一管理、统一运营，目前运营的方式基本也是限于存入银行和购买国债。新农保基金完全由行政力量进行管理，最大的弊端是低效率，因为政府的天然职能是管理而不是生产，政府的行为往往不是根据市场需求而是依据计划安排，而且政府部门的劳动报酬与基金收益无关，政府管理部门没有努力提高新农保基金运营收益的动力。另外，由新农保经办机构或其他政府部门直接运营管理新农保基金，容易造成政府挤占、挪用，甚至贪污，挥霍基金等问题，损害参保农民的利益。因此，由政府部门直接运营新农保基金并不是我国新农保基金运营管理的最优模式。

采用金融机构竞争运营养老保险基金的国家一般具有完善的市场经济体制和高度自由的资本市场和金融市场，并有完善的金融监督机制和风险控制机制加以保障。而我国缺乏完善的市场经济体制和高度自由的金融市场，金融监管仍然存在很多问题，因此由金融机构自由竞争对新农保基金进行运营管理显然不符合我国的实际情况。

新农保基金运营管理应采用政府委托专业金融机构的间接运营管理模式。委托–代理运营管理模式能够在提高新农保基金投资运营收益率的同时达到政府管理部门与运营机构的双赢。专业运营机构拥有专业的人才、知识、平台等资源，具有专业运营的优势，有利于提高新农保基金的运营收益。在委托–代理运营管理模式下，政府部门或新农保经办机构作为委托人将新农保基金委托给运营机构进行运营，运营机构作为代理人可以获得一定的报酬。委托人一般会设计一定的激励机制，使代理人的工作报酬与其运营收益挂钩，以激励代理人努力工作。在激励工资机制下，运营机构将努力工作以提高自己的收入，当劳动报酬足够高时，运营机构因为害怕失去代理运营的资格而努力工作。由此通过对代理人运营机构的激励，实现委托人政府主管部门关于新农保基金保值增值的目标。

1. 新农保基金管理的委托-代理关系

新农保基金的管理涉及多重主体，包括新农保制度的参加者和受益者，具体推行新农保制度、负责筹集资金和账户管理的政府经办机构以及对新农保基金进行市场化运营的外部金融机构或具有市场化经营职能的政府机构的下属组织。各主体间存在着较为复杂的委托-代理关系，新农保基金的管理必然存在由委托-代理关系带来的风险。本书对新农保基金管理中的委托-代理关系及其风险进行分析，构建相应的激励和监管机制，控制委托-代理风险，以保证新农保基金的有效管理和可持续发展。

传统委托-代理理论是基于私人所有权基础的，只要资本的所有权与经营权相分离，即形成委托-代理关系。新农保基金由参保农民个人缴费、集体补助、政府补贴构成，因此虽然参保农民是新农保基金的所有者和最终的受益者，但新农保基金的来源决定了新农保基金的所有权具有"公共"和"私人"的双重属性，因此其管理过程中的委托-代理关系具有特殊性。

2. 新农保基金管理的委托-代理风险及成因

委托-代理关系中，由于代理人与委托人之间信息的不对称和利益目标的不一致，代理人常常会利用其信息优势和职务便利，追求自身利益而损害委托人的利益。委托-代理风险主要包括逆向选择和道德风险。

委托-代理问题产生的原因：①各主体利益目标不一致。基金管理机构往往会在追求自身利益最大化的同时与地方政府的目标相一致，而将基金资产最大化和保护参加者退休收入安全这个目标置于次要位置。在地方或部门利益的驱使下，新农保基金很可能被非法挪用，投资于股市、房地产、基础设施等领域，成为"准"政府资金，从而加大新农保基金的金融风险，导致支付危机。②信息不对称。在确定代理机构后，对代理机构及其经理人的工作表现和工作业绩，难以做出准确的判断和控制；相反，作为农保基金经营权代理人的基金管理机构则在新农保基金的运营状况、自身工作努力程度和金融市场政策与信息的掌握上都拥有绝对优势。两个层次的信息的非对称性使新农保基金面临着显著的委托-代理风险。

3. 新农保基金管理的委托-代理风险控制

从理论上分析，新农保基金运营管理中所有权委托-代理和经营权委托-代理都存在委托-代理风险。需要建立相应的激励机制和监管机制，对新农保基金运营管理的风险加以控制。在新农保基金经营权的委托-代理关系中，新农保基金经办机构或政府部门是委托人，商业性的基金管理机构是代理人。政府部门和基金管理机构之间存在利益目标不统一、信息不对称等问题，基金管理机构往往为追求自身利益而隐瞒信息或从事不利于基金增值的行为，从而损害委托人、政府主管部门的利益。因此，需要设计适用于运营机构的激励机制，激励其选择有利于基金保值增值的行为，从而实现主管部门对新农保基金运营管理的目标。

1）委托-代理一般激励模型

激励的含义是机制设计者（委托人）诱使具有私人信息的代理人从自身利益出发做出的行动符合委托人的目标。委托-代理关系中，委托人不能直接观测到代理人选择了什么行动，能观测到的只是另一些变量，这些变量由代理人的行动和其他的外生的随机因素共同决定，充其量只是代理人行动的不完全信息。委托人的问题是如何根据这些观测的信息来奖惩代理人，以激励其选择对委托人最有利的行为。

但委托人面临两个来自代理人的约束。第一个约束是参与约束，即代理人从接受合同中得到的期望效用不能小于不接受合同时能得到的最大期望效用。第二个约束是激励相容约束，即只有当代理人从选择行动 a 中得到的期望效用大于从选择行动 b 中得到的期望效用时，代理人才会选择 a。即任何委托人希望的 a 都只能通过代理人的效用最大化行为实现。一般情况下，委托-代理模型有如下基本假设。

（1）假设双方的风险态度：委托人是风险中性，代理人是风险规避的。

（2）假设代理行为的产出 x，x 由代理人的行为 a 和自然状态 θ 共同决定，即 $x = x(a, \theta)$，其中 θ 是随机变量，$\partial x / \partial a > 0$，即 x 是 a 的增函数。委托人只能观察到代理人行为产出的结果 x，而不能观察到代理的行为 a 这一重要变量，即委托人与代理人信息不对称，委托人处在信息劣势的地位。

（3）假设代理人可以从委托人处获得报酬为 $s(x)$，代理人行为（或努力）的成本为 $c(a)$，则代理人的效用函数为 $V = V[s(x)] - c(a)$，委托人的效用函数为 $U = U[x - s(x)]$。同时假设 R 为代理人从事其他行为的保留效用。作为完全理性人，显然委托人的目标在于促使代理人努力工作，使其效用函数 U 最大，而代理人的利益目标却与委托人不一致，在于其自身利益 V 最大，代理成本 C 最小。委托人需要解决的问题是选择激励机制 $s(x)$ 解下列最优化问题：

$$\max_{s(x),a} \int U(x - s(x)) f(x,a) \mathrm{d}x \tag{4-1}$$

$$\text{s.t. IR} \int u(s(x)) f(x,a) \mathrm{d}x - c(a) \geqslant R \tag{4-2}$$

$$\text{IC} \quad a \in \arg\max \left[\int u(s(x)) f(x,a) \mathrm{d}x - c(a) \right] \tag{4-3}$$

式（4-1）为目标函数，表示委托人通过选择合适的报酬函数 $s(x)$，激励代理人做出某种行为选择，使得委托人的期望效用最大；式（4-2）为参与约束，表示代理人必须获得的不低于保留效用 R 的效用，才会接受代理任务；式（4-3）为激励相容约束，表示代理人只会选择使其自身的期望效用最大的行为 a。

令 λ 和 μ 分别为参与约束 IR 和激励相容约束 IC 的拉格朗日乘数，那么上述最优化问题的一阶条件为

$$\int u(s(x))f_a(x,a)\mathrm{d}x = c(a)，其中 f_a(x,a) = \frac{\partial f(x,a)}{\partial a}$$

得到著名的"Mirrless-Holmstrom"条件：

$$\frac{1}{u(s(x))} = \lambda + \mu\frac{f_a(x,a)}{f(x,a)} \tag{4-4}$$

式中，$\dfrac{f_a(x,a)}{f(x,a)}$ 为产出 x 的增加在多大程度上来源于代理人的努力水平 a。

Holmstorm 证明了在不对称信息条件下 $\mu > 0$，这意味着在任何满足代理人个人理性约束和激励相容约束的条件下而使委托人的预期效用最大化的激励机制或契约中，代理人必须承担部分风险。

2）新农保基金运营管理激励模型

一般的委托-代理激励模型以代理任务的收益为单一的目标，对代理人代理行为的激励也是基于单一行为或任务的。但是新农保基金是广大农民养老的资金来源，如果基金运营损失，将会影响到农村乃至整个社会的稳定发展。因此，新农保基金运营管理的目标应兼顾安全与收益，安全第一，收益第二，在保证基金安全的基础上促进基金运营收益的最大化。新农保基金运营管理的激励机制的设计激励代理人努力工作，实现基金安全与收益的双重目标。

a. 基本假设

（1）假设委托人新农保基金管理机构是风险中性的，代理人新农保基金运营机构是风险规避的。

（2）赋予运营机构保证新农保基金安全和收益两项工作任务，假设 a 为其努力程度，a 是由两个元素 a_1 和 a_2 组成的向量，即 $a = (a_1, a_2)$，其中 a_1 表示运营机构在控制基金运营风险方面的努力水平，a_2 表示运营机构在提高基金运营收益方面的努力水平，且 a 严格为正。

（3）假设代理人运营机构的行为 a 和自然状态 θ 共同决定产出 x，即 $x = x(a,\theta)$，$x^{\mathrm{T}} = (x_1, x_2)$，$x = a + \theta$，$x_1 = a_1 + \theta_1$，$x_2 = a_2 + \theta_2$。其中 θ 是随机变量 $\theta_1 \sim N(0, \sigma_1^2)$，$\theta_2 \sim N(0, \sigma_2^2)$，假定 $\mathrm{cov}(\theta_1, \theta_2) = 0$，两者相互独立。$x_1, x_2$ 分别对应于努力水平 a_1, a_2 的产出函数，x_1 表示代理人对风险的控制程度，x_2 表示由于代理人的努力而获得的投资收益。

（4）运营机构的收益来自基金管理机构给予的报酬，用 s 表示，即 $s(x_1, x_2)$，运营机构的代理成本为 c，即 $c(a_1, a_2)$，因此运营机构的效用函数为 $V = V[s(x)] - c(a)$；

用 $U(x_1, x_2)$ 表示基金管理部门的收益，委托人的效用函数为 $U = U[x - s(x)]$。由于 x_1, x_2 分别对应于努力水平 a_1, a_2 的产出函数。基金管理机构的收益 U 仍取决于基金运营机构的努力水平 a_1, a_2，因此，其收益可表示为 $U(a_1, a_2)$。

b. 模型的构建和推导

Holmstrom 曾证明在委托-代理的一般假设下，委托-代理问题的最优激励机制是一个线性函数 $s(x) = \alpha + \beta x$，即代理人的收益由固定收入和激励收入构成。$s(x)$ 代表代理人的收益，α 代表固定收入，βx 代表激励收入，β 可视为激励系数，即每一单位产出代理人可获得的收益。$\beta = 0$ 意味着代理人不承担任何风险，因为代理行为的结果无论是否为收益，代理人都能获得固定的收益。$\beta = 1$ 意味着代理人的收益与其代理行为的产出完全相关，其收益随代理行为产出的增加而增加，随产出的减少而减少，可见，代理人此时承担全部风险。

对于新农保基金运营管理对代理人基金管理机构的激励，同样考虑线性契约函数：$s(x) = \alpha + \beta_1 x_1 + \beta_2 x_2 = \alpha + \beta^T x$，其中，$\beta^T = (\beta_1, \beta_2)$。

在新农保基金的运营中，由于受到外界随机因素 θ 的干扰，代理人运营机构的受益是不确定的，用 ω 表示随机收益。由模型基本假设得知基金管理机构的风险态度是风险规避的，即其希望获得一个确定性等价收入 ω^*，而该确定性等价收入能与其期望效用相等，即 $u(\omega^*) = u(E(\omega))$。

基金管理机构是风险规避的，其效用函数是一个指数型的效用函数，$V = -e^{-r\omega}$，V 代表其效用，r 代表其绝对风险规避度量，ω 代表其实际收益。

则基金管理机构的实际收益为

$$\omega = s(x) - c(a_1, a_2) = \alpha + \beta^T x - c(a_1, a_2)$$

如果消费者是风险规避的，则确定性等价收入等于随机收入的均值减去风险成本。设基金管理机构的确定性等价收入为 CE，则

$$CE = E\omega - \frac{1}{2}r(\beta_1 \sigma_1^2 + \beta_2 \sigma_2^2) = \alpha + (\beta_1 a_1 + \beta_2 a_2) - c(a_1, a_2) - \frac{1}{2}r(\beta_1 \sigma_1^2 + \beta_2 \sigma_2^2)$$

$$(4-5)$$

式中，$\beta_1 \sigma_1^2 + \beta_2 \sigma_2^2$ 为收入方差；$\frac{1}{2}r(\beta_1 \sigma_1^2 + \beta_2 \sigma_2^2)$ 为运营机构的风险成本。

新农保基金运营管理中，政府部门是委托人，其利益目标在于利益最大化，也即新农保基金的安全与增值的综合评价最大化。由模型基本假设得到管理机构的风险态度是风险中性的，则其实际收益函数等于其效用函数。政府部门效用最大化为

$$\frac{\max}{\alpha, \beta} E(U(x - s(x))) = EU(a_1, a_2) - E(s(x)) = U(a_1, a_2) - \alpha - (\beta_1 a_1 + \beta_2 a_2)$$

基金管理机构的固定收入 α 一般由其保留效用 V_0 决定，也即政府部门根据基金管理机构从事基金的运营业务或从事其他工作所能获得的收入来决定付给基金

管理机构固定的报酬。V_0 即基金管理机构的机会成本。因此，固定收入 α 只影响基金的运营收益在政府部门和基金管理机构之间的分配，不影响激励系数 β^T 和基金管理机构的行为或努力程度 (a_1, a_2)。因此，政府部门对基金管理机构的激励机制的设计即转化为选择激励系数 $\beta^T = (\beta_1, \beta_2)$ 的问题。

通过委托-代理理论激励机制模型，解以下最优化问题：

$$\max_{\alpha, \beta} E(U(x - s(x))) = EU(a_1, a_2) - E(s(x)) = U(a_1, a_2) - \alpha - (\beta_1 a_1 + \beta_2 a_2)$$

$$(4\text{-}6)$$

$$\text{s.t. (IR)CE} = E\omega - \frac{1}{2}r(\beta_1\sigma_1^2 + \beta_2\sigma_2^2) = \alpha + (\beta_1 a_1 + \beta_2 a_2) - c(a_1, a_2)$$
$$(4\text{-}7)$$
$$- \frac{1}{2}r(\beta_1\sigma_1^2 + \beta_2\sigma_2^2) \geqslant V_0$$

$$\text{IC}(a_1, a_2) \in \arg\max(\alpha + (\beta_1 a_1 + \beta_2 a_2) - c(a_1, a_2) - \frac{1}{2}r(\beta_1\sigma_1^2 + \beta_2\sigma_2^2)) \quad (4\text{-}8)$$

式（4-6）为目标函数，代表委托人政府部门的效用最大化；式（4-7）为参与约束，即代理人基金管理机构所获得的收益不小于其保留效用，它才会接受基金运营这项任务；式（4-8）是激励相容约束，基金管理机构选择的行为使得其自身效用最大化。

IR 成立：

$$\alpha = v_0 - (\beta_1 a_1 + \beta_2 a_2) + c(a_1, a_2) + \frac{1}{2}r(\beta_1\sigma_1^2 + \beta_2\sigma_2^2) \quad (4\text{-}9)$$

IC 成立，式（4-8）对 a_1, a_2 求偏导：

$$\beta_1 - \frac{\partial c(a_1, a_2)}{\partial a_1} = 0, \beta_t = \frac{\partial c(a_1, a_2)}{\partial a_t} = 0, t = (1, 2) \quad (4\text{-}10)$$

将式（4-9）代入式（4-6）：

$$\max = U(a_1, a_2) - c(a_1, a_2) - 1/2r(\beta_1\sigma_1^2 + \beta_2\sigma_2^2) - v_0 \quad (4\text{-}11)$$

式（4-7）表示参与约束；式（4-8）表示激励相容约束。

由式（4-10）对 a 求偏导，得

$$\frac{\partial \beta}{\partial a} = c_{ij}, \frac{\partial a}{\partial \beta} = [c_{ij}]^{-1}, i = 1, 2; j = 1, 2 \quad (4\text{-}12)$$

这里：

$$\frac{\partial \beta}{\partial a} = \begin{bmatrix} \dfrac{\partial \beta_1}{\partial a_1} & \dfrac{\partial \beta_1}{\partial a_2} \\ \dfrac{\partial \beta_2}{\partial a_1} & \dfrac{\partial \beta_2}{\partial a_2} \end{bmatrix}, c_{ij} = \begin{bmatrix} c_{11} & c_{12} \\ c_{21} & c_{22} \end{bmatrix}$$

由式（4-11）求最优一阶条件，得

$$\frac{\partial U(a_1,a_2)}{\partial a_1} - \frac{\partial c(a_1,a_2)}{\partial a_1} - \frac{1}{2}r\left(2\beta_1\sigma_1^2\frac{\partial\beta_1}{\partial\alpha_1} + 2\beta_2\sigma_2^2\frac{\partial\beta_2}{\partial\alpha_1}\right) = 0 \qquad (4\text{-}13)$$

$$\frac{\partial U(a_1,a_2)}{\partial a_2} - \frac{\partial c(a_1,a_2)}{\partial a_2} - \frac{1}{2}r\left(2\beta_1\sigma_1^2\frac{\partial\beta_1}{\partial\alpha_2} + 2\beta_2\sigma_2^2\frac{\partial\beta_2}{\partial\alpha_2}\right) = 0 \qquad (4\text{-}14)$$

令

$$U_1 = \frac{\partial U(a_1,a_2)}{\partial a_1}, \ R_2 = \frac{\partial U(a_1,a_2)}{\partial a_2}, \ c_{11} = \frac{\partial^2 c(a_1,a_2)}{\partial a_1^2}$$

$$c_{22} = \frac{\partial^2 c(a_1,a_2)}{\partial a_2^2}, \ c_{12} = c_{21} = \frac{\partial^2 c(a_1,a_2)}{\partial a_1 \partial a_2}$$

将式（4-10）和式（4-12）代入式（4-13），得

$$u_1 - \beta_1 - r(\beta_1\sigma_1^2 c_{11} + \beta_2\sigma_2^2 c_{12}) = 0$$

$$u_1 - r\beta_2\sigma_2^2 c_{12} = \beta_1 + r\beta_1\sigma_1^2 c_{11}$$

$$\beta_1 = \frac{u_1 - r\beta_2\sigma_2^2 c_{12}}{1 + r\sigma_1^2 c_{11}} \qquad (4\text{-}15)$$

将式（4-10）和式（4-12）代入式（4-14），得

$$u_2 - \beta_2 - r(\beta_1\sigma_1^2 c_{12} + \beta_2\sigma_2^2 c_{22}) = 0$$

$$u_2 - r\beta_1\sigma_1^2 c_{12} = \beta_2 + r\beta_2\sigma_2^2 c_{22}$$

$$\beta_2 = \frac{u_2 - r\beta_1\sigma_1^2 c_{12}}{1 + r\sigma_2^2 c_{22}} \qquad (4\text{-}16)$$

式（4-15）和式（4-16）联立，解得

$$\beta_1 = \frac{u_1 - r\sigma_2^2 c_{12}\dfrac{u_2 - r\beta_1\sigma_1^2 c_{12}}{1 + r\sigma_2^2 c_{22}}}{1 + r\sigma_1^2 c_{11}}$$

化简得

$$\beta_1 = \frac{(1 + r\sigma_2^2 c_{22})u_1 - r\sigma_2^2 c_{12}u_2}{(1 + r\sigma_1^2 c_{11})(1 + r\sigma_2^2 c_{22}) - r^2\sigma_1^2\sigma_2^2 c_{21}^2} \qquad (4\text{-}17)$$

同理可得

$$\beta_2 = \frac{(1 + r\sigma_1^2 c_{11})u_2 - r\sigma_1^2 c_{12}u_1}{(1 + r\sigma_1^2 c_{11})(1 + r\sigma_2^2 c_{22}) - r^2\sigma_1^2\sigma_2^2 c_{21}^2} \qquad (4\text{-}18)$$

因此根据式（4-17）和式（4-18）得到委托人对代理人的最优激励系数为

$$\begin{bmatrix} \beta_1^* \\ \beta_2^* \end{bmatrix} = \frac{1}{(1 + r\sigma_1^2 c_{11})(1 + r\sigma_2^2 c_{22}) - r^2\sigma_1^2\sigma_2^2 c_{21}^2} \begin{bmatrix} (1 + r\sigma_2^2 c_{22})u_1 - r\sigma_2^2 c_{12}u_2 \\ (1 + r\sigma_1^2 c_{11})u_2 - r\sigma_1^2 c_{12}u_1 \end{bmatrix} \qquad (4\text{-}19)$$

c. 结论分析

委托-代理理论的核心在于通过设立一定的激励机制,使具有风险规避特征的代理人努力工作,从而达到委托人利益的最大化,相应地,在养老保险委托运营中即达到基金增值的最大化。已经证明,委托人与代理人之间必然存在信息不对称,基于代理任务的收益情况给予代理人相应的激励报酬是有效的激励方式。由式（4-19）可以看出,新农保基金管理机构作为运营代理人,对于基金安全和基金增值两项任务的努力程度是分别受激励强度系数 β_1、β_2 影响的。政府部门通过选择一定的 β_1、β_2 来设计有效的激励机制,激励基金管理机构提高努力水平,保证新农保基金的安全和增值。

4.6　新农保给付风险的评估与控制

考虑农村养老保险领取养老金问题可视为保险公司索赔问题,本章研究了基于风险控制的破产问题,研究了涉及一个类型的主索赔和两种类型的副索赔,即一般风险模型带有延迟索赔的扩展风险模型。假设每个主索赔不诱导任何副索赔的产生或以一定的概率可诱导两种类型的副索赔中的一个;假设副索赔和其相关联的主索赔可能会在同一时间发生,而副索赔的发生可能有延迟。由两个辅助风险模型推导出生存概率的积分微分方程,通过应用拉普拉斯变换和 Rouché 定理表示出其生存概率。此外,本节提供了当两种副索赔要求量满足不同的指数分布时,求解生存概率的方法。作为一个特殊的情况,当所有的索赔金额服从相同的指数分布时,生存概率可以以精确表达式给出。

考虑连续时间情形下给付确定型养老金模型的最优控制问题。在养老金给付期望为指数增长、目标函数为最小化贡献率风险和偿付能力风险线性组合的假设下,在给付已知的情形下如何确定合理的缴费率使得政府承担的风险最小,得到了无风险投资时的最优贡献率和最小风险。

4.6.1　常数值分红策略下基于两种副索赔的离散风险模型

在以往研究的风险模型中,大都假设风险与索赔是同时发生的,但是在实际中则不一定。有的时候是有可能存在延迟索赔的情况,即同时有主索赔和副索赔两种索赔,并且副索赔可能滞后于主索赔。而且以往的研究中考虑分红问题的比较少,不存在在分红策略下研究双副索赔的问题。分红策略指的是,政府根据预算支出和基础养老金实际支出的偏差情况,决定适度增加基础养老金补贴。本节假设主索赔以一定的概率引起副索赔的发生,副索赔同样也以一定的概率延迟发生,根据实际中的案例分析双副索赔互斥情况下的离散风险模型。本节主要研究的就是在延迟索赔的前提之下，考虑分红策略，对风险模型进行推广。针对双副索赔延迟索赔与分红策略的风险模型，首先要给出该风险模型的定义及相关的概念，对该风险模型的盈余过程做出数学描述，确定其安全负载条件；之后需要做的就是构建辅助风险模型，并利用更新模型、概率论以及数理统计方面的相关知识，推导累积分红期望现值的表达式。

本节研究了基于双副索赔的带有分红策略的风险模型，首先介绍相关的理论基础；其次考虑常数值分红策略，在离散框架下，研究了基于双副索赔互斥情形下的累积分红期望现值，并进行了算例分析。本节的主要工作是相关理论方面的探索，包括建立双副索赔延迟索赔更新风险模型以及具有双副索赔延迟索赔与分红策略的风险模型，并对相关的破产理论做出研究，是对一般延迟索赔风险模型的推广。

1. 养老金的领取问题

随着保险实务的深入发展，分红在保险公司的经营管理中占据越来越重要的位置，而且投保人的索赔越来越趋于多样化。例如，一个投保人出了车祸，那么保险公司不仅需要赔付其车辆损失的财产保险，如果投保人当场身体受伤，或者之后一段时间才发现身体由于车祸受了伤，那么保险公司还需要赔付其人身保险；如果投保人当场死亡，或者由于车祸的原因之后一段时间死亡，那么还需要赔付其人寿保险，这种情况可以认为人身保险和人寿保险都是这次车险的两种副索赔，这两种副索赔是互斥的，而且不一定当时就索赔，可能会延后一段时间索赔。可将这一部分问题转化为养老金领取时政府给付风险问题。本节考虑的养老金给付风险中分红策略指的是，政府根据预算支出和基础养老金实际支出的偏差情况，决定适度增加基础养老金补贴的策略。

在保险行业中，风险理论一直是关注的重点和难点，关于风险理论的研究一直没有中断。风险理论是基于保险行业的实际背景，挖掘一系列的风险模型，并应用数理统计、随机数学、金融工程等多学科的理论和方法，挖掘变量间的数量关系，通过数理推导，定量刻画风险模型中的内在联系，从而得到模型和方程的解析式，得到有效的结论，进而可以为保险公司（本节为政府在养老金给付时面临的风险）提供实际依据和参考。风险理论重要的特征是：结合数学理论知识和分析研究的方法去解决保险业实际遇到的问题和风险，从而为保险业的持续健康发展提供保障。

在风险理论中，目前的研究热点主要集中在破产理论的研究，破产理论主要对保险公司所面临的风险进行数理建模分析。对于破产理论的研究最早可以追溯到 20 世纪初瑞典精算师 Lundberg 的博士学位论文，此后一系列学者进行了相关方面的研究，由于破产理论的应用价值很广泛，经历了上百年破产理论的研究都未曾中断。

在以往研究的风险模型中，大都假设风险与索赔是同时发生的，但是在实际中则不一定，索赔可能滞后于风险发生的现象客观存在于多种保险业务中。通过前面研究背景中所举的例子可以看出，研究两种副索赔互斥及副索赔可能延迟发生具有现实的应用价值，而且以往的文献中，尚没有人研究两种副索赔下的累积分红期望折现。本书通过研究分红策略下两种副索赔互斥的离散风险模型，是对一般的具有延迟索赔的风险模型的推广，也具有理论上的研究价值。本节推广的模型为分红策略下两种副索赔互斥的风险模型研究。

2. 基础理论

1）风险模型相关概念

a. 经典风险模型

经典风险模型即 L-C 模型，是由 Cramér 在 Lundberg 研究的基础上改进提出的。其模型含义如下：

在时刻 t，政府社会保障预算盈余过程可以表示为

$$U(t) = u + ct - \sum_{i=1}^{N(t)} X_i, \quad t \geq 0 \qquad (4-20)$$

式中，u 为政府社会保障预算的初始盈余；c 为政府在单位时间内收到的保费率；$X_i(i \geq 1)$ 为第 i 次的政府支付给参保人的基础养老金；$N(t)$ 为截止时刻 t 为止政府发生的支付参保人基础养老金的次数；$\{N(t):t \geq 0\}$ 为参数为 λ 的泊松过程。

经典模型有三个基本假定：

（1）独立性假定。设 $X_i(i \geq 1)$ 是正的且独立同分布的随机变量序列，记

$$F(x) = P(X_1 \leq x), \quad \forall x \geq 0$$

$$\mu = E(X_1) = \int_0^\infty [1 - F(x)]\mathrm{d}x$$

$\{N(t):t \geq 0\}$ 和 $\{X_k:k \geq 1\}$ 相互独立。此外，还需要保证政府补贴的适度水平，要求 $ct - E[S(t)] = (c - \lambda\mu)t > 0, t \geq 0$。

（2）相对安全负载假定。设 $c = (1+\theta)\lambda\mu$，其中 $\theta > 0$，称为相对安全负载（relative security loading）。由于泊松过程是齐次独立增量过程，再加上模型的独立性假定，可以知道 $\{ct - S(t):t \geq 0\}$ 也是齐次独立增量过程。由强大数定律知：$\lim_{t \to \infty} U(t) = +\infty$。

但是，这并不是说盈余过程时刻为正，在某一瞬间，盈余过程也有可能取负值，此时我们称政府"破产"，记 T 为首次破产时刻，简称破产时刻，记为

$$T = \inf\{t : U(t) < 0\} \qquad (4-21)$$

定义最终破产的概率（简称破产概率）为 $\psi(u)$，$\psi(u) = \Pr\{T < \infty \,|\, U(0) = u\}$，$\forall u \geq 0$；生存概率为 $\phi(u) = 1 - \psi(u)$。当政府初始社会保障预算准备金足够多且政府在支付基础养老金过程中长寿风险较小，即"小索赔"情形时，不容易发生破产。

（3）调节系数存在唯一性假定。要求个体索赔额的矩母函数：

$$M_X(r) = E[e^{rX}] = \int_0^\infty e^{rX}\mathrm{d}F(x) = 1 + r\int_0^\infty e^{rX}[1-F(x)]\mathrm{d}x \qquad （4\text{-}22）$$

至少在包含原点的某个邻域内存在，此外，要求如下方程有正解：

$$M_X(r) = 1 + \frac{c}{\lambda}r$$

如果上述假定（1）～（3）均成立，那么有：

（1）$\psi(0) = \dfrac{1}{1+\theta}$；

（2）Lundberg 不等式为 $\psi(u) \leqslant e^{-Ru}, \forall u \geqslant 0$；

（3）Lundberg-Cramer 近似，存在正常数 C，使得

$$\lim_{u\to\infty}\frac{\psi(u)}{Ce^{-Ru}} = 1$$

b. 破产概率和生存概率

在风险理论中，破产概率是一个很重要的概念，设政府给付风险模型的破产时刻为 T，则称

$$\psi(u) = P\{T < \infty \mid R(0) = u\} \qquad （4\text{-}23）$$

为最终破产概率。式（4-23）中，破产时刻 $T = \inf\{t : U(t) \leqslant 0\}$。

定义有限时间内的破产概率：

$$\psi(u,t) = P\{T < t \mid R(0) = u\}$$

则 $\varphi(u,t) = 1 - \psi(u,t)$ 表示有限时间内的生存概率。

c. 离散风险模型

经典风险模型大部分的研究是关于连续风险模型的，但在现实中政府支付基础养老金并不是连续的。例如，政府收取参保人缴费额、进行基础养老金支付的过程并不是连续的，时间也不是连续的。因此，离散风险模型具有较强的应用价值。离散风险模型的研究最早可以追溯到 H.U.Gerber 的研究，其提出了完全离散风险模型。该模型的盈余过程如下：

$$U(n) = u + cn - \sum_{i=1}^{N(n)} X_i, n \geqslant 0$$

其中初始社会保障预算资金为自然数，个体基础养老金领取额 X_i 为任取正整数值的独立同分布随机变量序列。$N(n)$ 表示前 n 个时段所发生的索赔的次数，假定 $N(n)$ 是以概率 $p(0 < p < 1)$ 为参数的二项分布序列，且与 $\{X_i, i \in N\}$ 相互独立。所以完全离散风险模型也被称为复合二项风险模型。而至时刻 n 为止政府所支付的总财政补贴 S_n 则由下式给出：

$$S_n \triangleq X_1 + X_2 + \cdots + X_{N(n)} \qquad （约定 S_0 = 0）$$

为了直观地进行分析，在研究离散风险模型中有时也可假设参保的收取率 c 的

值为 1。此时，政府为了维持正常运营要求在每一单位时间区间的初始点收取 1 单位金额的保费。

这样一来，政府在时刻 n 的预算盈余 $U(n)$ 可表示为

$$U(n) = u + n - S_n, n \geq 0$$

2）分红策略相关概念

为了更好地反映政府将养老金进行投资组合的现金流，1957 年 De Finetti 在离散时间风险模型中提出了分红策略，其模型假设如下：

（1）政府的初始社会保障预算资金为 u；

（2）政府一个周期的保费收入为 c，给付额分布为 $F(x)$；

（3）在周期末当政府的资产超过预算资金时，超过的部分作为税赋或者红利支付出去；

（4）当政府的预算资金在周期末时为负值就认为制度是不可持续的，即"破产"了。

如果令 $V(u,b)$ 表示累积分红现值，则有

$$V(u,b) = 0, u < 0$$
$$V(u,b) = u - b + V(b,b), u > b$$

当 $0 < u < b$ 时，$V(u,b)$ 满足下面的积分微分方程：

$$V(u,b) = \delta \int_0^{u+c} V(u + c - x, b) \mathrm{d}F(x)$$

自 De Finetti 以后，分红问题得到许多学者的广泛关注，考虑的主要分红策略有常数值分红策略、阈值门限分红策略、线性红利边界策略及非线性红利边界策略。

a. 常数值分红策略

常数值分红策略即当政府社会保障预算盈余低于常值界 b 时，没有红利发放给投保人，但当政府社会保障预算盈余超过 b 时，则将超过的全部盈余作为红利发放给参保人，则 t 时刻发放的红利 $D(t)$ 为

$$D(t) = \begin{cases} 0, & 0 < U(t) < b \\ U(t) - b, & U(t) \geq b \end{cases}$$

b. 阈值门限分红策略

常数值分红策略是当盈余超过界值时，政府把盈余超过的部分作为红利分发给投保人，这与政府在实际中给付基础养老金的情况不相符。有学者开始考虑阈值门限分红策略下的风险模型，即政府社会保障预算盈余低于红利界值 b 时，不发放红利。当盈余超过 b 时，单位时间内以速率 α（α 小于单位时间内的保费收入）给参保者发放红利，则 t 时刻发放的红利 $D(t)$ 为

$$D(t) = \begin{cases} 0, & 0 < U(t) < b \\ \alpha, & U(t) \geq b \end{cases}$$

c. 线性红利边界策略

线性红利边界策略是由 Gerber 于 1974 年提出的，即当盈余小于红利边界 $b_t = b + \alpha t$ 时，无分红发生；当盈余超过红利边界 $b_t = b + \alpha t$，以速率 α 分红给参保者，发放完红利之后的保费收入为 $c_2 = c_1 - \alpha \geqslant 0$，盈余一直待在红利边界 $b_t = b + \alpha t$ 直至下次索赔发生。则在 t 时刻发放的红利 $D(t)$ 可以表示为

$$D(t) = \begin{cases} 0, & 0 < U(t) < b + \alpha t \\ \alpha, & U(t) \geqslant b + \alpha t \end{cases}$$

盈余过程 $\{U(t), t \geqslant 0\}$ 表示为

$$du(t) = \begin{cases} c_1 dt - dS(t), & 0 < U(t) < b + \alpha t \\ c_2 dt - dS(t), & U(t) \geqslant b + \alpha t \end{cases}$$

式中，$S(t) = \sum_{i=1}^{N(t)} X_i$ 为时间 t 内的索赔额。

当 $\alpha = 0$ 时，常数值分红策略可以看作线性红利边界策略的特殊情形。

d. 非线性红利边界策略

目前研究非线性红利边界策略的文献比较少，主要是在复合泊松风险模型下，研究生存概率和累积分红期望折现，求解其满足的微分方程，结合鞅方法，计算最终破产概率的上界。

本节的研究基于常数值分红策略应用的广泛性，相比其他分红策略，常数值分红策略更容易直观地表现客观变量之间的影响关系，因此选用该分红策略，对两种副索赔下的离散风险模型的累积分红期望折现进行研究。

3）其他基础知识

a. 随机变量

概率论起源于 16 世纪，最早是学者 Girolamo Cardano 研究赌博中如掷骰子等简单的问题，是一门从数量角度研究随机现象统计规律的数学学科。现在，概率论已经成为一门成熟的数学分支学科，并且广泛应用于各个领域。

假设 η 是定义在 Ω 上并映射到实数域 R 上的函数，若对于每一个 Borel 集 $B \subset R$，有 $\{\omega \in \Omega \,|\, \eta(\omega) \in B\} \in \Pi$，则称 η 是定义在概率空间 (Ω, Π, Pr) 上的随机变量。

若函数 $F(x)$ 满足下式：

$$F(x) \triangleq P\{w: X(w) \leqslant x\} = P\{X \leqslant x\}, \quad -\infty < x < \infty \qquad (4\text{-}24)$$

则称 $F(x)$ 为随机变量 $X(w)$ 的分布函数。

概率论主要研究能用随机变量描述的随机现象，因此分布函数起着重要的作用，而且分布函数是一种分析性质良好的函数，便于处理，给定分布函数就能算

出各种事件的概率。所以，引进了分布函数，这样可以使得许多概率问题得以简化而归结为函数运算，就能利用数学分析的许多结果。

设 $X(\omega)$ 是概率空间 $(\Omega, \Pi, \mathrm{Pr})$ 上的非离散型随机变量，如果其分布函数 $F(x)$ 是绝对连续函数，即存在可积函数 $f(x)$，使得

$$F(x) = \int_{-\infty}^{x} f(u)\mathrm{d}u \tag{4-25}$$

则称 $f(x)$ 是 $F(x)$ 的概率密度函数，简称概率密度或者密度（简记为 p.d.f.）。

设 η 是一个连续型随机变量，密度函数是 $h(x)$，当 $\int_{-\infty}^{\infty} |x| \cdot h(x)\mathrm{d}x < \infty$ 时，称 η 的数学期望存在，且随机变量 η 的数学期望为

$$E[\eta] = \int_{0}^{\infty} \mathrm{Pr}(\eta \geqslant x)\mathrm{d}x - \int_{-\infty}^{0} \mathrm{Pr}(\eta \leqslant x)\mathrm{d}x \tag{4-26}$$

式中，$\mathrm{Pr}(\cdot)$ 为概率测度。

b. 卷积

设 $f_1(x)$ 和 $f_2(x)$ 是 R 上的两个可积函数，定义两个函数的卷积为

$$f_1 * f_2(x) = \sum_{z=0}^{x} f_1(z) f_2(x-z) \tag{4-27}$$

对于几乎所有的 $x \in (-\infty, +\infty)$，上述积分是存在的。随着 x 的不同取值，这个积分就定义了一个新函数 $h(x)$，称为函数 $f_1(x)$ 与 $f_2(x)$ 的卷积，记为 $h(x) = (f_1 * f_2)(x)$。简记为 $h = f_1 * f_2$。

c. 更新过程及更新方程

设 $\{X_k, k \geqslant 1\}$ 独立且同分布，取值非负的随机变量，分布函数为 $F(x)$，且 $F(0) < 1$，令

$$S_0 = 0, \quad S_n = \sum_{k=1}^{n} X_k, \quad n \geqslant 1$$

对于任意的 $t \geqslant 0$，记

$$N(t) = \sup\{n : S_n \leqslant t\}$$

或者

$$N(t) = \sum_{n=1}^{\infty} I_{\{S_n \leqslant t\}}$$

则称 $\{N(t), t \geqslant 0\}$ 为更新过程，其中 I_A 为时间 A 的示性函数。有时也直接把非负的相互独立同分布的时间间隔序列 $\{X_n, n = 1, 2, \cdots\}$ 称为更新过程，其中 S_n 称为第 n 次更新的时刻或者更新点，X_n 称为第 n 个更新间隔。因为间隔是独立同分布的，所以在各个更新时刻此过程在概率意义上重新开始。显然，这种过程的统计特性可以由 X_n 的共同分布函数 $F(x)$ 完全刻画。

设 $\{\chi_i, i = 1, 2, \cdots\}$ 是一列相互独立的非负随机变量，随机变量 χ_i 是点过程中第

$i-1$ 个和第 i 个点事件之间的点间距。如果 $\chi_2, \chi_3, \cdots$ 是同分布的，而 χ_1 有不同的分布，于是把由

$$Q(t) = \sup\{n|0 \leq \chi_1 + \chi_2 + \cdots + \chi_n \leq t\} \tag{4-28}$$

定义的计数过程 $\{Q(t), t \geq 0\}$ 叫作延迟更新过程。

若方程形式如下：

$$A(t) = a(t) + \int_0^t A(t-s)\mathrm{d}K(s), t \geq 0 \tag{4-29}$$

则称该方程为更新方程，式（4-29）中 $a(t)$ 为定义在 $[0,\infty)$ 上的已知函数；$K(t)$ 为定义在 $[0,\infty)$ 上的非负可测函数；$A(t)$ 为定义在 $[0,\infty)$ 上的未知函数。

d. 泊松过程及复合泊松过程

在自然界或工程技术中，有许多随机现象都可用泊松过程来描述，这种随机现象可以看作由源源不断出现的随机事件所构成的随机过程，若把这里的随机事件看作质点，那么这种随机过程就叫作随机点过程或者随机质点流，简称流。例如，电话总机接到的呼唤接踵而至，形成一个呼唤流；到公共汽车站等候乘车的乘客形成一个乘客流；等等。由此可见，随机流所描述的客观现象极为广泛。若随机点过程为最简单流，那么伴随这个随机点过程的计数过程为泊松过程。

在理论上，泊松过程是构造许多随机过程的基础；在应用上，泊松过程已从物理学、地质学、天文学、通信电子、排队论拓展到了可靠性、事故分析及金融保险等领域。

如果取自然数的计数过程 $\{N(t), t \geq 0\}$，同时满足以下条件：

（1）$N(0) = 0$；

（2）具有独立增量；

（3）若 $P\{N(h) = 1\} = \lambda h + o(h)$；

（4）若 $P\{N(h) \geq 2\} = o(h)$。

则称 $\{N(t), t \geq 0\}$ 是参数为 λ 的泊松过程。

设 $\{N(t), t \geq 0\}$ 是参数为 λ 的泊松过程，$\{T_i, i = 1, 2, \cdots\}$ 为时间间隔序列，则 $T_i, i = 1, 2, \cdots$ 是相互独立同分布的随机变量，且都服从参数为 λ 的指数分布。

设 $\{N(t), t \geq 0\}$ 是强度 λ 的泊松过程，$\{Y_k, k = 1, 2, \cdots\}$ 是一系列独立同分布的随机变量，且与 $\{N(t), t \geq 0\}$ 相互独立，令 $X(t) = \sum_{k=1}^{N(t)} Y_k, t \geq 0$，则称 $\{X(t), t \geq 0\}$ 为复合泊松过程。

设 $X(t) = \sum_{k=1}^{N(t)} Y_k, t \geq 0$ 符合泊松过程，则

（1）$\{X(t), t \geq 0\}$ 是独立增量过程；

（2）若 $E(Y_1^2) < \infty$，则 $E[(X(t)] = \lambda t E[Y_1]$，$D[(X(t)] = \lambda t E[Y_1^2]$。

e. 生成函数

对于取值在自然数集上的函数 $f(x)$，定义生成函数的表达式为

$$\hat{f}(z) = \sum_{x=0}^{\infty} z^x f(x) \qquad (4\text{-}30)$$

$\hat{f}(z)$ 叫作函数 $f(x)$ 的生成函数。

f. 幂级数展开

对于函数 $f(x) = \dfrac{1}{1-x}$，可用幂级数展开为

$$f(x) = \frac{1}{1-x} = 1 + x + x^2 + \cdots + x^n + o(x^n) \qquad (4\text{-}31)$$

4）常数值分红策略下基于两种副索赔互斥的离散风险模型

考虑主索赔可能会引发两种副索赔的情形，而且这两种副索赔是互斥的，即主索赔发生后，如果副索赔一发生，则副索赔二不发生；如果副索赔二发生，则副索赔一不发生。假设主索赔 X 的发生分别以一定的概率引起这两种副索赔中的一种发生，即主索赔引起的副索赔有可能是 Y，也可能是 Z。同时，副索赔以一定的概率与其对应的主索赔同时发生，以一定的概率延迟发生。考虑这两种互斥的副索赔，基于常数值分红策略，构建离散框架下研究这种情况下的风险模型，通过构建两个辅助函数，建立累积分红期望现值的积分表达式，并应用生成函数、辅助函数、幂级数等相关数学方法进行运算求解，最终得到离散模型下通用的累积分红期望现值表达式。为了探索模型中参数的影响机制，最后进行算例分析，得出参数设置对累积分红期望现值的影响并提出了相应的建议。

a. 模型的数学刻画

考虑含有两种副索赔互斥的离散风险模型，离散时间点用 k 表示（$k = 0,1,2,\cdots$），风险模型，主索赔和副索赔均为正的独立同分布随机变量。主索赔记为 $\{X_i\}_{i \geqslant 1}$，主索赔满足的分布函数为 F，密度函数记为 $f_{Fm} = \Pr(X = m)$，均值记为 μ_F。副索赔分别记为 $\{Y_i\}_{i \geqslant 1}$，$\{Z_i\}_{i \geqslant 1}$，两种副索赔满足的分布函数分别记为 G_1 和 G_2，密度函数分别为 $g_{G1m} = \Pr(X = m)$ 和 $g_{G2m} = \Pr(X = m)$，$m = 0,1,2,\cdots$，均值分别为 μ_{G1} 和 μ_{G2}。主副索赔相应的概率生成函数分别为 $\tilde{f}_F(z) = \sum_{m=1}^{\infty} f_{Fm} z^m$、$\tilde{g}_{G1}(z) = \sum_{m=1}^{\infty} g_{G1m} z^m$、

$\tilde{g}_{G2}(z) = \sum_{m=1}^{\infty} g_{G2m} z^m$，$m = 0,1,2,\cdots$。

主索赔发生时间间隔记为 $\{T_i\}_{i \geqslant 0}$ 且 $T_0 = 0$。假设主索赔 X_i 在 T_i 时刻发生，以 p 的概率引起副索赔一（Y_i），以 q 的概率引起副索赔二（Z_i），两个副索赔的发生是互斥的，以 $1-p-q$ 的概率不引起任何副索赔。副索赔一以 θ_1 的概率与主索赔同时发生，以 $1-\theta_1$ 的概率在主索赔发生之后发生；副索赔二以 θ_2 的概率与主索赔

同时发生，以 $1-\theta_2$ 的概率在主索赔发生之后发生。这里的之后发生表示延迟到下一时刻发生，即主索赔在 T_i 时刻发生，副索赔在 T_{i+1} 时刻发生。

用 U_k 表示前 k 个期间的总索赔，其中，$k \in N^+$，$U_0 = 0$。定义 $U_k = U_k^X + U_k^Y + U_k^Z$，这里 U_k^X 表示第 k 期前的总主索赔，U_k^Y 和 U_k^Z 分别表示第 k 期前副索赔一的总额和副索赔二的总额。假设参保人于每个周期的期初缴费，每期的保费率为 1，所有的基础养老金都是在每期期末支付。制定这样一种分红策略，只要政府的社会保障预算盈余高于分红障碍 $b(b > 0)$，那么每期的分红就会立即支付给参保者，也就意味着分红支付只可能发生在每期的期初，仅接收到保费之后。

因此，第 k 期期末的盈余 S_k 可以表示为

$$S_k = u + k - U_k - UD_k \tag{4-32}$$

式中，u 为初始盈余，$u = 1, 2, \cdots, b$，$k = 1, 2, \cdots$。为了保证政府在财政补贴的给付安全，安全负荷需要为正，可得正的安全负荷条件满足 $(\mu_F + p\mu_{G1} + q\mu_{G2}) < 1$。$UD_k$ 为前 k 期的累积分红，$k = 1, 2, \cdots$，$UD_k = D_1 + D_2 + \cdots + D_k$，$UD_0 = 0$。用 D_n 表示 n 期支付的分红，$D_n = \max\{S_{n-1} + 1 - b, 0\}$。

定义 $T = \min\{k \mid S_k \leqslant 0\}$ 为破产时刻，$\psi(u; b) = \Pr(T < \infty \mid S_0 = u)$ 为破产概率，则生存概率 $\phi(u; b) = 1 - \psi(u; b)$。每期的年化贴现率为 v。则破产前累积分红期望现值为

$$W(u; b) = E\left[\sum_{k=1}^{T} D_k v^{k-1} \mid S_0 = u\right] \tag{4-33}$$

b. 累积分红期望现值清晰表达式

为了方便求解累积分红现值的清晰表达式，需要做辅助模型。考虑首次发生索赔时刻，除了主索赔和一个副索赔发生之外，还有另外一个副索赔发生，此副索赔和主索赔引起的副索赔具有相同的分布，构建了如下两个辅助风险模型。

（1）在 T_1 时刻，主索赔 X_1 发生并以概率 p 引起副索赔 Y_1。除此之外，有另外一个副索赔发生，记该副索赔为 Y，Y 和副索赔 $\{Y_i\}_{i \geqslant 1}$ 具有相同的分布函数。对应的盈余过程可以表示为

$$S_{k1} = u + k - u_k - UD_{k1} - Y \tag{4-34}$$

称该公式为辅助函数一。

（2）在 T_1 时刻，主索赔 X_1 发生并以概率 q 引起副索赔 Z_1，此外，有另外一个副索赔发生，记该副索赔为 Z，Z 和副索赔 $\{Z_i\}_{i \geqslant 1}$ 具有相同的分布函数。对应的盈余过程可以表示为

$$S_{k2} = u + k - u_k - UD_{k2} - Z \tag{4-35}$$

称该公式为辅助函数二。

以第一期期末索赔的发生为条件, 应用全期望公式, 可以得到 $W(u;b)$、$W_1(u;b)$、$W_2(u;b)$、$W_3(u;b)$ 的积分表达式。

初始盈余为 u, 分红门槛为 b, 则累积分红期望现值为

$$W(u;b) = v(1-p-q)W(u+1;b) + \sum_{m+n=2}^{u+1} vp\theta_1 W(u+1-m-n;b)f_{Fm}g_{G1n}$$

$$+ \sum_{m=1}^{u+1} vp(1-\theta_1)W_1(u+1-m;b)f_{Fm} + \sum_{m+l=2}^{u+1} vq\theta_2 W(u+1-m-l;b)f_{Fm}g_{G2l}$$

$$+ \sum_{m=1}^{u+1} vq(1-\theta_2)W_2(u+1-m;b)f_{Fm}$$

$$(4\text{-}36)$$

初始盈余为 u, 分红门槛为 b, 则辅助函数一情况下的累积分红期望现值为

$$W_1(u;b) = \sum_{a=1}^{u+1} v(1-p-q)W(u+1-a;b)g_{G1a}$$

$$+ \sum_{m+n+a=3}^{u+1} vp\theta_1 W(u+1-m-n-a;b)f_{Fm}g_{G1n}g_{G1a}$$

$$+ \sum_{m+a=2}^{u+1} vp(1-\theta_1)W_1(u+1-m-a;b)f_{Fm}g_{G1a} \qquad (4\text{-}37)$$

$$+ \sum_{m+l+a=3}^{u+1} vq\theta_2 W(u+1-m-l-a;b)f_{Fm}g_{G2l}g_{G1a}$$

$$+ \sum_{m+a=2}^{u+1} vq(1-\theta_2)W_2(u+1-m-a;b)f_{Fm}g_{G1a}$$

初始盈余为 u, 分红门槛为 b, 则辅助函数二情况下的累积分红期望现值为

$$W_2(u;b) = \sum_{\lambda=1}^{u+1} v(1-p-q)W(u+1-\lambda;b)g_{G2\lambda}$$

$$+ \sum_{m+n+\lambda=3}^{u+1} vp\theta_1 W(u+1-m-n-\lambda;b)f_{Fm}g_{G1n}g_{G2\lambda}$$

$$+ \sum_{m+\lambda=2}^{u+1} vp(1-\theta_1)W_1(u+1-m-\lambda;b)f_{Fm}g_{G2\lambda} \qquad (4\text{-}38)$$

$$+ \sum_{m+l+\lambda=3}^{u+1} vq\theta_2 W(u+1-m-l-\lambda;b)f_{Fm}g_{G2l}g_{G2\lambda}$$

$$+ \sum_{m+\lambda=2}^{u+1} vq(1-\theta_2)W_2(u+1-m-\lambda;b)f_{Fm}g_{G2\lambda}$$

上述累积分红期望现值边界值为

$$W(0;b)=0, W(b;b)=1+W(b-1;b), W_1(0;b)=0, W_1(b;b)=W_1(b-1;b)+1$$
$$W_2(0;b)=0, W_2(b;b)=W_2(b-1;b)+1$$
(4-39)

通过对比式（4-36）～式（4-38），可以将式（4-37）及式（4-38）进行化简，得到以下关系式：

$$W_1(u;b)=\sum_{a=1}^{u}W(u-a;b)g_{G1a}(u\geq 2)$$
（4-40）

$$W_2(u;b)=\sum_{\lambda=1}^{u}W(u-\lambda;b)g_{G2\lambda}(u\geq 2)$$
（4-41）

进一步，根据前述边界值，可以得到以下关系式：

$$W(1;b)=v(1-p-q)W(2;b)+vp(1-\theta_1)W_1(1;b)f_{F1}+vq(1-\theta_2)W_2(1;b)f_{F1}$$ （4-42）

$$W_1(1;b)=v(1-p-q)W(1;b)g_{G11}$$
（4-43）

$$W_2(1;b)=v(1-p-q)W(1;b)g_{G21}$$
（4-44）

$$W(2;b)=v(1-p-q)W(3;b)+vp\theta_1W(1;b)f_{F1}g_{G11}+vq\theta_2W(1;b)f_{F1}g_{G21}$$
$$+\sum_{m=1}^{2}vp(1-\theta_1)W_1(u+1-m;b)f_{Fm}+\sum_{m=1}^{2}vq(1-\theta_2)W_2(u+1-m;b)f_{Fm}$$
（4-45）

$$W_1(2;b)=\sum_{a=1}^{2}v(1-p-q)W(u+1-a;b)g_{G1a}+vp(1-\theta_1)W_1(1;b)f_{F1}g_{G11}$$
$$+vq(1-\theta_2)W_2(1;b)f_{F1}g_{G11}$$
（4-46）

$$W_2(2;b)=\sum_{\lambda=1}^{2}v(1-p-q)W(3-\lambda;b)g_{G2\lambda}+vp(1-\theta_1)W_1(1;b)f_{F1}g_{G21}$$
$$+vq(1-\theta_2)W_2(1;b)f_{F1}g_{G21}$$
（4-47）

由式（4-44）～式（4-47），可以进一步得到以下关系式：

$$W_1(2;b)=W(1;b)[g_{G11}+g_{G12}v(1-p-q)]$$
（4-48）

$$W_2(2;b)=W(1;b)[g_{G21}+g_{G22}v(1-p-q)]$$
（4-49）

$$W_3(2;b)=W(1;b)g_{G11}g_{G21}v(1-p-q)$$
（4-50）

$$W(2;b)=v(1-p-q)W(3;b)+W(1;b)f(v,p,q,\theta_1,\theta_2,f_{F1},f_{F2},g_{G11},g_{G21})$$ （4-51）

由上述公式，可以看出对于 $u=1,2,3,4,\cdots,W_1(u;b)$、$W_2(u;b)$ 都可以由 $W(u;b)$ 表示，而 $W(u;b)$ 又可以由 $W(n;b)$ 表示，表达式见式（4-54）：

$$W(u;b) = v(1-p-q)W(u+1;b) + \sum_{m+n=2}^{u+1} vp(1-q)\theta_1 W(u+1-m-n;b)f_{Fm}g_{G1n}$$

$$+ \sum_{m+a=2}^{u+1} vp(1-\theta_1)W(u+1-m-a;b)f_{Fm}g_{G1a}$$

$$+ \sum_{m+l=2}^{u+1} vq\theta_2 W(u+1-m-l;b)f_{Fm}g_{G2l} \qquad (4\text{-}52)$$

$$+ \sum_{m+\lambda=2}^{u+1} vq(1-\theta_2)W(u+1-m-\lambda;b)f_{Fm}g_{G2\lambda};(u \geqslant 2)$$

$$W(1;b) = v(1-p-q)W(2;b) + vp(1-\theta_1) \times v(1-p-q)W(1;b)g_{G11}f_{F1}$$
$$+ vq(1-\theta_2) \times v(1-p-q)W(1;b)g_{G21}f_{F1} \qquad (4\text{-}53)$$

进一步，可以推导出下式：

$$\left[\frac{1}{v(1-p-q)} - vp(1-\theta_1)g_{G11}f_{F1} - vq(1-\theta_2)g_{G21}f_{F1}\right]W(1;b) = W(2;b) \quad (4\text{-}54)$$

$$W(2;b) = v(1-p-q+pq)W(3;b) + f(v,p,q,\theta_1,\theta_2,f_{F1},f_{F2},g_{G11},g_{G2\lambda}) \quad (4\text{-}55)$$

式（4-55）中，

$$f(v,p,q,\theta_1,\theta_2,f_{F1},f_{F2},g_{G11},g_{G2\lambda})$$
$$= vpW(1;b)\{f_{F1}g_{G11}$$
$$+ (1-\theta_1)v(1-p-q)[f_{F2}g_{G11} + f_{F1}g_{G12}]\} + vqW(1;b)\{f_{F1}g_{G21} \quad (4\text{-}56)$$
$$+ (1-\theta_2)v(1-p-q)[f_{F1}g_{G22} + f_{F2}g_{G21}]\}$$

进一步，可以得到 $W(2;b)$ 的表达式，见式（4-57）：

$$W(2;b) = v(1-p-q+pq)W(3;b)$$
$$+ W(1;b)\{vp\{f_{F1}g_{G11} + (1-\theta_1)v(1-p-q)[f_{F2}g_{G11} + f_{F1}g_{G12}]\} \quad (4\text{-}57)$$
$$+ vqW(1;b)\{f_{F1}g_{G21} + (1-\theta_2)v(1-p-q)[f_{F1}g_{G22} + f_{F2}g_{G21}]\}\}$$

若给定主副索赔服从的概率分布，则由上述公式可以分别求得 $W(1;b)$ 和 $W(2;b)$ 的清晰表达式，进而求得 $W(3;b)$ 的清晰表达式。

对于 $u \geqslant 2$，$W(u;b)$ 满足下式：

$$W(u;b) = v(1-p-q)W(u+1;b) + \sum_{m+n=2}^{u+1} vpW(u+1-m-n;b)f_{Fm}g_{G1n}$$
$$+ \sum_{m+l=2}^{u+1} vqW(u+1-m-l;b)f_{Fm}g_{G2l}(u \geqslant 2) \qquad (4\text{-}58)$$

为了通过式（4-58）求解 $W(u;b)$ 的清晰表达式，这里定义一个新的函数 $J(u)$，$J(u)$ 满足以下积分等式：

$$\left[\frac{1}{v(1-p-q)} - vp(1-\theta_1)g_{G11}f_{F1} - vq(1-\theta_2)g_{G21}f_{F1}\right]J(1) = J(2) \quad (4\text{-}59)$$

$$
\begin{aligned}
J(2) = & \, v(1-p-q)J(3) \\
& + J(1)\{vp\{f_{F1}g_{G11} + (1-\theta_1)v(1-p-q)[f_{F2}g_{G11} + f_{F1}g_{G12}]\} \\
& + vqW(1;b)\{f_{F1}g_{G21} + (1-\theta_2)v(1-p-q)[f_{F1}g_{G22} + f_{F2}g_{G21}]\}\}
\end{aligned}
\tag{4-60}
$$

$$
\begin{aligned}
J(u) = & \, v(1-p-q)J(u+1) + \sum_{m+n=2}^{u+1} vpJ(u+1-m-n)f_{Fm}g_{G1n} \\
& + \sum_{m+l=2}^{u+1} vqJ(u+1-m-l)f_{Fm}g_{G2l} \quad (u \geqslant 2)
\end{aligned}
\tag{4-61}
$$

应用概率生成函数，式（4-61）两边分别乘以 z^u，u 取值从 2 到 ∞，累加起来可以推导出式（4-62）和式（4-63）：

$$
\begin{aligned}
\hat{J}(z) - z^2J(2) - zJ(1) = & \, v(1-p-q) \times \frac{1}{z} \times [\hat{J}(z) - z^3J(3) - z^2J(2) - zJ(1)] \\
& + vp \times \frac{1}{z} \times [\hat{J}(z)\hat{f}(z)\hat{g}_{G1}(z) - z^3J(1)f_{F1}g_{G11}] \\
& + vq \times \frac{1}{z} \times [\hat{J}(z)\hat{f}(z)\hat{g}_{G2}(z) - z^3J(1)f_{F1}g_{G21}]
\end{aligned}
\tag{4-62}
$$

$$
\begin{aligned}
& \hat{J}(z)\left[1 - \frac{1}{z}v(1-p-q) - \frac{1}{z}vp\hat{f}(z)\hat{g}_{G1}(z) - \frac{1}{z}vq\hat{f}(z)\hat{g}_{G2}(z)\right] \\
& = z^2J(2) + zJ(1) - v(1-p-q)[z^2J(3) + zJ(2) + J(1)] \\
& \quad - vpz^2J(1)f_{F1}g_{G11} - vqz^2J(1)f_{F1}g_{G21}
\end{aligned}
\tag{4-63}
$$

由式（4-61）、式（4-59）及 $J(1)=1$，可以将式（4-63）简化，简化后的结果见式（4-64）：

$$
\hat{J}(z) = \frac{\omega(z) - v(1-p-q)}{1 - \dfrac{1}{z}[v(1-p-q) + vp\hat{f}(z)\hat{g}_{G1}(z) + vq\hat{f}(z)\hat{g}_{G2}(z)]}
\tag{4-64}
$$

式（4-64）中，

$$
\begin{aligned}
\omega(z) = & \, z^2[-J(3)v(1-p-q) + J(2) - vpf_{F1}g_{G11} - vqf_{F1}g_{G21}] \\
& + z[1 - J(2)v(1-p-q)]
\end{aligned}
\tag{4-65}
$$

由式（4-59）和式（4-60），可以将 $\omega(z)$ 重写成如下形式：

$$
\omega(z) = zv^2(1-p-q)[p(1-\theta_1)f_{F1}g_{G11} + q(1-\theta_2)f_{F1}g_{G21}]
\tag{4-66}
$$

为了便于计算，引入函数 $h(i;k)$，在带有延迟索赔的复合二项离散风险模型中，$h(i;k)$ 是 k 期总索赔的密度函数，因此有：

（1）$\hat{h}(z;1) = 1 - p - q + p\hat{f}(z)\hat{g}_{G1}(z) + q\hat{f}(z)\hat{g}_{G2}(z)$；

（2）$\hat{h}(z;k) = [\hat{h}(z;1)]^k$。

接下来，可以基于 $h(i;k)$ 推导出累积分红期望现值 $W(u;b)$ 的清晰表达式。

定理 4.1　当 $u = 3, 4, 5, \cdots, b$，累积分红折现期望 $W(u; b)$ 的表达式为

$$W(u; b) = B(b) \sum_{i=1}^{\infty} v^{i+1}[v\xi_1 h(u+i-2, i) + v\xi_2 h(u+i-1, i) - (1-p-q)h(u+i, i)]$$

（4-67）

式（4-67）中，

$$B(b) = \left\{ \sum_{i=1}^{\infty} v^{i+1} \begin{bmatrix} v(\xi_1 - \xi_2)h(b+i-2, i) + (v\xi_2 + 1 - p - q)h(b+i-1, i) \\ -(1-p-q)h(b+i, i) - v\xi_1 h(b+i-3, i) \end{bmatrix} \right\}^{-1}$$

证明：

由式（4-65）、式（4-66）可以将 $\hat{J}(z)$ 表示成如下形式：

$$\hat{J}(z) = \frac{v^2 \xi_1 z^2 + v^2 \xi_2 z - v(1-p-q)}{1 - \dfrac{v}{z}\hat{h}(z; 1)}$$

（4-68）

$$\xi_1 = (1-p-q)[p(1-\theta_1)(f_{F2}g_{G11} + f_{F1}g_{G12}) + q(1-\theta_2)(f_{F1}g_{G22} + f_{F2}g_{G21})] \quad （4\text{-}69）$$

$$\xi_2 = (1-p-q+pq)[p(1-q)(1-\theta_1)f_{F1}g_{G11} + q(1-p)(1-\theta_2)f_{F1}g_{G21}] \quad （4\text{-}70）$$

式（4-68）按照 z 的幂序列展开 $\left[1 - \dfrac{v}{z}\hat{h}(z; 1)\right]^{-1}$，可以得到

$$\sum_{u=1}^{\infty} z^u J(u) = [v^2 \xi_1 z^2 + v^2 \xi_2 z - v(1-p-q)] \times \sum_{n=0}^{\infty} \frac{v^n}{z^n}\hat{h}^n(z, 1)$$

$$= [v^2 \xi_1 z^2 + v^2 \xi_2 z - v(1-p-q)] \times \left[1 + \sum_{n=1}^{\infty} \frac{v^n}{z^n} \sum_{u=1}^{\infty} z^u h(u, n)\right]$$

（4-71）

因为等式两侧 z^n 的系数相等，因此可以得到

$$J(u) = \xi_1 \sum_{i=1}^{\infty} v^{i+2} h(u+i-2, i) + \xi_2 \sum_{i=1}^{\infty} v^{i+2} h(u+i-1, i) - (1-p-q)\sum_{i=1}^{\infty} v^{i+1} h(u+i, i)$$

$$= \sum_{i=1}^{\infty} v^{i+1}[v\xi_1 h(u+i-2, i) + v\xi_2 h(u+i-1, i) - (1-p-q)h(u+i, i)]$$

（4-72）

由式（4-72）的结果，结合 $W(u; b) = J(u)B(b)$ 和 $B(b) = \dfrac{1}{J(b) - J(b-1)}$，从而可证得 $W(u; b)$ 的清晰表达式，即定理 4.1 得证。

至此，初始盈余为 u，分红门槛为 b 的破产前累积分红期望现值的清晰表达式已经推导完成。

总结这部分的分析，可以发现式（4-21）刻画的风险模型中的破产是确定的。

（1）分红门槛 $b = 1$ 时：

因为 $\varphi(1; 1) = (1-p-q)\varphi(1; 1)$，而且 $0 < 1 - p - q < 1$，所以可以推出 $\varphi(1; 1) = 0$。

（2）分红门槛 $b=2$ 时：

$$0 \leqslant \varphi(1;2) \leqslant \varphi(2;2) = (1-p-q)\varphi(2;2) + p(1-\theta_1)\varphi_1(1;2)f_{F1} + q(1-\theta_2)\varphi_2(1;2)f_{F1}$$
$$\leqslant (1-p\theta_1-q\theta_2)\varphi(2;2) \Rightarrow \varphi(1;2) = \varphi(2;2) = 0$$

下面给出一个定理，这个定理能够揭示当 $b \geqslant 3$ 时，在特定的条件下破产是确定的。

定理 4.2　在式（4-20）中的风险模型中，当满足条件：$b \geqslant 3$，$\sum_{m+n \leqslant b-1} f_{Fm}g_{G1n} \leqslant 1$，$\sum_{m+l \leqslant b-1} f_{Fm}g_{G2l} \leqslant 1$ 时，破产概率等于 1，即 $\psi(u;b) = 1$，$u = 1,2,\cdots,b$。

以第一期期末为条件进行分析，可以得到生存概率满足如下积分形式：

$$\varphi(b;b) = (1-p-q)\varphi(b;b) + p\theta_1 \sum_{m+n \leqslant b-1} \varphi(b-m-n;b)f_{Fm}g_{G1n}$$
$$+ p(1-\theta_1)\sum_{m \leqslant b-1} \varphi_1(b-m;b)f_{Fm} + q\theta_2 \sum_{m+l \leqslant b-1} \varphi(b-m-l;b)f_{Fm}g_{G2l}$$
$$+ q(1-\theta_2)\sum_{m \leqslant b-1} \varphi_2(b-m;b)f_{Fm}$$

$$\text{（4-73）}$$

$$\varphi_1(u;b) = \sum_{a \leqslant u-1} \varphi(u-a;b)g_{G1a} \qquad \text{（4-74）}$$

$$\varphi_2(u;b) = \sum_{\lambda \leqslant u-1} \varphi(u-\lambda;b)g_{G2\lambda} \qquad \text{（4-75）}$$

将式（4-70）～式（4-72）代入式（4-73）中，可以得到

$$\varphi(b;b) = (1-p-q)\varphi(b;b) + \sum_{m+n \leqslant b-1} p\varphi(b-m-n;b)f_{Fm}g_{G1n}$$
$$+ \sum_{m+l \leqslant b-1} q\varphi(b-m-l;b)f_{Fm}g_{G2l} \qquad \text{（4-76）}$$

又因为 $\varphi(b-m-n;b) \leqslant \varphi(b;b)$、$\varphi(b-m-l;b) \leqslant \varphi(b;b)$，所以

$$\varphi(b;b) \leqslant (1-p-q)\varphi(b;b) + \sum_{m+n \leqslant b-1} p\varphi(b;b)f_{Fm}g_{G1n}$$
$$+ \sum_{m+l \leqslant b-1} q\varphi(b;b)f_{Fm}g_{G2l} \qquad \text{（4-77）}$$

进而，可以推出：

$$\left\{1 - \left[(1-p-q) + p\sum_{m+n \leqslant b-1} f_{Fm}g_{G1n} + \sum_{m+l \leqslant b-1} q\varphi(b;b)f_{Fm}g_{G2l}\right]\right\}\varphi(b;b) \leqslant 0$$

因为 $\varphi(b;b) \in [0,1]$，所以由上述不等式，得到结论生存概率 $\varphi(b;b) = 0$，即破产概率 $\psi(b;b) = 1 - \varphi(b;b) = 1$。

由前述分析可知，如果已知主索赔和两种副索赔的概率分布函数，那么可以由式（4-78）计算破产前累积分红期望现值。接下来，推导对于一般分布（K_n 分布），累积分红期望现值的计算公式。K_n 分布包括二项分布、几何分布等形式的离散模型。

假设联合概率为：主索赔和副索赔一联合概率为 $(f*g_{G1})_x = \Pr(X_1+G_1=x)$、主索赔和副索赔二联合概率为 $(f*g_{G2})_x = \Pr(X_1+G_2=x)$，联合概率也符合 K_n 分布。联合概率分布即卷积 $f*g_{G1}$、$f*g_{G2}$ 的概率生成函数为

$$\hat{f}(z)\hat{g}_{G1}(z) = \frac{z^2 C_{n-1}(z)}{\prod_{i=1}^{n}(1-zq_{1i})}, \quad \hat{f}(z)\hat{g}_{G2}(z) = \frac{z^2 E_{n-1}(z)}{\prod_{i=1}^{n}(1-zq_{2i})}$$

$$C_{n-1}(z) = \sum_{k=0}^{n-1} z^k c_k, \quad E_{n-1}(z) = \sum_{k=0}^{n-1} z^k e_k$$

$$R(z) < \min\left(\frac{1}{q_{\gamma i}} : \gamma = 1,2,3; i = 1,2,\cdots,n\right), \quad 0 < q_{\gamma i} < 1, \quad i = 1,2,\cdots,n$$

$C_{n-1}(z), E_{n-1}(z)$ 为不高于 $n-1$ 阶的多项式，满足 $C_{n-1}(1) = \prod_{i=1}^{n}(1-q_{1i})$、$E_{n-1}(1) = \prod_{i=1}^{n}(1-q_{2i})$。

那么，$\hat{J}(z)$ 可以表示成如下形式：

$$\hat{J}(z) = \frac{z[v^2\xi_1 z^2 + v^2\xi_2 z - v(1-p-q)]\prod_{i=1}^{n}(1-zq_i)}{1 - \frac{v}{z}\left[(1-p-q) + p\frac{z^2 C_{n-1}(z)}{\prod_{i=1}^{n}(1-zq_{1i})} + q\frac{z^2 E_{n-1}(z)}{\prod_{i=1}^{n}(1-zq_{2i})}\right]} \tag{4-78}$$

$q_{1i} = q_{2i}$，ξ_1, ξ_2 的表达式见式（4-69）、式（4-70），式（4-78）可以化简为式（4-79）。

$$\hat{J}(z) = \frac{z[v^2\xi_1 z^2 + v^2\xi_2 z - v(1-p-q)]\prod_{i=1}^{n}(1-zq_i)}{z\prod_{i=1}^{n}(1-zq_i) - v\left[(1-p-q)\prod_{i=1}^{n}(1-zq_i) + pz^2 C_{n-1}(z) + qz^2 E_{n-1}(z)\right]} \tag{4-79}$$

由于式（4-79）的分母是个 $n+1$ 阶的多项式，而且式（4-79）的分母中 z^{n+1} 的系数是 $(-1)^n \prod_{i=1}^{n} q_i - vpc_{n-1} - vqe_{n-1}$，因此式（4-79）分母可以写为

$$\left[(-1)^n \prod_{i=1}^{n}(q_i - vpc_{n-1} - vqe_{n-1})\right]\prod_{i=1}^{n+1}(z - R_i) \tag{4-80}$$

式（4-80）中 $R_1, R_2, \cdots, R_{n+1}$ 是式（4-79）的 $n+1$ 个零根，所以有

$$(-1)^n \prod_{i=1}^{n} q_i - vpc_{n-1} - vqe_{n-1} = \frac{(-1)^n v(1-p-q)}{\prod_{i=1}^{n+1} R_i}$$

将 $\hat{J}(z)$ 转换成 $J(u)$，代入 $J(1) = 1$，可以得到

$$J(u) = \left(\prod_{i=1}^{n+1} R_i\right)\sum_{i=1}^{n+1} r_i[1-A]R_i^{-u}, u = 2,3,\cdots \tag{4-81}$$

式中，$r_i = \dfrac{\prod\limits_{j=1}^{n}(R_i q_j - 1)}{\prod\limits_{j=1,j \neq i}^{n+1}(R_i - R_j)}, i = 1,2,\cdots,n+1$。

因为 $B(b) = \dfrac{1}{J(b) - J(b-1)}$，所以最终得到

$$W(1;b) = \frac{1}{\left(\prod\limits_{i=1}^{n+1}R_i\right)\sum\limits_{i=1}^{n+1}r_i[1-A](1-R_i)R_i^{-b}} \tag{4-82}$$

$$W(u;b) = \frac{\sum\limits_{i=1}^{n+1}r_i[1-A]uR_i^{-u}}{\sum\limits_{i=1}^{n+1}r_i[1-A](1-R_i)R_i^{-b}}, u = 2,3,\cdots,b \tag{4-83}$$

式（4-82）和式（4-83）中 A 的表达式由主副索赔的分布函数确定。

c. 数值算例及分析

由于本节研究的是离散风险模型，因此选取离散模型中比较具有代表性的几何分布进行算例分析。假设主副索赔满足几何分布，主索赔服从参数为 α 的几何分布，密度函数为

$$f_{Fm} = \alpha(1-\alpha)^{m-1}, 0 < \alpha < 1, m = 1,2,\cdots$$

为了简化运算，假设两种副索赔延迟到下一时刻发生的概率一样，即 $\theta_1 = \theta_2 = \theta$。假设副索赔一和副索赔二的密度函数相同，均服从参数为 β 的几何分布，则两种副索赔的密度函数为

$$g_{G1m} = g_{G2m} = \beta(1-\beta)^{m-1}, 0 < \beta < 1, m = 1,2,\cdots$$

可以求得

$$W(1;b) = \frac{1}{(R_1 R_2 R_3)\sum\limits_{i=1}^{3}r_i[1-vp(1-\theta)\alpha\beta R_i - vq(1-\theta)\alpha\beta R_i](1-R_i)R_i^{-b}}$$

$$W(u;b) = \frac{\sum\limits_{i=1}^{3}r_i[1-vp(1-\theta)\alpha\beta R_i - vq(1-\theta)\alpha\beta R_i]uR_i^{-u}}{(R_1 R_2 R_3)\sum\limits_{i=1}^{3}r_i[1-vp(1-\theta)\alpha\beta R_i - vq(1-\theta)\alpha\beta R_i](1-R_i)R_i^{-b}}, u = 2,3,\cdots,b$$

由于本节的算例分析的主要目的是探求参数的取值对累积分红期望现值的影响，这可以通过假设其他参数的取值已知来计算不同参数取值下累积分红期望现值的值进行并分析。假设 $p = 0.3, q = 0.4, v = 0.95, b = 5, \alpha = \beta = 0.6$，可以计算出不同初始社会保障预算盈余、不同索赔延迟发生概率下的累积分红期望现值，取

$\theta = 0$、0.2、0.4、0.6、0.8、1 六个可能的副索赔不延迟发生的概率值，初始盈余分别取 $u = 1,2,\cdots,10$，得到累积分红期望现值结果如附表 6 所示。

通过算例结果，可以看到：累积分红期望现值 $W(u;b)$ 是初始盈余 u 的增函数，是副索赔延迟发生概率 $1-\theta$ 的增函数，这可能是由于副索赔延迟发生时的每期期初的盈余高于副索赔在期初发生的盈余，政府当期有更多资金进行红利分配。对比附表 6 可以得到，累积分红期望现值是分红门槛的减函数。可以得出结论：初始盈余越大，则在既定的分红门槛策略下的累积分红期望现值就越大；副索赔延迟发生概率越大，则在既定的分红门槛策略下的累积分红期望现值就越大；分红门槛越高，其他情况不变时，累积分红期望现值越小。

为了提高养老金的投资价值，增加对参保者的吸引力，提出以下建议：

（1）政府应提高其初始社会保障预算支出，增加养老金给付的初始盈余，初始盈余越大，累积红利分配就越多，有利于吸引更多参保者进行投资。而且，提高准备金率不仅可以吸引参保者的注意，还可以增加政府补贴过程中的整体抗风险能力。

（2）通过合理的产品设计，不仅可以为政府运营养老金过程带来利润，还有利于累积红利分配的增加，吸引更多参保者进行投资。此外，还应准备适量的风险基金，以保障索赔延迟发生时及时赔付，降低赔付风险。

（3）适当降低分红门槛，当盈余超出较低的分红边界值时就进行分红，增加累积分红，增大参保者的利益，持续吸引投资。

4. 小结

本章首先在离散框架下，分析建立了两种副索赔下的风险模型。其次，通过构建三个辅助函数，构建了累积分红期望现值的积分表达式，并应用生成函数、等量替代、辅助函数、幂级数等相关属性方法进行运算求解，最终得到了离散模型下通用的累积分红期望现值表达式。为了加强模型的适用性，进一步求解了一般离散模型下的累积分红期望现值表达式，使其更加便于计算。最后，进行了算例分析，算例结果表明累积分红期望现值 $W(u;b)$ 是初始盈余 u 的增函数，是副索赔延迟发生概率 $1-\theta$ 的增函数。得出分析结论：初始盈余越大，则在既定的分红门槛策略下的累积分红期望现值越大；副索赔延迟发生概率越大，则在既定的分红门槛策略下的累积分红期望现值越大；分红门槛越高，其他情况不变时，累积分红期望现值越小。从而得到相关建议：政府应提高其初始社会保障预算准备金，增加政府补贴给付的初始盈余，初始盈余越大，那么累积红利分配就越多，有利于吸引更多参保者进行投资。而且，提高准备金率不仅可以吸引参保者的注意，还可以提高政府补贴过程中的整体抗风险能力；通过合理的产品设计，适当增加带有延迟索赔的保险承保比例，不仅可以为养老金投资运营带来利润，而且有利于累积红利分配的增加，吸引更多参保者进行投资。此外，还应准备适量的风险基金，以保障索赔延迟发生时及时赔付，降低赔付风险；适当降低分红门槛，当盈余超出较低的分红边界值时就进行分红，增加累积分红，增加参保者的利益，持续吸引投资。

4.6.2　给付确定型养老金计划的动态最优控制

考虑连续时间情形下给付确定型养老金模型的最优控制问题，旨在养老金给付期望为指数增长，目标函数为最小化贡献率风险和偿付能力风险线性组合的假设下，得到无风险投资时的最优贡献率和最小风险。

本节讨论了给付确定型养老金模型的最优控制问题，即在给付已知的情形下如何确定合理的缴费率使得政府承担的风险最小。我们假定控制目标是最小化贡献率风险与偿还能力风险的线性组合。其中，贡献率风险是指贡献率与正常成本之间的差别，它代表计划的稳定性；偿还能力风险是指基金与精算负债之间的差异，它代表计划的安全性。本节的模型在无穷区间上考虑，为此我们引入风险折现率，它代表管理者对长期行为与短期行为的偏好；给出了一个更为一般的假设：给付的期望值以指数率增长。在这一假设下，我们得到了满意的结果。

1. 基本概念

$F(t)$ 表示 t 时刻的养老金；

$C(t)$ 表示缴费率；

$P(t)$ 表示给付现值；

$NC(t)$ 表示正常成本；

$AL(t)$ 表示精算负债；

$UAL(t)$ 表示未累计精算负债[$UAL(t) = AL(t) - F(t)$]；

$SC(t)$ 表示追加的贡献率[$SC(t) = C(t) - NC(t)$]。

本书讨论的随机给付情形中，所涉及的所有随机变量均定义在完备的概率空间 (Ω, F, φ) 上，$\{F_t\}_{t \geqslant 0}$ 为 F 的完备的单调上升的右连续子 σ 代数流，记 $F_\infty = V_{t \geqslant 0} F_t$，$\{B_t\}_{t \geqslant 0}$ 是 F_t 适应的一维布朗运动。给付现值 $P(t)$ 是 F_t 适应的随机过程。

假定新农保领取者对给付的累计服从分布 $M(x)$，对应的分布密度函数为 $m(x)$，$M(x)$ 表示未来给付的精算值累积到年龄 x 的百分比。并且假定所有的参保人都是在 a 岁参加保险，d 岁开始领取养老金。

类似于确定性情形，定义随机精算负债和随机正常成本如下：

$$AL(t) = \int_a^d \exp\{-\delta(d-x)\} \cdot M(x) E[P(t+d-x) \,|\, F_t] \mathrm{d}x$$

$$NC(t) = \int_a^d \exp\{-\delta(d-x)\} \cdot m(x) E[P(t+d-x) \,|\, F_t] \mathrm{d}x$$

（4-84）

式中，δ 为收益率折现因子。

2. 给付风险最优控制模型

假设 1　（A1）我们假定 $P(t)$ 稳定增长，即满足：

$$E[P(t)] = P_0 \exp\{ut\} \tag{4-85}$$

$$E[P(t)\,|\,F_t] = \exp\{u(t-s)\}P(s),\ \forall s \leqslant t$$

式中，P_0 为初始负债；u 为其增长率。

显然可以写成：

$$P(t) = P_0 \exp\{ut\}Z(t) \tag{4-86}$$

式中，$Z(t)$ 为关于 F_t 的平方可积鞅，且满足 $E[Z(t)] = 1$。

在假设条件 A1 下，存在 F_t 适应的随机过程 $\varphi(t,\omega)$，使得

$$P(t) = P_0 \exp\left\{ ut - \frac{1}{2}\int_0^t \varphi^2(s,\omega)\mathrm{d}s + \int_0^t \varphi(s,\omega)\mathrm{d}B_s \right\}$$

则给付过程 $P(t)$ 满足如下 Ito 方程：

$$\mathrm{d}P(t) = uP(t)\mathrm{d}t + \varphi(t,\omega)P(t)\mathrm{d}B_t$$

$$P(0) = P_0$$

本节仅考虑 $\varphi(t,\omega) \equiv \varphi(t)$ 的情形，则

$$\int_0^t \varphi^2(s,\omega)\mathrm{d}s = \ln E[P^2(t)] - 2\ln P_0 - 2ut$$

精算负债 $\mathrm{AL}(t)$ 满足：

$$\mathrm{dAL}(t) = u\mathrm{AL}(t)\mathrm{d}t + \varphi(t)\mathrm{AL}(t)\mathrm{d}B_t$$

$$\mathrm{AL}(0) = \mathrm{AL}_0$$

性质　在假设 1 的条件下，得到

$$(\delta - u)\mathrm{AL}(t) + \mathrm{NC}(t) - P(t) = 0$$

考虑无风险资产，假定价格 $S(t)$ 满足常微分方程：

$$\mathrm{d}S(t) = rS(t)\mathrm{d}t$$

则基金的变化过程可由下面的随机微分方程给出：

$$\mathrm{d}F(t) = [rF(t) + C(t) - P(t)]\mathrm{d}t,\, t \geqslant 0 \tag{4-87}$$

$$F(0) = F_0$$

由本性质，可以将式（4-87）改写成：

$$\mathrm{d}F(t) = [rF(t) + \mathrm{SC}(t) - (\delta - u)\mathrm{AL}(t)]\mathrm{d}t \tag{4-88}$$

定义目标函数为

$$J(F_t;\mathrm{SC}(t)) = E\left[\int_t^\infty \exp\{-\rho s\} \{k\mathrm{SC}^2(s) + (1-k)(\mathrm{AL}(s) - F(s))^2\}\mathrm{d}s\,|\,F_t \right] \tag{4-89}$$

式中，ρ 为风险折现因子，参数 $k(0 \leqslant k \leqslant 1)$ 为两类风险间的权重参数。

我们选取 SC(t) 为控制变量，记函数为

$$\mu(F_t) = \min_{SC(t)}\{J(F_t;SC(t))\}$$

为借鉴控制问题［式（4-89）］需要如下假设：

假设 2 （A2）$F(t) \geqslant 0, t \geqslant 0$；

（A3）$\delta = r$ （对于无风险情形是确定的）；

（A4）对 $\forall t \geqslant 0$ 有 $\dfrac{E'(P^2(t))}{E(P^2(t))} < \rho$；

（A5）$\dfrac{1}{k} - 1 + r(r - \rho) > 0$。

这些假设在实际应用中并不苛刻。（A1）明显宽于以往研究的假定；（A2）、（A3）是自然成立的；（A4）假定给付服从几何布朗运动时的技术性条件；（A5）能保证养老金计划是稳定的。

下面是本节的主要结论：

定理 4.3 在假设（A1）～（A5）下，最优控制问题［式（4-89）］的值函数为

$$\mu(F_t) = \exp\{-\rho t\}V(F_t) \tag{4-90}$$

式（4-90）中，

$$V(F_t) = a_{FF}F^2(t) - 2a_{FF}F(t)AL(t) + a_{FF}(\rho - 2u)AL^2(t)\int_t^\infty \frac{E'(P^2(t))}{E(P^2(t))}\exp\{\rho(s-t)\}ds$$

其中 $a_{FF} = \dfrac{k}{2}\left\{\sqrt{(\rho - 2r)^2 + 4\left(\dfrac{1}{k} - 1\right)} - (\rho - 2r)\right\}$，$SC^*(t) = \dfrac{a_{FF}}{k}(AL(t) - F(t))$。

3. 相关定理及证明

在假设（A4）下，最优控制问题［式（4-89）］的值函数为下述 HJB 方程的黏性解：

$$\partial_t\mu + \min_{SC}\{L^{SC}\mu + \exp\{-\rho t\}kSC^2 + \exp\{-\rho t\}(1-k)(F - AL)^2\} = 0 \tag{4-91}$$

式（4-91）中，

$$L^{SC}\mu = (rF + SC + (u-r)AL)_{\mu F} + uAL_{\mu AL} + \frac{1}{2}\varphi^2(t)AL^2_{\mu ALAL}$$

如果我们假设 $\mu = \exp\{-\rho t\}V$，则

$$0 = \{\min_{SC}(rF + SC + (u-r)AL)V_F + uALA_{AL} + \frac{1}{2}\varphi^2(t)AL^2_{\mu ALAL} + kSC^2 + (1-k)(AL-F)^2\}$$

$$- \rho V + V_t$$

$$\tag{4-92}$$

下面将求解式（4-92）。显然如果方程存在光滑解，并且关于（F, AL）是严格凸的，则能够使得风险达到最小的追加贡献率为

$$SC^*(t) = -\frac{1}{2k}V_F$$

将其代入式（4-92），可得

$$\rho V - V_t = (rF + SC + (u-r)AL)V_F + uALA_{AL} + \frac{1}{2}\varphi^2(t)AL^2_{\mu ALAL}$$
$$+ (1-k)(AL-F)^2 - \frac{1}{4k}V_F^2 \tag{4-93}$$

根据经验，猜测最优控制问题［式（4-89）］的值函数为如下形式：

$$V = a_{FF}F^2(t) + a_{ALAL}(t)AL^2(t) + a_{FAL}F(t)AL(t) \tag{4-94}$$

式中，a_{FF}、a_{FAL} 均为常数；$a_{ALAL}(t)$ 为非负光滑函数。

a_{FF}、a_{FAL}、$a_{ALAL}(t)$ 必定满足如下三个方程：

$$\rho a_{FF} = 2ra_{FF} + 1 - k - \frac{1}{k}a_{FF}^2 \tag{4-95}$$

$$\rho a_{ALAL}(t) - \frac{\mathrm{d}(a_{ALAL}(t))}{\mathrm{d}t} = (u-r)a_{FAL} + (2u + \varphi^2(t))a_{ALAL}(t) + 1 - k - \frac{1}{4k}a_{FAL}^2 \tag{4-96}$$

$$\rho a_{FAL} = a_{FAL}(r+u) + 2a_{FF}(u-r) - 2(1-k) - \frac{1}{k}a_{FF}a_{FAL} \tag{4-97}$$

由式（4-95）可得

$$a_{FF} = \frac{k}{2}\left\{\sqrt{(\rho - 2r)^2 + 4\left(\frac{1}{k} - 1\right)} - (\rho - 2r)\right\} \tag{4-98}$$

由式（4-97）和式（4-98）可得

$$a_{FAL} = -2a_{FF} \tag{4-99}$$

将式（4-98）代入式（4-96），与式（4-95）相减得到

$$\frac{\mathrm{d}(a_{ALAL}(t))}{\mathrm{d}t} + (2u - \rho + \varphi^2(t))a_{ALAL}(t) = (2u - \rho)a_{FF} \tag{4-100}$$

由式（4-100）解出：

$$a_{ALAL}(t)$$
$$= \exp\left\{-\int_0^t (2u - \rho + \varphi^2(t))\mathrm{d}s\right\}$$
$$\left\{a_{ALAL} + (2u - \rho)a_{FF}(t)\int_0^t \exp\left\{\int_0^s (2u - \rho + \varphi^2(v))\mathrm{d}v\right\}\mathrm{d}s\right\}$$

取

$$a_{\mathrm{ALAL}} = (\rho - 2u)a_{\mathrm{FF}}\int_0^\infty \exp\left\{\int_0^t (2u - \rho + \varphi^2(s))\mathrm{d}s\right\}\mathrm{d}t$$

则

$$a_{\mathrm{ALAL}}(t) = a_{\mathrm{FF}}(\rho - 2u)\int_t^\infty \exp\left\{\int_s^t (\rho - 2u + \varphi^2(v))\mathrm{d}v\right\}\mathrm{d}s$$

因此式（4-92）的解为

$$V(F_t) = a_{\mathrm{FF}}F^2(t) - 2a_{\mathrm{FF}}F(t)\mathrm{AL}(t) + a_{\mathrm{FF}}(\rho - 2u)\mathrm{AL}^2(t)\int_t^\infty \exp\left\{\int_s^t (\rho - 2u + \varphi^2(v))\mathrm{d}v\right\}\mathrm{d}s$$

且

$$\mathrm{SC}^*(t) = \frac{a_{\mathrm{FF}}}{k}(\mathrm{AL}(t) - F(t))$$

引理 4.1

$$\lim_{t\to\infty}\exp\{-pt\}E[a_{\mathrm{ALAL}}(t)\mathrm{AL}^2(t)] = 0$$

引理 4.2

$$\lim_{t\to\infty}\exp\{-pt\}E[F^*(t)\mathrm{AL}(t)] = 0 \qquad （4-101）$$

式（4-100）中，$F^*(t)$ 为最优基金积累，满足方程：

$$\mathrm{d}F^*(t) = \left[\left(r - \frac{a_{\mathrm{FF}}}{k}\right)F^*(t) + \left(\frac{a_{\mathrm{FF}}}{k} + u - r\right)\mathrm{AL}(t)\right]\mathrm{d}t \qquad （4-102）$$

引理 4.3

$$\lim_{t\to\infty}\exp\{-pt\}E[F^{*2}(t)] = 0$$

下面给出定理证明。

证明：

由引理 4.1～引理 4.3 不难看出：

$$\lim_{t\to\infty}\exp\{-pt\}E[V(t,F^*(t),\mathrm{AL}(t))] = 0$$

其中，$F^*(t)$ 为最优累积基金，且 $\mu = \exp\{-\rho t\}V$ 满足：

$$\partial_t\mu + \min_{\mathrm{SC}}\{L^{\mathrm{SC}}\mu + \exp\{-\rho t\}k\mathrm{SC}^2 + \exp\{-\rho t\}(1-k)(F - \mathrm{AL})^2\} = 0$$

即对于任意的 SC，有

$$\partial_t\mu + L^{\mathrm{SC}}\mu + \exp\{-\rho t\}k\mathrm{SC}^2 + \exp\{-\rho t\}(1-k)(F - \mathrm{AL})^2 \geqslant 0$$

根据 Ito 公式可得

$$\mathrm{d}\mu = \partial_t\mu\mathrm{d}t + L^{\mathrm{SC}}\mu\mathrm{d}t + \mu_{\mathrm{AL}}\varphi(t)\mathrm{AL}(t)\mathrm{d}B_t$$

对任意的 $t \leqslant T$，

$$\mu(T) - \mu(t) = \int_t^T (\partial_t\mu + L^{\mathrm{SC}}\mu)\mathrm{d}s + \int_t^T \mu_{\mathrm{AL}}\varphi(t)\mathrm{AL}(t)\mathrm{d}B_s \qquad （4-103）$$

在假设（A4）及 $\mu_{\mathrm{AL}} = \exp\{-\rho t\}[2a_{\mathrm{ALAL}}(t)\mathrm{AL}(t) - 2a_{\mathrm{FF}}F(t)]$ 的条件下，有

$$E\left[\int_t^T \varphi^2(s)\mathrm{AL}^2(s)\mu_{\mathrm{AL}}^2(s)\mathrm{d}s\right] < \infty$$

在式（4-103）两端同时取关于 F_t 的条件期望，可得

$$E[\mu(T)\,|\,F_t] = E\left[\int_t^T (\partial_t\mu + L^{\mathrm{SC}}\mu)\mathrm{d}s\,|\,F_t\right] \geqslant$$
$$-E\left[\int_t^T \exp\{-\rho s\}(k\mathrm{SC}^2 + (1-k)(\mathrm{AL}-F)^2)\mathrm{d}s\,|\,F_t\right]$$

当 $T \to \infty$ 时，

$$\mu(t) \leqslant E\left[\int_t^T \exp\{-\rho s\}(k\mathrm{SC}^2 + (1-k)(\mathrm{AL}-F)^2)\mathrm{d}s\,|\,F_t\right]$$

因此 μ 是最优控制问题［式（4-89）］的值函数，由定理直接可得如下推论：

推论　在假设（A1）～（A5）下，若 $\dfrac{E'(P^2(t))}{E(P^2(t))} = \varphi + 2u$，其中 φ 为正常数，

则最优控制问题［式（4-89）］的值函数为

$$\mu(F_t) = \exp\{-\rho t\}V(F_t) \tag{4-104}$$

式（4-104）中，

$$V(F_t) = a_{\mathrm{FF}}F^2(t) - 2a_{\mathrm{FF}}F(t)\mathrm{AL}(t) + \frac{2u-\rho}{2u-\rho+\varphi}a_{\mathrm{FF}}\mathrm{AL}^2(t)$$

且最优策略为

$$\mathrm{SC}^*(t) = \frac{a_{\mathrm{FF}}}{k}(\mathrm{AL}(t) - F(t))$$

另外，可以看出：

$$E[F^*(t) - \mathrm{AL}(t)] = (F_0 - \mathrm{AL}_0)\exp\left\{\left(r - \frac{a_{\mathrm{FF}}}{k}\right)t\right\}$$

由（A5）可得

$$\frac{a_{\mathrm{FF}}}{k} > r \tag{4-105}$$

若式（4-105）成立，那么基金的期望值将会随着时间的推移收敛到精算负债，并且贡献率也会收敛于正常成本上，也就是说在我们的策略下养老金计划可以达到稳定。

在实际中一般会有 $\rho > r$，那么式（4-105）可以写成：

$$k < \frac{1}{1 + r(\rho - r)}$$

容易看出如果 ρ 增加，也就是说，管理者对短期行为的关注增加，那么就需要减少目标函数中对偿还能力风险的权重，使养老金计划保持稳定。

4. 小结

本节针对确定给付型养老金计划，以最小化偿还能力风险与贡献率风险为目标函数，讨论随机给付下的养老金控制问题。在实际中我们都会假定给付是随机的，但我们不能确定给付受一个什么样的随机因素干扰，因此无论是假定给付为受 Gaussian 变量干扰的随机变量，还是假定给付服从几何布朗运动都不尽合理，而本节的假设是较为宽松合理的。

新农保的任何一个环节都构成了待遇给付的风险链条，并最终反映到新农保的待遇支付能力上。所以，待遇给付风险的防范并不单纯在于最后的待遇给付环节，它可能存在于制度设计环节，也可能由制度运行中的操作风险、道德风险引发而来。因此，待遇给付风险的化解需要新农保体系相关各方的共同努力与合作。

大体而言，在前述策略之外，还应加大新农保信息公开力度，防止某些个人或团体利用信息优势或体制漏洞来获取不正当利益；加大经办管理机构的经费投入，提升经办业务水平，加强经办流程的规范性和操作的科学性；加强体制建设、加大惩处力度、提升违规机会成本，通过各种途径斩断待遇给付风险的传播链条。

4.7　本 章 小 结

本章从风险识别、风险评估、风险控制、风险管理评价几个方面对新农保的风险管理问题进行了系统研究。新农保风险管理的基本目标是尽量减少制度实际运行效果相对于预期结果的负偏离，实现制度的预期目标，使有限的农村社会养老资源实现养老效用最大化。依据相互牵制原则、成本效益原则、整体结构原则、协调与效率原则、前瞻性原则及重要性原则对新农保制度进行风险管理。

（1）在风险识别过程中，根据第 2 章从微观层面保障水平和宏观层面可持续发展建立了包括新农保制度设计风险、筹资风险、管理风险、给付风险 4 个一级指标；养老金替代率风险、养老金贡献率风险、养老金适度性风险、个人账户计发系数风险、城乡居民养老保险协调风险、财政筹资风险、集体筹资风险、个人筹资风险、基金投资风险、基金决策风险、待遇领取方风险及待遇给付方风险 12 个二级指标的核心风险指标体系。通过 AHP 确定指标权重，采用 FCE 的方法构建风险控制 FCE 模型。

（2）针对新农保制度设计风险及新农保筹资风险的评估与控制，利用第 2 章精算指标进行评估，并通过指标的动态调整实现风险的有效控制。

（3）针对新农保基金管理风险的评估与控制，第 3 章给出了在基金多元化投资过程中，利用贝叶斯方法、罚函数理论、随机规划等方法实现风险管理；在此基础上，本章对新农保管理过程中委托-代理问题的风险进行评估和控制。养老金未来多元化投资应采用政府委托专业金融机构进行间接运营管理。由于主体间利益目标不一致，信息不对称进而产生委托-代理风险，可通过构建委托-代理激励机制优化模型进行风险控制。

（4）针对新农保给付风险的评估与控制，一方面，考虑农村养老保险领取养老金问题，可视为保险公司索赔问题，研究了基于风险控制的破产问题和涉及一个类型的主索赔和两种类型的副索赔，即一般风险模型带有延迟索赔的扩展风险模型。另一方面，考虑连续时间情形下给付确定型养老金模型的最优控制问题。在养老金给付期望为指数增长，目标函数为最小化贡献率风险和偿付能力风险线性组合的假设下，即在给付已知的情形下如何确定合理的缴费率使得政府承担的风险最小，得到了无风险投资时的最优贡献率和最小风险。

第5章　新农保可持续发展研究

前几章从理论层面构建新农保可持续发展的精算指标，从新农保制度设计、筹资风险、基金管理及给付风险进行了风险控制。本章将结合精算指标和新农保实际实施效果，进一步探究新农保可持续发展问题。新农保可持续发展问题在国内已成为热门研究话题，很多学者对新农保的改革研究、政策效果分析、可持续性分析、可持续性保险体系数学模型、若干制约因素、亟须解决的问题等多角度进行了研究，并取得重大突破；国外学者对可持续养老保险也取得可喜的成果，均为我国新农保政策推行实践提供非常重要的理论依据与建议[90-136]。本章将从政府补贴、集体补助、个人缴费三个方面进行新农保资金筹集的可持续发展研究，采用问卷调查的形式分析养老金需求的关键因素；将农户是否参加新农保和缴费金额纳入同一分析框架，通过构建 Heckman 两阶段模型对农户新农保参保概率以及缴费金额的影响因素进行实证分析，并据此探讨中国新农保制度的可持续性问题；根据新农保基金收支平衡，建立可持续发展的收支平衡模型，并通过设定的变量和各个参数在建立的模型中进行应用，模拟河北省 2015～2035 年新农保基金收支平衡的发展状况。

5.1　新农保资金筹集的可持续性研究

新农保资金是支撑新农保制度实施的物质基础，是确保新农保制度能够健康运行的关键。为了使新农保可以持续发展，必须保证新农保资金来源的稳定和持续。老农保所采取的缴费方式是主要靠农民自己缴费，这在本质上属于自我储蓄的缴费模式；新农保则不然，主要采取个人缴费、集体补助以及政府补贴三者结合的缴费模式，将筹资渠道扩展为三个。所以，新农保的资金筹集必须保证以下三点：第一，各级政府财政支持的资金足额到位；第二，村集体对本村参保农民尽可能地给予持续的资金补助；第三，参保农民自身持续缴纳参保费用。本章从政府补贴、集体补助、个人缴费的筹资渠道的角度，分别分析新农保资金筹集的可持续性。

5.1.1　政府补贴

为了有效推行新农保的实施和发展，在新农保缴费环节和给付环节，国家政府均给予了相应的政策支持，提供财政资金补助。农村经济环境需要从根本上改变城乡整体经济结构，逐步缩小城乡发展现状之间的差距，利用财政转移支付等手段提供物质保障。

（1）为了全面发展农村，应增大政府公共财政收入的比例。

加快建立健全公共财政、农村保障机制，加大公共基础设施投资相结合。相关部门应协助金融部门，合理规划募集资金的管理、配送、金融宏观调控政策，发挥财政措施来支持农业的实施作用。

（2）深度调整和优化政府支农财政资金结构。

重点解决不成熟的公共农业财务混乱的问题，进一步整合制定更科学合理的农业支持和发展的政策，最大限度地发挥支农资金的公共资金支持的作用，突出金融资源分配的重点，积极响应国家减贫的要求。同时确保支农惠农和政府补贴的到位执行，真正解决农民需要解决的问题。

（3）加强支农资金的监督和管理。

严格按照程序和政策执行财政资金的分配。在预算管理上，须严格按照预算制度，规范预算编制，强化预算约束功能，充分发挥财政预算的执行效果。实行项目责任负责制，明确各级财政部门及其相关部门分工协作的领域和监管责任，重点监管支农财政资金的用途，以及做好其他相关监管工作。这样的做法能够确保财政支农资金支持对农村地区社会经济发展的促进效果，保证了支农资金对农村地区经济的持续发展起到的带动作用，对新农保的持续稳定发展奠定了坚实的基础。

5.1.2　集体补助

国务院发布的《指导意见》规定，"有条件的村集体应当对参保人缴费给予补助，补助标准由村民委员会召开村民会议民主确定"。集体补助并不是硬性规定，补助与否、多补或少补的问题，全权由村集体根据自身当年的财务状况来确定。因此，集体补助作为资金筹集主要渠道之一，仍存在很多问题。

1. 集体经济日趋薄弱

根据当前我国农村地区整体发展状况可知，我国大部分地区的农村集体经济在很长一段时间里普遍存在着底子薄、发展势头低迷的问题。伴随着中国农民人均纯收入的普遍提高，相反，一部分农村的集体经济呈现日趋薄弱的态势，集体经济积累水平下降。尤其是我国中西部某些经济欠发达地区，集体经济薄弱不堪。

2. 补助不具有强制性

由于新农保的实际运行中，集体补助的资金并不是强制性要求，上述经济基础差的村集体，无力对个人农保进行缴费补助，相当于不存在集体补助的资金来源。同时，由于集体补助的非强制性，政府对集体补助也不具有激励机制，这必然会导致集体补助缺乏动力和积极性，为村集体逃避补助责任留下了制度漏洞。因此，在全国绝大部分农村地区，集体筹资的可持续性风险巨大。

3. 区域发展不平衡

由于全国各省份的经济水平不同，集体补助政策也各不相同。审计署对全国各省的政策落实调查数据显示，除东部经济发达地区及少部分经济富裕的农村（如城乡结合部的农村）外，其余比例占总数的绝大部分的农村地区，集体经济实力薄弱，难以达到规定的集体补助标准。

4. 过于依赖企业筹资

自改革开放以来，我国乡镇企业飞速发展，早已成为支撑农村经济最坚实的支柱。但其发展的区域不平衡性非常明显，呈现出东部地区繁荣、中西部地区落后的特征。同时，企业的利润高低具有很强的不确定性，很难作为覆盖全国的新农保政策实施长期依赖的筹资方式。

如果没有企业支持，新农保资金就相当于由个人和政府两者负担。长此以往，新农保资金必然严重不足，农民的参保积极性也会受到影响，这将会是新农保制度持续稳定发展路上的艰巨挑战。

5.1.3　个人缴费

近些年来，农民收入不断增长，农民的纯收入也在逐年增加，但是我国国民经济的整体发展速度相对低缓。我国的农作物生产结构仍然以主要的粮食作物为主，大部分地区的农业生产出现了供大于求的现象，再加上持续快速上涨的价格指数相对地降低农民人均收入，完全依赖于农业生产取得收入的家庭，提高相对收入比较困难。虽然现在的农民正在享受各种粮食和政府补贴，农业收入或许只是为了满足农民的基本消费，其中包括教育、医疗、住房等方面的支出更是占到了大多数，但除此之外的消费剩余少之又少。故对一些农村低收入家庭来说，很难完成新农保的参保缴费。由于大部分农民参加新农保的支付水平和能力不尽相同，他们对新农保的需求程度存在着很大的差异。新农保政策是否能获得广大农民的认可和积极的响应，将直接影响新农保的资金筹集和政策的可持续发展。

1. 模型分析

本节以河北省为例，以河北省农村社会养老保险作为研究对象，研究其需求并设计指标进行抽样调查，建立 Logistic 模型进行实证分析。通过分析发现，年龄、对养老保险的了解程度、养老支出、是否担心养老问题与养老需求呈显著正相关，而家庭子女数与养老需求呈显著负相关。根据这个结论，提出了完善新农保的建议。

2. 样本与调查说明

本次调查的目的是了解居民对河北省养老保险的需求状况、参保情况及相关问题的看法，调查内容包括被调查对象的情况、他们对养老保险的态度和了解程度、参保情况、满意度 4 个方面，问卷见附表 9。调查地点为河北省的 10 个地区，调查时间为 2015 年 7～8 月，调查方法采取网络问卷调查的方式。调查中总计收回问卷 243 份，其中有效问卷 240 份。问卷中部分问题采取了多项选择的方式，为了较准确全面地反映被调查者的真实情况，本节对每一项进行加总，然后按加总数计算其所占比例。

1）调查对象的基本情况

本次对河北省农民进行了广泛调研，调查对象的基本情况如表 5-1 所示。

表 5-1　被调查农民基本情况

居民特征	特征描述	人数/人	比例/%
性别	男性	110	45.83
	女性	130	54.17
年龄	18～30 岁	160	66.67
	31～40 岁	10	4.17
	41～50 岁	50	20.83
	51～60 岁	10	4.17
	60 岁以上	10	4.17
文化程度	初学及以下	10	4.17
	高中	40	16.67
	中专	20	8.33
	大专及大专以上	170	70.83
家庭年收入水平	1 万元以下	60	25.00
	1 万～2 万元	10	4.17
	2 万～3 万元	50	20.83
	3 万～4 万元	40	16.67
	4 万～5 万元	10	4.17
	5 万元以上	70	29.17

由表 5-1 可知，本次调查涉及不同性别、不同年龄、不同文化程度和不同家庭年收入水平的农户，选取的样本具有较强的代表性，能够比较全面地反映农民对新农保的需求状况、参保情况及相关问题的看法。

2）居民对新型农村社会养老保险的认识情况

（1）居民对新型农村社会养老保险的了解程度普遍偏低。当问到"您对新型农村社会养老保险政策是否了解？"时，回答"非常了解"的占8.33%，"比较了解"的占12.50%，"了解一点"的占54.17%，"不了解"的占25.00%。可知，居民对养老保险了解程度普遍偏低，仅仅"了解一点"的居民占一半以上。

（2）朋友介绍和网络、电视是居民了解养老保险的主要途径。由表5-2可知，多数人是通过朋友介绍和网络、电视了解养老保险的，而相关人员介绍只占到9.52%。由此可见，朋友介绍和网络、电视这两种传播途径在养老保险推广过程中发挥重要的作用。虽然相关人员介绍既能保证信息的时效性又能保证其准确性，但是人们对相关人员的认可度不高，人们更愿相信身边的朋友，所以一定要做好老客户的售后服务，为老客户提供高质量的产品，使老客户满意，从而带动新客户投保。

表5-2　人们了解养老保险的途径

途径	被选次数/次	比例/%
干部宣传	30	7.14
网络、电视	80	19.05
报纸杂志	70	16.67
相关人员介绍	40	9.52
朋友介绍	170	40.48
其他	30	7.14

（3）子女养老、自己存钱养老及参加农村社会养老保险是居民的主要养老方式。

当问到"您担心自己未来的养老问题吗？"时，只有8.33%的被调查者回答"很担心"，而回答"不担心"的达到25.93%，其余65.74%的被调查者回答"一般"。为进一步了解人们的养老问题，问卷中设置了"如果让您选择养老方式，您会如何选择（可多选）？"一题。由表5-3可知，"子女养老"、"自己存钱养老"及"参加农村社会养老保险"是人们选择的主要养老方式。调查显示，虽然人们仍然比较相信传统的家庭养老，但是已经对养老保险给予了关注。

表5-3　人们养老方式的选择结果

养老方式	被选次数/次	比例/%
子女养老	80	26.67
自己存钱养老	70	23.33
参加农村社会养老保险	90	30.00
参加商业保险	50	16.67
等老了再想办法	10	3.33

3）人们的参保情况

当问到"您是否参加了新型农村社会养老保险？"时，220 人回答"是"，20 人回答"否"。可见，虽然大多数人对新型农村社会养老保险给予了关注，但是还有一些人没有购买，持观望态度。对于没有购买的原因在调查问卷中设置了三个选项，分别为认为没有必要、担心未来领取风险、办理手续麻烦。调查结果显示担心未来领取风险是没有购买新型农村社会养老保险的主要原因。

3. 指标选取与建模

1）年龄

一般情况下人们的年龄越大，越关注养老问题，并且随着家庭子女数的减少，养儿防老的时代已成为过去，人们转向其他的养老方式，增加了养老需求。而社会上的其他养老方式都处于不断发展完善的阶段，年龄较大的人群的选择相对较为保守，养老保险将对他们形成很大的吸引力。而年龄越小的人群，距离养老问题越远，对养老的了解少，关注也少，并且他们往往具有更强的冒险和接受新事物的精神，对养老的需求小，即使考虑到养老，也很有可能选择一些比养老保险更为新鲜的养老方式，从而有可能会影响到其对养老保险的需求。

2）文化水平

人们的文化素质、思想观念和价值观，以及对新事物的接受程度和速度，都受到文化教育水平的影响，这也包括人们对养老保险的认识和参保的积极性。随着社会经济的发展，农民的整体文化水平和本身素质也在不断提高，这也将影响他们对于养老保险的积极性。

3）家庭子女数

中国传统家庭文化中，大多信任养儿防老的家庭养老模式。家庭养老的基本方式是父母养育儿女，儿女长大赡养父母。从历史来看，这种养老方式是可行的。而国家的独生子女政策使得"四二一"的家庭结构愈加明显，形成一对夫妇需同时赡养四个老年人、抚养一个孩子的结构。这给劳动人口供养造成很大的压力，传统方式受到了威胁。现代社会人口老龄化和社会生活节奏加快、社会压力增加，快节奏的生活和工作让子女的压力倍增，人们也逐渐意识到这种养老模式的弊端，寻求其他的养老模式逐渐成为主旋律。对比投资养老、以房养老，需要更少投入，获得更稳定收益的养老保险将会受到更多人的青睐。转移养老风险和压力，不仅是老人的需求，更成为全社会关注的热点，因此，养老保险的需求将会日益增强。

4）年收入水平

经济学中一个简单的道理，是有钱了才有可能花钱，所以对应的增加人们消费的对策是让人们赚更多的钱，对于新农保这一消费品也是一样的。农村地区经济相对落后，农民收入水平普遍较低，而且由于收入有限，很少有人顾及自己的养老问题。农民没有能力支付或者支付能力过弱，因此缴费时也大多选择最低的缴费标准，甚至有些干脆选择不参加新农保，从而造成养老金待遇低，也进一步影响了农民参保的积极性。事实证明，收入提高会增加人们的保险需求。

5）对养老保险的了解程度

农村人口对养老保险的认识水平直接作用于农民对新农保的态度和参与的积极性，若没有正确的认识，很多农民会对新农保存在偏见，甚至放弃参保，以至于影响新农保政策的长期实施。政府对新农保政策的宣传途径少且形式单一，使得农民了解到的新农保的强制性多于其优越感，这非常不利于提高人们的参保积极性。随着人们加大对养老保险的认识、了解到养老保险的好处，参加养老保险的积极性会增加，养老保险的需求将会随之加大。

6）是否担心养老问题

人们越担心自己的养老问题，就越会想办法去解决养老问题，他们会比其他人更早地认识养老保险，从而增加养老保险需求。相反，如果人们不担心自己的养老问题，就不会关心养老保险商品，从而对养老保险的需求也随之减少。

7）目前老年人每年的养老支出

随着人们生活水平的提高，社会人口老龄化问题日益严峻，患病率和伤残率也在上升，这些因素在一定程度上使得养老的费用增加，然而年龄增长一定阶段后收入会逐渐减少，这样收支的不平衡性加剧，负担和压力随之而来。因此，人们开始更加关注养老问题并把养老保险作为规避上述风险的一种方式，养老保险的需求也将相应增强。

4. 模型建立

本节采用 Logistic 回归模型，以是否已经购买保险（Y）作为模型的被解释变量，该变量表示对养老保险的需求；以年龄（X_1）、文化水平（X_2）、家庭子女数（X_3）、年收入水平（X_4）、对养老保险的了解程度（X_5）、是否担心养老问题（X_6）及目前老年人每年的养老支出（X_7）作为解释变量，这 7 个变量是影响农村养老保险需求的主要因素。C 为常数项，μ 为随机误差项，建立的经济计量模型如下：

$$Y = \alpha_1 X_1 + \alpha_2 X_2 + \alpha_3 X_3 + \alpha_4 X_4 + \alpha_5 X_5 + \alpha_6 X_6 + \alpha_7 X_7 + C + \mu \qquad (5\text{-}1)$$

在收回的有效调查问卷中，将相对应的被解释变量和 6 个解释变量进行分别赋值。当对被解释变量"是否已经购买保险（Y）"进行赋值时，如果答案为"是"，赋值 1，若答"否"，赋值 0；对解释变量"年龄（X_1）"进行如下赋值："18 岁以下"，赋值 1；"18～30 岁"，赋值 2；"31～40 岁"，赋值 3；"41～50 岁"，赋值 4；"51～60 岁"，赋值 5；"60 岁以上"，赋值 6。对于其他变量的赋值与以上变量相类似。经过整理有效的调查问卷，利用统计分析的基本原理，取得 Logistic 回归分析的相关原始数据。

5. 实证结果与分析

根据上述各变量的实际数据，利用 EViews8.0 统计软件对模型进行 Logistic 回归分析，其结果如表 5-4 所示。

表 5-4　模型回归结果

变量	系数	标准差	t 统计量	概率
X_1	0.076	0.017	4.432	0.000
X_2	0.028	0.020	1.365	0.174
X_3	−0.084	0.016	−5.417	0.000
X_4	0.012	0.010	1.256	0.211
X_5	−0.061	0.024	−2.566	0.011
X_6	−0.097	0.027	−3.553	0.001
X_7	0.078	0.018	4.285	0.000
C	0.087	0.177	0.492	0.623
拟合度	0.309	因变量均值		0.083
修正的拟合度	0.288	因变量标准差		0.277
回归标准误差	0.234	AIC 标准差		−0.036
残差平方和	12.676	Schwarz 标准值		0.080
对数似然比	12.369	Hannan-Quinn 标准值		0.010
F 统计量	14.793	Durbin-Watson 标准值		2.024
F 统计量概率	0.000			

$$Y = 0.076X_1 + 0.028X_2 - 0.084X_3 + 0.012X_4 - 0.061X_5 - 0.097X_6 + 0.078X_7 + 0.087$$

$$\tag{5-2}$$

$$(4.432)\quad(1.365)\quad(-5.417)\quad(1.256)\quad(-2.566)\quad(-3.553)\quad(4.285)\quad(0.492)$$

$$R^2 = 0.309，\quad F = 14.793，\quad DW = 2.024$$

从表 5-4 模型回归结果可以看出：变量 X_1、X_3、X_6、X_7 均在 1%水平上显著；X_5 在 5%水平上显著，通过 F 统计量和杜宾检验模型通过检验。

（1）年龄（X_1）在回归为 1%的水平上显著，且系数为正，说明年龄是影响人们关注养老，增加养老需求的一个显著的正影响因素。年龄越大，越关注养老问题，而随着家庭子女数的减少，养儿防老的时代已成为过去，人们从家庭养老的模式逐渐转为其他的养老方式，从而增加养老保险需求。

（2）文化水平（X_2）没有通过检验，说明它与人们对养老的需求影响并不是很大。由于人们文化水平的提高，对于新鲜事物的接受能力也会增加，不仅对保险产品的理解力增强了，除了养老保险以外，也有可能会接触到其他一些新兴养老模式，如金融投资理财养老、以房养老等。因此，文化水平的变化对于人们对养老的需求程度的影响并不十分明显。

（3）家庭子女数（X_3）在1%水平上显著且系数为负，说明其对于人们的养老观念的转变和对养老保险的需求程度有着非常重要的影响。由于我国计划生育政策的推广实施和生育、教育成本的增加，近年来我国家庭的子女数大幅减少，生育率呈现下降趋势。因此，传统家庭模式下的养儿防老观念和家庭养老模式都受到了极大冲击，人们对于其他养老模式的需求日益增加，最普遍的社会养老保险便成为人们关注的首选。

（4）年收入水平（X_4）没有通过检验，说明居民年收入的高低可能会影响到其生活消费等，但对于养老保险需求的影响并不大。对于年收入高的家庭来说，他们有充裕的资金可以保障自己晚年的生活，对于低收入的家庭来说，眼前的温饱问题和其他现实的生活消费比未来养老保险的需求更重要。

（5）对养老保险的了解程度（X_5）和是否担心养老问题（X_6）分别在5%和1%的水平上显著且系数为负，人们十分担心自己的养老问题，促使其很早便接触了各种养老方式，对各种养老保险都很熟悉，所以往往已经参与养老保险或者购买了商业养老保险。新出台的新农保政策对于他们就没有太大的吸引力。人们对新农保的认识、了解和认可的加深，将会大大增加人们对它的需求。

（6）目前老年人每年养老支出（X_7）在1%水平上显著且系数为正，当养老支出在人们的消费支出中占比越高时，说明他们越关注养老问题，对养老金投入的增加会使人们对于具有稳定性强、持续程度高且风险系数小的养老保险更加青睐。对比于其他高投资的养老方式来说，人们选择养老保险，对于当前的支出不会造成更大的压力，同时也为未来的养老需求提供了保障。

5.1.4 政策建议

1. 加强宣传教育

新农保作为一项和之前养老保险不同的新生事物，要完全被农民了解还需要一些时间。另外农村地区经济文化相对落后，消息相对闭塞，农民意识比较传统。因此，要加大对新农保的宣传力度，拓宽宣传渠道，创新宣传方式，让农民能够真正了解新农保的惠民政策本质所在。在宣传内容上要细致化，用通俗易懂的语言和方式让农民了解到新农保资金来源、养老金的发放标准及计算方式等，打消农民的参保疑虑，增加参保的积极性和热情。这有利于新农保政策的长期推广和实施。

2. 发展农村经济

大力发展乡村经济，为农民搭建更多增收平台，这是筹资的关键所在。只有农民的整体收入水平提高了，才能使农民的参保积极性被调动起来。农民收入水平的提高可以有效改善农民的生活质量，更为农民参保能力的提高提供物质基础。因此，政府不仅需要加大对农业的支持和保护力度，还需要加大财政对农村和农民的投入力度。对特色的现代农业进行大力的发展，设立生态观光园，完善粮食生产结构，支持农产品的深加工，提升粮食综合效益，加大科技对农产品的投入，以提高农产品的市场竞争力，促进农村经济发展，增加农民收入。

3. 落实集体补助

集体补助是新农保基金筹集过程中不容忽视的部分，现在很多农村是没有集体收入的，再加上不同地区经济水平不同，这部分基金是很难具体得到落实的。有些地区虽然有一定的地区收入，但也不一定乐意补贴到农民头上，可能用于其他的建设支出。这样就增加了中央财政的负担。所以，在集体基金保障方面要做的是鼓励和加强集体经济的发展，逐步去拓展这条发展道路，增强集体经济的"造血机制"，确保集体补助部分得到落实。

4. 完善基础设施

现在新农保的经办机构缺乏较为先进和完善的设施，相应的办公人员的专业素质还没有达到一个统一的标准。需要加强这些经办机构的设备配置及更新，并且对人员进行严格的选拔和培训。在进行设备完善和人员培训的过程中，必须制定相应的制度和政策，来提高经办机构的办公能力。在开展具体工作中要注意完善经办机构的人员编制及管理人员的选拔与培训，加强员工的道德素养，提高整体的业务能力水平。通过政策和制度的保障与实施逐步提高办公人员的服务水平和业务能力，不断实现业务流程管理标准化，提高业务办理的效率。另外还要加强基层业务人员的培训，让他们深入广大农民群众中，去了解农民的需求，从而更好地开展新农保工作。

5. 扶持农村社会化养老服务业的发展

社会化养老服务业在农村地区的产生和发展必然能促进农村养老服务业走向更加专业化和规模化的道路，政府可以支持社保经办机构进行积极的探索，将养老保险金待遇和社会养老有机结合起来，提高服务质量，解决农村地区居民的养老问题。例如，发展新型居家式的养老模式，建立家庭、社区和政府三者的密切联系，从根本上解决老年人的养老问题。这种养老模式使社区在养老中发挥基础性作用，社区为养老提供医疗支撑体系、家政服务体系、生活服务体系以及老年娱乐体系。这一体系可以适应社会的发展，解决"四二一"存在的问题，使城乡居民对未来养老充满信心。

本小节从新农保资金筹集的可持续性方面进行分析，分别从政府补贴、集体补助和个人缴费三个方面进行分析研究，并以河北省农民为例，利用调研数据，建立 Logistic 统计回归模型，对影响农民对新农保的需求程度的因素进行了分析。最后，对促进新农保资金筹集的可持续性提出了相关政策建议。

5.2　新农保制度效应及微观视角的可持续性研究

农户作为新农保制度的一个重要参与主体，其参保和缴费行为直接影响新农保制度的持续实施。当前农户新农保的参保和缴费情况如何？影响农户持续参保和缴费的主要因素有哪些？如何完善新农保制度设计来促进农户的持续参保和缴费？本节基于微观视角进一步探讨了新农保制度的可持续性。本节的研究目标是在我国新农保试点工作实施逐渐深入的背景下，探讨新农保政策的实施产生的收入再分配效应和社会福利效应，科学评价新农保制度对农村老人的劳动力供给效应，探究农户新农保参保和缴费行为及其影响机理，以期为政府对新农保制度的改进和完善、推动其持续实施提供实证依据[136]。

5.2.1　新农保的社会福利效应分析

通过对新农保的筹资机制以及养老金发放方式进行分析后可以发现，新农保缴费时既强调个人负担又涉及政府补贴，养老金既包括个人账户部分又有公共财政承担的部分，因此可认为新农保也是一种综合现收现付和完全积累特点的部分积累制。

1. 新农保补贴政策的社会福利效应分析

新农保与以往农村养老保险制度的一个主要区别就是明确了各级政府的财政责任，实行个人缴费、集体补助、政府补贴相结合的筹资办法，中央财政对养老金给付环节给予补贴，地方政府财政对农民缴费和养老金给付环节均实行补贴。对广大农户而言，补贴政策对于福利的改善肯定具有积极作用，而农户对新农保的需求弹性具有不确定性，导致新农保对于社会福利的影响亦具有不确定性。本书从供给和需求的角度将对新农保的社会福利效应进行探讨。

对于新农保而言，农户是否参保的决策必然受缴费收益的影响，由于参加新农保需要一定的缴费支出，因此我们可以把新农保看作具有一定"价格"的商品，农户对新农保的需求与"价格"呈负相关。如图 5-1 所示，新农保的需求曲线为 D，分别与横轴和纵轴相交于 Q_0 点和 P_0 点。此外，新农保是一种由政府提供的社会保障制度，其供给行为处于规模报酬不变的状态，因而其供给曲线是一条水平的直线，如图 5-1 所示的直线 S_1，与纵轴相交于 P_1 点，即农户参保的"价格"。供给曲线 S_1 与需求曲线 D 的交点 K_1，即新农保的需求与供给达到均衡时的状态。

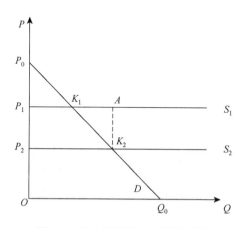

图 5-1　新农保的需求和供给曲线

当政府实行补贴政策时，对于农户而言，可以较低地投入参加新农保，相当于降低了新农保的"价格"，即供给曲线由 S_1 变为 S_2，S_2 与纵轴的交点为 P_2，政府补贴使农户参加新农保的成本降低了 P_1P_2。

2. 新农保不同补贴模式的经济效应分析

通常来讲，根据政府对新农保缴费环节和养老金待遇领取环节补贴方式的不同可以分"入口补贴"和"出口补贴"，所谓"入口补贴"，就是在农民参保缴费环节给予财政补助；所谓"出口补贴"，就是在新农保养老金支付环节给予财政补助。

入口补贴可能产生的正面效应主要包括：①能够对农民的参保缴费产生一定的激励作用。入口补贴是一种即时补贴，只要农民参保缴费，政府便立即给予一定的补贴，并且随个人缴费一起计入个人账户，由此可激发农民参保和缴费的积极性，从而有利于提高新农保的参保率。②能够间接提高新农保的保障水平。地方政府对农民个人缴费进行补贴，相当于间接提高了参保人的缴费金额，从而增加了参保人个人账户的基金积累，在其他条件不变的情况下，入口补贴提高了参保人到老年时新农保的保障水平。③具有刺激农民消费，促进经济增长的作用。入口补贴增加了新农保个人账户的基金积累，提高了新农保的保障水平，降低了对未来养老保障不确定性的风险，使得农民敢于把储蓄转化为投资和消费，从而促进经济增长。

出口补贴可能产生的正面效应主要包括：①能够直接提高新农保的养老保障水平。出口补贴直接增加了参保人每月领取的养老金数额，养老金是发放时由当年政府财政支出的，其名义价值与实际价值基本相符。②与入口补贴相比，出口补贴能够缓解基金的保值增值的压力。出口补贴是在领取养老金时直接发放，新农保用来支付基础养老金的财政收入储存时间很短暂，具有现收现付的性质，没有巨额储备金，可避免因通货膨胀等因素而导致基金贬值的风险。③基础养老金补贴标准相同，体现了新农保的公平性和普惠性。

3. 社会养老保险的收入再分配效应

养老保险制度最大的作用是为老年人的生活质量提供保障，在制度中可采取强制储蓄的方式规避风险，同时还可以通过现收现付制的融资方式实现代际收入再分配，甚至还通过对不同群体实行不同的养老保险缴费率或养老金计发办法来实现代际内的收入再分配。具体来说，就是让相对富裕的人群承担更多保费，贫困人群承担较低保费，富裕人群所承担保费的一部分用于支付贫困人群的养老金。另外，用政府的财政税收来普遍支付养老金也是一种收入再分配。通常针对富裕人群采取累进税政策，让其缴纳更多的税金，可在一定程度上缩小整个社会的经济差距，这将有助于社会稳定。同时，互助共济既有同代的，也有代际的。

社会养老保险制度的收入再分配具体表现在以下领域：①代际收入再分配。其中包括两代人乃至多代人之间的收入再分配，实质是老年人与年轻人之间的收入再分配。通常认为，现收现付制养老保险是这种代际收入再分配的典型方式。②富裕者阶层与贫困者阶层之间的收入再分配。将社会养老保险与低保等其他社会保障制度衔接和配套使用是体现这种收入再分配的具体方式。③经济发达地区与经济落后地区之间的收入再分配。中央政府的地区间转移支付和差别补贴政策是体现这种收入再分配的具体方式。④劳动者自身生命周期内的收入再分配。即劳动者的劳动期与非劳动期之间的收入再分配。基金积累制的社会养老保险筹资模式是体现这种收入再分配的典型方式。

5.2.2　农户新农保参保和缴费行为分析

根据"经济人"假设，人的行为以理性为基础，即以追求个人利益、满足个人利益最大化为基本动机。新农保虽然是以个人参保的形式，但是在农村社会，家庭是最基本的生产和生活单位，农户作为"理性经济人"，在其做新农保参保决策时，是否参保以及选择何种缴费档次，是农户在结合家庭情况、衡量各种因素后以家庭效用最大化为目标而做出的理性选择。对农户来说，新农保的参保交易费用较低，因此，只有当参保的预期收入大于参保支出，农户才会选择参保，并根据家庭资源禀赋情况选择合理的缴费档次。而对于新农保投保预期收益的考量，需要进行一系列复杂的成本和收益的计算，因而不同知识水平农户的理解和认知可能存在一定的差异。就当前大多数农户而言，户主在家庭决策中占主导地位，因而户主的意见可能对家庭的参保决策产生影响。在这种情况下，户主的文化程度可能影响其对新农保投保预期收益的判断，进而影响家庭新农保的参保决策。

5.2.3　基于微观视角的新农保制度可持续性分析

就新农保制度而言，农户是重要的参与主体，因此农户的参保和缴费情况直接决定了新农保制度能否持续实施。从老农保不够成功的原因来看，其中一个重要的方面就是农户的参与度不够。因此，本节在讨论新农保制度的可持续性时，重点从微观视角来研究农户新农保参保和缴费行为，并试图找到影响其持续参保和缴费的关键因素。新农保在强调国家对农民"老有所养"承担责任的同时，依然鼓励农民对养老金进行自我积累，并且鼓励农户选择高缴费档次。并且如果广大农户长期选择低缴费档次，也会对新农保基金的保值增值和养老金的发放造成压力，同样会影响新农保制度的可持续性。在这种情况下，在了解农户是否参加新农保及其影响因素的基础上，进一步探究农户新农保缴费行为的影响机理，对于探讨新农保制度的可持续性更具现实意义。

1. 农户新农保参保和缴费行为的模型设定

农户新农保参保行为实际上是两个行为决策过程的有机结合。第一个行为决策是农户决定是否参加新农保，第二个行为决策是农户决定参加新农保的缴费金额。如果数据中存在较多新农保支出为零的样本，而在实证分析中剔除这些样本，用普通最小二乘法进行估计，将会导致样本选择性偏误；如果包含这些样本，忽略是否参加新农保以及新农保缴费金额这两种决策的差异，同样也会导致估计偏误。目前研究这类决策行为最常用的方法是 Heckman 两阶段模型。若农户是否参加新农保的 Probit 模型的残差符合正态分布，则满足 Heckman 两阶段模型应用中误差项必须是正态分布的前提假设。具体而言，本书将农户的新农保参保行为分成如下两个阶段：第一阶段，利用所有观测数据，对农户是否发生了新农保支出采用二值 Probit 模型来分析。农户是否发生新农保支出的决策可用如下新农保参与方程来表示：

$$p_i^* = Z_i\gamma + u_i$$
$$\begin{cases} p_i = 1, & \text{如果} Z_i\gamma + u_i > 0 \\ p_i = 0, & \text{如果} Z_i\gamma + u_i \leqslant 0 \end{cases} \tag{5-3}$$

式中，p_i^* 为农户新农保支出行为发生的概率，它可以由一系列因素解释，如果农户发生了新农保支出行为，则 $p_i = 1$，否则 $p_i = 0$；Z_i 为解释变量；γ 为待估系数；u_i 为随机扰动项。

考虑到在最小二乘法估计中可能存在样本选择性偏误，所以，需要计算得到逆米尔斯比率（inverse Mills ratio）λ，作为第二阶段的修正参数。λ 由下式获得：

$$\lambda = \frac{\phi(Z_i\gamma / \sigma_0)}{\varPhi(Z_i\gamma / \sigma_0)} \tag{5-4}$$

式中，$\phi(Z_i\gamma / \sigma_0)$ 为标准正态分布的密度函数；$\varPhi(Z_i\gamma / \sigma_0)$ 为相应的累积密度函数。第二阶段，选择 $p_i = 1$ 的样本，利用最小二乘法对方程进行估计，并将 λ 作为方程的一个额外变量纠正样本选择性偏误，即

$$\ln y_i = X_i\beta + \lambda\alpha + \eta_i \tag{5-5}$$

式中，$\ln y_i$ 为第二阶段的被解释变量，即农户参加新农保缴费金额的对数值；α、β 为待估系数。如果系数 α 通过了显著性检验，则选择性偏误是存在的，表示 Heckman 两阶段估计方法对于纠正样本选择性偏误有明显的效果，因此，采用 Heckman 备择模型是合适的。这样，通过式（5-4）计算得出的 λ 值将农户的两个原本有联系的决策阶段用模型很好地反映出来了。

此外，Heckman 两阶段模型要求 X_i 是 Z_i 的一个严格子集。这包含两层含义：一方面，式（5-5）中作为解释变量出现的任何一个元素，也应该是式（5-3）中的一个解释变量，即任何一个 X_i 都是 Z_i 的一个元素；另一方面，Z_i 中至少有一个元素不在 X_i 中，即应该至少存在一个影响农户是否发生新农保支出行为但对 $\ln y_i$ 没有偏效应的变量。

2. 变量选择及数据说明

基于以上理论分析和实证分析模型的要求，农户的新农保参保和缴费行为主要受到家庭经济条件和家庭成员结构等因素的影响，故选取以下三类变量。

（1）家庭经济特征变量。除了家庭总收入和住房原值这两个变量外，加上户主外出务工收入这一变量。其主要原因是，目前农户在做决策时，户主的意见往往起着举足轻重的作用。由于户主进城务工，并且工作类型不同，可能影响其养老观念，进而影响农户新农保参保和缴费行为。

（2）家庭成员结构特征变量。其包括家庭常住人口数量、老人数量、学龄前儿童数量和在校学生数量。以上变量分别体现了家庭日常生活消费、养老、育幼、

教育等方面的经济负担。同时，家庭中老人数量也可以反映新农保"捆绑条款"对农户新农保参保和缴费行为的影响。

（3）家庭基本特征变量。其包括耕地面积、户主文化程度、家庭成员健康状况及所在地区。就现阶段大多数农户来说，保障功能仍是耕地的一种重要功能，因此，耕地与养老保险之间可能存在替代效应。家庭成员健康状况既在一定程度上体现了家庭成员对养老保险的预期，即家庭成员健康状况越差的农户越可能依赖新农保等社会保障来解决家庭成员的养老问题，又反映了家庭当前及预期的医疗支出负担，即家庭成员健康状况越差的农户越可能由于医疗支出的负担而减少新农保支出。不同地区经济、文化及政策环境等方面的差异，使得农户新农保参保和缴费决策的外部环境产生差异。因此，笔者认为，耕地面积、户主文化程度、家庭成员健康状况及地区这四种因素将对农户新农保参保和缴费行为产生影响。

值得一提的是，耕地面积和户主文化程度两个变量并非讨论的重点，因此，根据 Heckman 两阶段模型对两个阶段变量设置的要求，本章在 Heckman 两阶段模型的第二阶段将去掉耕地面积和户主文化程度两个变量，即只讨论这两个变量对农户发生新农保支出行为的概率的影响，而不讨论它们对缴费金额的影响。具体的变量定义及预期影响方向如表 5-5 所示。

表 5-5　变量定义及预期影响方向

变量	变量定义	预期影响方向	
		模型 1	模型 2
被解释变量			
新农保支出行为	有支出=1；其他=0	−	−
新农保缴费金额	家庭新农保支出金额/元		
解释变量			
家庭经济特征变量			
家庭总收入	家庭全年总收入/元	−	+
户主外出务工收入	户主全年外出务工总收入/元	+	+
住房原值	家庭住房原值/元	−	+
家庭成员结构特征变量			
常住人口数量	家庭常住人口数量/人		
老人数量	家庭中 65 岁以上成员的数量/人	+	−
学龄前儿童数量	家庭中 6 岁以下成员的数量/人	−	−
在校生数量	家庭中在校学生的数量/人	−	−

续表

变量	变量定义	预期影响方向	
		模型 1	模型 2
家庭基本特征变量			
耕地面积	家庭经营耕地面积/亩*	+	−
户主文化程度	户主受教育年限/年	+	−
家庭成员健康状况	家庭所有成员自我认定健康状况（优=1，良=2，中=3，差=4，丧失劳动能力=5）的平均值	+	−
地区	D1（东部=1；其他=0），为基准项	−	−
	D2（中部=1；其他=0）	?	?
	D2（西部=1；其他=0）	?	?

*1 亩≈666.67m².

注："+"和"−"分别表示该解释变量的预期影响方向是正或负，"？"表示该解释变量的影响无法预计

　　本节所使用的数据是农业部农村经济研究中心、农村固定观察点全国范围的农户抽样调查数据，调查范围覆盖了全国 30 个省（区、市）（除西藏和港澳台地区外）、350 个村、20 098 户。样本村庄的选择采取分类抽样的方法，即根据各省（区、市）村庄的类型，区分山区、丘陵区和平原区，城市郊区和非城市郊区，富裕地区和贫困地区，农区、林区、牧区、渔区，然后在各类型村庄内抽取一定数量构成样本，各省（区、市）所选村庄数量大体为 10 个左右，反映了本省（区、市）农村经济的总体水平和农村社会经济的基本面貌。样本农户的选择所采用的抽样方法有多种，或按收入水平的高低、承包耕地面积的多少抽样，或按户口簿编号的顺序、居住区位的顺序抽样，在有足够调查力量的情况下，有的还采取普遍调查的方法。因此，可以认为该调查数据基本上代表了全国农村的情况。

　　鉴于本节研究的需要，在去掉非新农保试点地区以及存在部分缺失值和异常值的样本后共剩下 4748 个样本。其中，家庭有新农保支出行为的农户有 2418 户，占样本总数的 50.93%；东部、中部和西部地区样本分别有 1803 户、1346 户和 1599 户，分别占样本总数的 37.97%、28.35%和 33.68%。分析所用变量的描述性统计如表 5-6 所示。

表 5-6　变量的描述性统计

变量	最小值	最大值	均值	标准差
被解释变量				
新农保支出行为	0	1	0.51	0.5
新农保缴费金额/元	0	4 330	222.58	415.29
解释变量				
家庭经济特征变量				
家庭总收入/元	1 480	1 700 000	44 513.25	59 618.92

续表

变量	最小值	最大值	均值	标准差
户主外出务工收入/元	0	210 770	2 606.05	7 392.9
住房原值/元	100	1 600 000	43 605.12	71 270.63
家庭成员结构特征变量				
常住人口数量/人	1	30	3.86	1.63
老人数量/人	0	6	0.38	0.67
学龄前儿童数量/人	0	7	0.26	0.52
在校生数量/人	0	7	0.6	0.8
家庭基本特征变量				
耕地面积/亩	0	505	8.99	20.16
户主文化程度/年	0	21	6.95	2.74
家庭成员健康状况	1	5	1.6	0.65
地区（D1）	0	1	0.38	0.49
地区（D2）	0	1	0.28	0.45
地区（D3）	0	1	0.34	0.47

注："家庭成员健康状况"为家庭每个成员先根据自我认定的健康状况进行 1~5 分的评分，然后以家庭为单位计算出每个家庭的平均健康状况

3. 农户新农保参保和缴费行为的实证分析结果

根据前面的模型选择，采用 Stata11.0 计量软件进行估计。从估计结果可以看出，逆米尔斯比率在 5%的水平上显著。这说明，农户的新农保参保行为存在样本选择性偏误问题，也表明本书使用 Heckman 两阶段模型是合适的。详细估计结果如表 5-7 所示。

表 5-7　Heckman 两阶段模型估计结果

解释变量	是否有新农保支出（Probit 模型）		对新农保缴费金额的影响（最小二乘法）	
	系数	z 值	系数	z 值
家庭总收入	-7.84×10^{-7}***	-2.12	2.00×10^{-6}***	5.29
户主外出务工收入	7.60×10^{-6}***	3.03	3.40×10^{-6}	1.32
住房原值	-3.39×10^{-7}	-1.22	9.10×10^{-7}***	3.50
常住人口数量	0.0514***	3.57	0.0763***	5.06
老人数量	-0.2019***	-6.50	-0.1910***	-4.42
学龄前儿童数量	0.0813	1.12	0.0058	0.16
在校学生数量	-0.0500***	-1.92	-0.0600***	-2.58
耕地面积	0.0058***	4.47	—	—

续表

解释变量	是否有新农保支出（Probit 模型）		对新农保缴费金额的影响（最小二乘法）	
	系数	z 值	系数	z 值
户主文化程度	0.0177**	2.45	—	—
家庭成员健康状况	0.0031	0.09	−0.0459	−1.6
东部地区	0.9856***	5.43	0.0024*	2.73
中部地区	0.4784***	9.62	−0.1391*	−1.9
西部地区	0.1792***	3.94	−0.0897*	−1.81
常数项	−0.4882***	−4.82	5.1314	20.66
逆米尔斯比率（λ）	—	—	0.561**	2.34
样本数	4748			
删失样本数	2330			
未删失样本数	2418			
Wald 检验	195.19			
Prob>X^2	0.0000			

***、**和*分别表示在 1%、5%和 10%的水平上显著

　　根据表 5-7 中的模型估计结果，以下将重点探讨收入和家庭成员结构这两方面因素对农户新农保参保行为的影响。

　　1）收入因素

　　（1）家庭总收入。从估计结果来看，家庭总收入这一变量在两个模型中分别在 5%和 1%的水平上显著，但是，其影响方向不同。家庭总收入对农户发生新农保支出行为的概率具有负向影响，而对缴费金额具有正向影响。这说明，家庭总收入越高的农户，其发生新农保支出行为的可能性越小，但家庭总收入较高的农户，其新农保缴费金额要高于家庭总收入相对较低的农户。这说明在当前新农保参保门槛不高但待遇水平较低的情况下，新农保对低收入人群的吸引力更大，但前面分析得出当前较多农户参保的主要目的并非是为了自己将来年老后有所保障，而是为了让家中老人获得养老金，并且由于他们缴费能力相对较弱，因而偏向于选择较低的缴费档次。由此可见，相对于高收入人群，当前"捆绑条款"对低收入人群参保概率的影响更大。

　　（2）户主外出务工收入。户主外出务工收入对农户发生新农保支出行为的概率在 1%的显著性水平上具有正向影响，而对农户的缴费金额没有显著影响。这说明，户主外出务工收入越高的农户，参加新农保的积极性越高，但是，其缴费金额不一定越多。按照现行的政策，外出务工的劳动力如果已参加工作所在地职工养老保险，就不属于新农保的保障对象。在这种情况下，他们的新农保参保行为

具有不确定性。一方面，各种养老保险关系转移接续的困难，会降低这部分人参加新农保的意愿；另一方面，外出务工的人多为年轻人，如果他们在农村生活的父母想得到基础养老金，他们由于"捆绑条款"就不得不参加新农保并缴费，也就是说，这时他们参加新农保并缴费的意愿就会提高。因此，这一结论也在一定程度上反映了新农保的"捆绑条款"对外出务工农户发生新农保支出的概率具有积极影响。而新农保缴费金额的支出是农户在综合考虑家庭经济收入状况和家庭经济负担状况以及参加新农保收益等因素后做出的一个理性决策，因而户主外出务工收入对农户新农保缴费金额没有显著影响。

（3）住房原值。住房原值与户主外出务工收入这一变量的影响正好相反，它对农户发生新农保支出行为的概率没有显著影响，但在1%的显著性水平上对缴费金额具有正向影响。住房对于目前的农村家庭来说是一种重要的固定资产，修建住房需要较大的经济投入，近年来我国农民的住房投资金额也在逐步增大。因此，住房原值不仅能在一定程度上体现一个家庭的财富水平，同时也在一定程度上反映了这个家庭的预期住房支出压力，家庭住房原值越大的农户，其预期住房支出压力越小，越有经济条件来做其他改变生活质量的事情，如参加新农保。而如果有修建住房的压力，农户就有可能压缩其他非紧急性消费。

2）家庭成员结构因素

（1）常住人口数量。常住人口数量对农户发生新农保支出行为的概率和缴费金额均在1%的显著性水平上具有正向影响。在中国城乡统筹的背景下，劳动力转移导致农村常住人口中以老人、妇女和小孩居多，农村常住人口多的家庭往往老人和妇女较多。而老人和妇女属于弱势群体，相对而言更需要通过参加新农保来获得一定的养老保障。因此，常住人口数量多的家庭，参加新农保的概率和缴费金额均较大。

（2）老人数量。老人数量对农户发生新农保支出行为的概率和缴费金额均在1%的显著性水平上具有负向影响，并且这一结果似乎与新农保"捆绑条款"的政策目的相违背。通过对数据的进一步分析可推断，样本农户中老人数量较多的家庭，其符合参加新农保条件的成员相对更多，且家庭总收入要更低。在此情况下，根据"捆绑条款"的相关规定，如果想让家中老人直接领取基础养老金，则老人多的家庭比没有老人的家庭需要更多的新农保支出。因此，在基础养老金水平较低的情况下（国家规定为70元/月，各地可根据经济条件适当增加），从家庭当前参加新农保的成本收益考虑，老人数量越多的家庭，其参加新农保的缴费意愿越低。由此可见，"捆绑条款"对经济条件不好而养老负担较大家庭的新农保缴费金额存在负效应。

（3）学龄前儿童数量和在校学生数量。在以往一些学者的研究中，家庭子女数量主要被当作一个整体来考察"养儿防老"的传统观念对农户新农保参保行为的影响。本书将家庭子女分为学龄前儿童和在校学生两部分，分别考察家庭育幼支出压力和教育支出压力对农户新农保参保行为的影响。实证分析结果表示，学龄前儿童数量和在校学生数量对农户新农保参保行为的影响存在一定的差异。具体而言，学龄前儿童数量在两个模型中均不显著，而在校学生数量对农户发生新农保支出行为的概率和缴费金额在 1%的显著性水平上具有负向影响。一方面，"养儿防老"的传统观念对农户的新农保参保行为可能仍然存在影响；另一方面，教育支出压力可能导致农户降低对新农保这种非紧急性消费的支出行为，而育幼支出压力则对农户发生新农保支出行为的概率和缴费金额均没有显著影响。此外，耕地面积和户主文化程度两个变量分别对农户发生新农保支出行为的概率在 1%和 5%的显著性水平上有正向影响；家庭成员健康状况在两个模型中均不显著；相对于东部地区农户而言，中部和西部地区农户参加新农保的概率显著更高，而缴费金额显著更低，分别比东部地区农户低了 14%和 9%。

5.2.4　结论分析

本节将农户是否参加新农保和缴费金额纳入同一分析框架，通过构建 Heckman 两阶段模型对农户新农保参保概率及缴费金额的影响因素进行了实证分析，并据此探讨了中国新农保制度的可持续性问题，初步得出以下几点结论。

（1）从农户的参与概率来看，家庭经济条件、耕地面积和户主文化程度是影响农户新农保参保概率的重要因素，说明当前新农保制度对高收入人群、家庭耕地面积较小和户主文化程度较低的农户的吸引力相对较弱。因此，对于新农保制度"广覆盖"和"可持续"的实施效果而言，新农保制度在后续的实施过程中应该重点关注高收入人群和农业经营小户，并加大对户主文化程度较低农户的宣传力度，提高新农保制度对相关群体的吸引力。

（2）从参保人的缴费金额来看，家庭经济条件、养老负担和教育支出压力是制约农户新农保缴费支出的重要因素。因此，对于新农保制度"可持续"的实施目标而言，可以预见，随着农村居民收入水平的提高以及教育、医疗等其他社会保障制度的逐步完善，农户的新农保缴费能力以及所选缴费档次将会逐步提高。从地区差异来看，相对于东部地区农户，中部、西部地区农户参加新农保的概率更高，但缴费金额要更少。因此，从新农保制度"广覆盖"和"可持续"的实施目标来看，首先应该提高新农保的养老金待遇水平以增加新农保制度对东部地区农户的吸引力，其次应该加大对中部、西部地区农户的补贴力度以提高中部、西部地区农户的缴费能力。

（3）当前"捆绑条款"的实施对农户新农保参保概率具有积极影响，但相对于高收入人群，"捆绑条款"对低收入人群参保概率的影响更大，并由此可能导致"逆向选择"的问题。

5.3　新农保基金收支平衡及宏观视角的可持续发展研究

科学的基金运作可以使基金达到收支平衡，甚至保值增值。有效的基金投资风险管控，保证了基金个人账户的收支平衡，科学预测、有效控制、及时填补养老保险基金缺口，可以保证基本的基金收支平衡，是新农保政策可以长期持续发展的有力物质保障，更是衡量新农保政策能否长期有效地实施下去的有效标准。

回顾在老农保政策实施时期，从 1993 年的 0.29 亿元，发展到 2005 年的 21 亿元，农村养老保险年支出额的飞速增长趋势显而易见。纵观人力资源和社会保障部的历年统计公报数据，我们可以分析得到，近年来，我国基本养老保险补贴总额呈现逐年增加的态势，到 2014 年，已经需投入 2371 亿元来填补基金缺口。对于基金的收支平衡存在着非常大的威胁，并对养老保险制度的可持续发展产生了非常不利的影响。

2014 年 12 月 28 日，十二届全国人大常委会第十二次会议就国务院关于统筹推进城乡社会保障体系建设工作情况的报告进行专题询问，会议针对养老保险基金的缺口提出值得注意的两个问题：一是地区不平衡问题，有的省份结余多，有的省份结余少，要靠中央财政转移支付补贴之后才能够维持支付；二是最近几年基金收入增长的速度慢于支出增长的速度，如 2012 年收入增长了 18.6%，支出增长了 22.9%。

新农保基金收支平衡精算模型构建原理如图 5-2 所示。

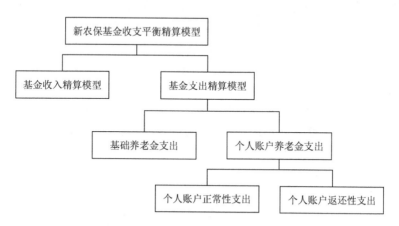

图 5-2　新农保基金收支平衡精算模型构建原理

5.3.1　新农保收支平衡模型

1. 假设前提

本节在分析收支平衡模型中运用基金收支精算模型，将模型中采用的财政补贴率计算方式，转变为更多省份普遍采用的分档补贴方式。以现行的新农保政策为政策基础，以我国农村现实国情及新农保实施的问题为参考，建立模型来预测并分析新农保的基金收支平衡情况，具体提出以下假设。

假设1：在目标期间内，新农保制度相对稳定，不产生重大变化。其中，筹资模式主要是政府财政和个人缴费两种，由于集体资金支持来源不稳定，忽略集体补助和其他资金来源。

假设2：在个人缴费档次上，从缴费之日起，参保人都选择同一档标准，并且持续不间断。

假设3：地方政府补贴按照不同档的个人缴费，进行分档补贴。多缴多补，少缴少补。

假设4：随着新农保的不断普及和推广，政策已完成全国全面覆盖，农民也获得了新农保带来的好处，故不考虑农民退保情况。

2. 新农保基金收入精算模型

依照新农保现行政策规定，基金收入有中央政府补贴的基础养老金和个人账户两个来源，其中个人账户由政府补贴和个人缴费两部分组成（此处不考虑集体补助或者社会捐助等）。其中基础养老金的发放对象是60岁以上、农村户籍且未参加城镇居民养老保险的老人，无论是否曾经参加新农保或缴纳新农保保费，都可以享受中央政府补贴的普惠式基础养老金。个人账户中，个人缴费分为多个档次（不同地区根据各地实际情况实施的规定不同），政府补贴与个人缴费相挂钩，个人缴费越多，政府补贴也越多。有两种方式，一种是采用政府补贴率，另一种是更多地区采用的分档补贴，即根据个人缴费的标准分档，给予相应档次的定额补贴。本书模型采用分档补贴方式。

基金收入在当地设定所建模型的计算目标期间以年度为单位，用某一设定地区的新农保基金各年度当期累计总收入建模。通过模拟计算，分析基金收入产生的动态变化，以预测未来趋势。

基础养老金收入：

$$\mathrm{JI}_t = \sum_{x=b}^{w} L_{x,t} \times C_t \tag{5-6}$$

个人账户养老金收入：

$$\mathrm{GI}_t = \sum_{n=1}^{m} \sum_{x=a}^{u-1} L_{x,t} \times O_{t,n} \times (P_n + T_n) \tag{5-7}$$

新农保基金总收入：

$$I_t = \mathrm{JI}_t + \mathrm{GI}_t = \sum_{x=b}^{w} L_{x,t} \times T_2 + \sum_{n=1}^{m} \sum_{x=a}^{u-1} L_{x,t} \times O_{t,n} \times (P_n + T_n) \tag{5-8}$$

式中，I_t 为新农保基金总收入额；JI_t 和 GI_t 为第 t 年当年的新农保基金基础养老金收入额和个人账户养老金收入额；a 为农民开始缴费的年龄；b 为农民开始领取养老金的年龄；w 为农民的最大存活年龄；u 为农民停止缴费的年龄；$L_{x,t}$ 为第 t 年时，年龄为 x 的农民人数；$O_{t,n}$ 为第 t 年该地区农民的选择缴费标准为 n 的参保率；P_n 为参保农民年个人缴费的缴费标准为 n 的缴费额（即参与何种缴费标准）；T_n 为居民缴费标准为 n，政府对该个人缴费标准的参保人个人账户的年补贴额；m 为该地区共有 m 种缴费标准；C_t 为第 t 年基础养老金的发放标准。

3. 新农保基金支出精算模型

1）基础养老金支出

新农保基础养老金的支出对象为该地区各年度超过领取标准年龄的全体农村居民，将基础养老金发放标准乘以这些老年人口的总和，得到各年度基础养老金支出的模型如下：

$$JE_t = \sum_{x=b}^{w} L_{x,t} \times C_t \tag{5-9}$$

式中，JE_t 为第 t 年基础养老金支出总金额。

2）个人账户养老金支出

新农保个人账户的支出由两部分组成，包括正常性支出和返还性支出。如果参保人存活年龄超过领取年龄标准，则按照正常性支出发放；如果参保人在达到领取标准年龄前死亡，则按照返还性支出发放。

a. 个人账户养老金正常性支出

个人账户养老金中正常性支出规定，在缴纳保费的年龄内，按时按规定缴纳保费的参保人，在达到领取年龄后，个人账户养老金将对参保人按月发放保金，直至参保人去世后再将余额一次性发放。通过计算缴费年限内各年度的个人账户养老金收入，将各年收入按照个人账户年收益率计算，到缴费年限期末，即停止缴纳养老金时的最终积累值，则可以得到，第 t 年停止缴费时，参保农民新农保个人账户养老金的积累额 Q_t 为

$$Q_t = \sum_{n=1}^{m} \sum_{x=a}^{u-1} L_{x,t} \times O_{t,n} \times (P_n + T_n) \times (1+r)^{x-a} \tag{5-10}$$

式中，r 为基金投资收益率。进而得出个人账户养老金年发放标准 B：

$$B = \frac{Q_t}{R} = \frac{\sum_{n=1}^{m} \sum_{x=a}^{u-1} L_{x,t} \times O_{t,n} \times (P_n + T_n) \times (1+r)^{x-a}}{R} \times 12 \tag{5-11}$$

式中，B 为个人账户养老金年发放标准；R 为个人账户养老金计发月数。

由此，可推导得出第 t 年存活达到养老金领取年龄的参保农民新农保基金个

人账户养老金正常性支出 GE_t。

$$GE_t = \sum_{n=1}^{m}\sum_{x=b}^{w} L_{x,t} \times O_{t,n} \times \frac{Q_t}{R} \times 12$$

$$= \sum_{n=1}^{m}\sum_{x=b}^{w} L_{x,t} \times O_{t,n} \times \frac{\sum_{n=1}^{m}\sum_{x=a}^{u-1} L_{x,t} \times O_{t,n} \times (P_n + T_n) \times (1+r)^{x-a}}{R} \times 12 \tag{5-12}$$

式中，GE_t 为第 t 年新农保基金个人账户养老金正常性支出额。

b. 个人账户返还性支出

对于未达到养老金领取年龄的参保农民，新农保政策规定其个人账户的资金余额可一次性发放。当参保农民在未达到养老金领取年龄时，于 x 岁死亡，则他可以得到的一次性发放的个人账户积累额为

$$GE_t'' = \sum_{n=1}^{m}\sum_{x=a}^{u-1} L_{x,t} \times O_{t,n} \times q_x \times (P_n + T_n) \times (1+r)^{x-a} \tag{5-13}$$

对于已经达到养老金领取年龄并开始领取养老金，但在个人账户养老金计划发放的期限内去世的参保人，新农保政策规定其个人账户的资金余额可依法继承。当参保农民在达到养老金领取年龄后的 x 岁死亡，则其个人账户养老金剩余计发月数为

$$R - (x-b) \times 12 \tag{5-14}$$

个人账户平均返还额为

$$[R-(x-b)\times 12] \times \frac{B}{12} \tag{5-15}$$

由此，可推导出第 t 年新农保基金个人账户养老金的返还性支出额：

$$GE_t'' = \sum_{n=1}^{m}\sum_{x=b}^{b+\varepsilon-2} L_{x,t-1} \times O_{t-1,n} \times q_x \times [R-(x-b)\times 12] \times \frac{B}{12} \tag{5-16}$$

式中，GE_t'' 为第 t 年新农保基金个人账户养老金返还性支出额；q_x 为 t 年 x 岁农村人口平均死亡率；ε 为 b 岁农村人口平均余命。

由此可推导出新农保个人账户养老金支出精算模型：

$$GE_t = GE_t' + GE_t'' + GE_t''' \tag{5-17}$$

式中，GE_t 为第 t 年新农保基金个人账户养老金支出额。

c. 新农保基金支出

由基础养老金支出模型和个人账户养老金支出模型，可推导出新农保基金支出精算模型：

$$E_t = JE_t + GE_t = JE_t + GE_t' + GE_t'' + GE_t''' \tag{5-18}$$

式中，E_t 为第 t 年新农保基金支出额。

4. 新农保基金收支平衡模型

本节将新农保基金收支平衡模型按照是否考虑时间价值，将其分为了短期平

衡和长期平衡两类平衡模型。利用前面得到的基金收入和支出精算模型，推导出以下基金收支平衡模型。

（1）短期基金收支平衡模型，记第 t 年基金收支差额为 M_t：

$$M_t = I_t - E_t = I_t - (\text{JE}_t + \text{GE}_t) = I_t - (\text{JE}_t + \text{GE}_t' + \text{GE}_t'' + \text{GE}_t''') \qquad (5\text{-}19)$$

当年短期收支差额 $M_t = 0$ 时，说明第 t 年新农保基金当期收支相抵，达到短期平衡；当 $M_t > 0$ 时，表示第 t 年新农保基金当期支出小于收入，出现资金盈余；当 $M_t < 0$ 时，表示第 t 年新农保基金当期入不敷出，基金出现短期缺口。

（2）长期的收支平衡是将货币的时间价值考虑在内，即将各年度的短期收支差额分别贴现相加，可得第 n 年末的积累值，则可以得到新农保基金收支长期平衡精算模型为

$$M = M_1 \times (1+r)^{n-1} + M_2 \times (1+r)^{n-2} + \cdots + M_{n-1} \times (1+r) + M_n \qquad (5\text{-}20)$$

新农保基金长期积累值与收支情况如表 5-8 所示。

表 5-8　新农保基金长期积累值与收支情况表

基金积累值	基金收支情况
$M_t = 0$	收支相等，达到长期平衡
$M_t > 0$	收大于支，基金存在盈余
$M_t < 0$	存在缺口，收支长期失衡

5.3.2　模型应用

1. 指标选取

在此新农保基金收支平衡的精算模型中，主要包括基金收入和基金支出两类指标，基金收入和基金支出分别利用以下的六个和四个指标，建立以精算为基础的指标体系模型，具体指标如表 5-9 所示。

表 5-9　精算模型变量分解与指标选取

模型	指标分类	指标选取	指标表示
新农保基金收支平衡精算模型	基金收入	参保率	Q_t
		基础养老金额	C_t
		个人缴费标准	P_n
		政府补贴标准	T_n
		当年农村劳动人口	L_t
		退休年龄	b

续表

模型	指标分类	指标选取	指标表示
新农保基金收支平衡精算模型	基金支出	养老金计发月数	R
		当年农村老年人口	L_t
		当年农村老年人口死亡率	q_t
		基金投资收益	r

2. 基本参数设定

河北省自 2009 年起，作为我国新农保政策试点实施工作开展的重点省份之一，截至 2014 年已基本实现对农村适龄居民的新农保全覆盖。参保人数达到 2300 万，领取养老金人数为 58 万，参保率为 67%，待遇享受率达到 85%。

为了确保模型的可靠性，检验预测结果的准确性，我们选取了河北省为例，应用已建立的新农保基金收支平衡精算模型，对河北省新农保政策的实施情况和个人账户基金的收支运行情况进行模拟预测和分析。在基本参数设定上，综合考虑中央和河北省政府关于新农保出台的相关政策性文件，选取河北省 2015～2035 年（$n=20$）的新农保发展数据为模拟预测区间，具体设置如下。

（1）平均参保年龄和养老金开始领取年龄。依照河北省劳动人口的年龄层次，本节将河北省农村居民允许参与新农保的年龄设定为 16 岁，虽然先行政策养老金领取年龄参照国家新农保中政策的规定为 60 周岁，但目前全国已开始全面实施延迟退休政策，有望在五年之内逐步实现 65 岁退休的政策，故养老金领取年龄设在 65 岁。

（2）平均预期余命和极限年龄。按照个人账户计发系数为 139 的标准计算，个人账户中的养老金平均按月发放。政策中规定，如果新农保的参保人出现死亡的情况，个人账户中的养老金余额，除基础养老金外，个人账户的资金可以依法继承并一次性发放，由此可推算得出河北省农村居民平均预期寿命为 75 岁，按照经验数据和人口统计数据，这里设定农村居民的生存极限年龄为 95 岁。

（3）基础养老金待遇。随着经济的发展，物价水平的提高，中央对于基础养老金的补贴也在不断发生变化，根据最新的新农保政策规定，中西部地区的基础养老金标准为每人 75 元/月，东部地区为补贴标准的 50%（37.5 元）。河北省地方政府并未对基础养老金有补贴政策，本节将河北省新农保基础养老金待遇设定为每人 75 元/月。

（4）新农保平均参保率、个人缴费标准和政府补贴标准。现阶段河北省施行的新农保的个人缴费部分主要分为 100～3000 元共 13 种缴费标准，农村居民可以根据自身情况自愿选择缴费金额。政府补贴标准与个人缴费相挂钩，根据河北省

2015 年新农保实施的相关规定，参保农民选择的个人缴费标准低于 500 元时，补贴标准不低于每人每年 30 元；参保农民选择的个人缴费标准大于或等于 500 元，为提高农民参保的积极性，补贴标准不低于每人每年 60 元。结合河北省五个重点市实地调查结果，920 份有效样本中，分析得到各缴费标准的意愿结果如表 5-10 所示。

表 5-10 新农保个人缴费标准的意愿率调查结果

缴费标准/元	意愿率/%	缴费标准/元	意愿率/%
100	9.1	800	2.1
200	37.6	900	2.0
300	15.2	1000	1.0
400	5.2	1500	0.5
500	19.3	2000	0.3
600	4.5	3000	0.2
700	3.0		

对上述调查数据的分析可以发现，自愿选择缴纳个人账户养老金中 200 元的年缴费档次最受到参保人的欢迎，参保比例占到总体比例的 37.6%，由于大于或等于 500 元可以获得更多的政府补助，故选择 500 元的占总体比例达到 19.3%，而超过 1000 以上的缴费标准有较少的农村居民有意愿参加。本书模型研究中，我们将意愿率设为不同个人缴费标准的新农保平均参保率。

（5）基金投资收益率。根据现实经验数据分析，近年来中央银行对金融机构的年基准利率不断调整，仅 2015 年就在 1.5%～2.5%有多次浮动。通过分析金融市场趋于成熟稳定的趋势、预期利率的变化，未来利率的增长将较为缓慢，故本书将 2%作为新农保基金投资收益率。

3. 模拟与预测结果分析

将前面设定的变量和各个参数在建立的模型中进行应用，模拟河北省 2015～2035 年新农保基金收支平衡的发展状况，预测了各相关指标数据，结果如附表 10 所示。依据附表 10 数据绘制养老保险基金年收支差额（短期平衡）变动图如图 5-3 所示，绘制养老保险基金积累额（长期平衡）变动图如图 5-4 所示。

由图 5-3 对河北省新农保基金短期平衡变动趋势的分析可知，随着新农保政策在 2014 年实现全面覆盖，基金年收入额的增长幅度逐渐趋于平缓。而随着老龄化趋势的发展，基金年支出额进一步扩大，自 2016 年起年收支差额开始呈现负值并持续减少，而基金缺口也随之逐步扩大，在 2030 年之后逐步趋于平缓。

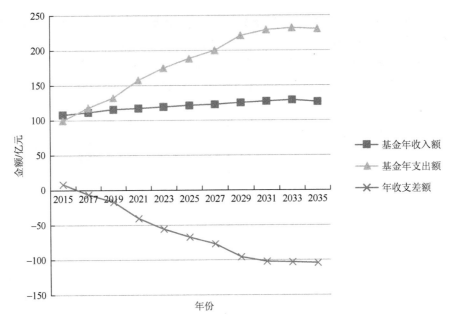

图 5-3　养老保险基金年收支差额（短期平衡）变动图

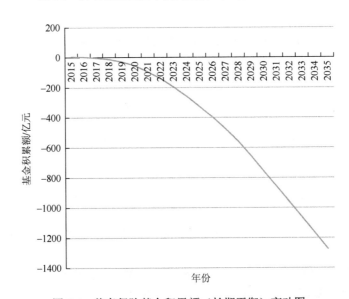

图 5-4　养老保险基金积累额（长期平衡）变动图

由图 5-4 对河北省新农保基金积累额的变动分析，可观基金的长期平衡变动趋势。根据测算预测值，基金积累额将从 2018 年起开始呈现负值，即出现了基金缺口，并且这个缺口在 2018～2035 年会逐渐增大。

结合图 5-3 和图 5-4，分别从以下两个方面分析河北省新农保基金不平衡的原因。

（1）截至 2014 年，已经基本完成新农保的全面覆盖，参保人数仍在持续增长，但增长速度逐渐减缓，而随着平均人口寿命的延长，老龄化的加剧，领取养老金的人数不断增加，而缴纳养老金的参保人数（16～59 岁可参保人口的数量）却变化不大，导致新农保基金的支出不断增加，且支出增长速度大于收入增长速度。于是在 2017 年，新农保支出超过新农保收入，当年的年收支差额呈现负值。

（2）基金积累额从 2018 年起不断呈负向增长趋势，主要是各年收支差额呈现负值，导致年缺口值越来越大，从而积累缺口也不断扩大。基金收支失衡长期发展下去将会给中央财政造成很大的压力，严重影响新农保的长期可持续发展，甚至威胁到全国社保体系的完善运行。

5.3.3　新农保可持续发展的政策建议

为提高新农保保障水平、促进城乡居民养老保险可持续发展提出如下相关政策建议。

（1）建立多缴多得、长缴多得的激励政策，如根据不同缴费档次设置分层政府补贴；根据缴费时间长短调整激励系数等。《国务院关于建立统一的城乡居民基本养老保险制度的意见》（国发〔2014〕8 号）规定，地方人民政府应当对参保人缴费给予补贴，对选择最低档次标准缴费的，补贴标准不低于每人每年 30 元；对选择较高档次标准缴费的，适当增加补贴金额；对选择 500 元及以上档次标准缴费的，补贴标准不低于每人每年 60 元，具体标准和办法由省（区、市）人民政府确定。而实际中对于 500 元以上的缴费补贴应该设置更具差异性和激励性的补贴档次，将文件中多缴多得的激励政策落实到实际中。另外，从本书的测算结果看到，缴费时间越长，养老金领取额的替代率和贡献率都越高；除了加大宣传力度，鼓励农民长期缴费之外，还应该将长缴多得的激励政策落实。本书在基础养老金动态调整模型中，根据缴费时间长短调整激励系数。

（2）建立精算指标体系的动态反馈机制，如当衡量新农保制度保障效果的替代率或者贡献率较低时，可通过基础养老金模型、个人账户计发系数模型的调整来提高保障水平。贡献率和替代率从个人角度评估新农保政策实施的效果，实证表明通过相关指标的改进可以有效提高新农保的保障水平。反馈在指标体系中，可以从如下几个方面改进：①基础养老金动态调整机制，本书构建了与基金收益率和农村居民人均收入增长率挂钩，同时还反映长缴多得激励性的动态养老金调整机制。②动态个人账户计发系数，计发系数 139 与当前平均余命相比明显不合理，建议根据不同时期的平均余命预测结果，计算出当期个人账户养老金计发月数。积极应对长寿风险，随着人口预期寿命的延长提高计发系数，对个人账户计发系数实行动态管理策略。

（3）对个人账户积累额进行市场化投资运营，如在一定风险的承受范围内，由第三方机构（如基金管理公司）对养老金积累额进行分散化投资，包括在银行存款、国债、开放式基金及权重股等多样化投资工具上进行配置。目前新农保的个人账户积累规模较小，同时我国金融市场还不够成熟，现行政策下新农保个人账户积累基金主要投资国债和银行存款进行保值增值。而 2015 年以来随着利率市场化的推进和连续的降准降息，银行存款利率已经低于通胀率。如果养老金的投资收益率过低，中青年会选择投资市场上收益率更高的产品作为未来生活的保障，大大降低了新农保政策的吸引力。随着新农保的全面推行，应尽快放开管理限制，实现新农保个人账户基金的市场化投资运营。

5.4　本　章　小　结

本章结合精算指标和新农保实际实施效果，进一步探究新农保可持续发展问题。

（1）从新农保资金筹集的可持续性进行分析，分别从政府补贴、集体补助和个人缴费三个方面进行分析研究，并以河北省农民为例，利用调研数据，建立 Logistic 统计回归模型，对影响农民对新农保需求程度的影响因素进行分析。最后，对促进新农保资金筹集的可持续性提出了相关政策建议。

（2）基于微观视角探讨新农保制度的可持续性，探讨新农保政策的实施产生的收入再分配效应和社会福利效应，科学评价新农保制度对农村老人的劳动力供给效应，探究农户新农保参加行为和缴费行为及其影响机理，将农户是否参加新农保和缴费金额纳入同一分析框架，通过构建 Heckman 两阶段模型对农户新农保参加概率以及缴费金额的影响因素进行实证分析，以期为政府对新农保制度的改进和完善、推动其持续实施提供实证依据，并据此探讨中国新农保制度的可持续性问题。

（3）基于新农保基金收支平衡，运用基金收支精算模型，将其模型中采用的政府补贴率计算方式，转变为更多省份普遍采用的分档补贴方式；并通过设定的变量和各个参数在建立的模型中进行应用，模拟河北省 2015～2035 年新农保基金收支平衡的发展状况。实证发现，随着新农保政策在 2014 年实现全面覆盖，基金年收入额的增长幅度逐渐趋于平缓。而随着老龄化趋势的发展，基金年支出额进一步扩大，自 2016 年起年收支差额开始呈现负值并持续减少，而基金缺口也随之逐步扩大，在 2030 年之后逐步趋于平缓。据此，提出保障新农保可持续发展的政策建议。

参 考 文 献

[1] 刘冰. 新型农村养老保险制度实施效果研究[D]. 湖南农业大学硕士学位论文，2014.

[2] 卢海元. 我国新型农村社会养老保险制度试点问题研究[J]. 毛泽东邓小平理论研究，2010，（6）：1-8.

[3] 褚艳红. 我国新型农村社会养老保险筹资模式研究[J]. 北京邮电大学学报（社会科学版），2012，14（6）：77-81.

[4] 睢党臣，范文婷. 论"新农保"基金筹资的困境与对策[J]. 劳动保障世界（理论版），2011，（9）：28-31.

[5] 王敏，刘清江，丁发林. "新农保"基金筹资困境及其解决措施[J]. 农村经济与科技，2013，24（4）：144-146.

[6] 梁春贤. 论我国"新农保"制度下养老基金的运营[J]. 财政研究，2010，（2）：69-71.

[7] 汤晓阳. "新农保"基金的管理和运作问题探讨[J]. 四川大学学报（哲学社会科学版），2010，（5）：133-136.

[8] 刘昌平，谢婷. 财政补贴型新型农村社会养老保险制度研究[J]. 东北大学学报（社会科学版），2009，11（5）：432-435.

[9] 朱俊生. 推进"新农保"制度的难点在地方财政[J]. 农村工作通讯，2009，（20）：39.

[10] 邓大松，薛惠元. 新型农村社会养老保险制度推行中的难点分析——兼析个人、集体和政府的筹资能力[J]. 经济体制改革，2010，（1）：86-92.

[11] 曹信邦，刘晴晴. 农村社会养老保险的政府财政支持能力分析[J]. 中国人口、资源与环境，2011，21（10）：129-137.

[12] 范辰辰，陈东. 新型农村社会养老保险的减贫增收效应——基于"中国健康与营养追踪调查"的实证检验[J]. 求是学刊，2014，41（6）：62-70.

[13] 沈毅，穆怀中. 新型农村社会养老保险对农村居民消费的乘数效应研究[J]. 经济学家，2013，（4）：32-36.

[14] 贾洪波. "新农保"制度收入再分配效应的一般均衡研究[J]. 南开经济研究，2014，（1）：87-100.

[15] 刘军民. 试论推进我国新型农村社会养老保险制度可持续发展的基本要领和战略重点[J]. 社会保障研究，2010，（3）：42-26.

[16] 张玉华. 影响"新农保"可持续发展的问题研究[J]. 当代经济，2012，（18）：13-15.

[17] 张永春，王姣，张立琼，等. "新农保"筹资机制的可持续发展研究[J]. 西北大学学报（哲学社会科学版），2014，44（4）：71-76.

[18] 陈晓安，张彦. 我国新型农村养老保险制度可持续发展的保障体系研究[J]. 青海社会科学，2012，（2）：53-55.

[19] 钟涨宝，聂建亮. "新农保"制度的可持续性探讨——基于农民参保行为选择的视角[J]. 中

国农村观察，2013，（6）：60-70.

[20] 徐颖，李晓林. 中国社会养老保险替代率水平研究述评[J]. 求索，2009，（9）：5-8.

[21] 李伟，赵斌，宋翔. 新型农村社会养老保险的替代率水平浅析[J]. 中国经贸导刊，2010，（16）：90.

[22] 梁平，胡以涛，付小鹏. 新型农村社会养老保险替代率测算方法与预测研究——基于政策的仿真推进视角[J]. 安徽农业科学，2012，（6）：3628-3630.

[23] 贾宁，袁建华. 基于精算模型的"新农保"个人账户替代率研究[J]. 中国人口科学，2010，（3）：95-102+112.

[24] 丁煜. 新农保个人账户设计的改进：基于精算模型的分析[J]. 社会保障研究，2011，（5）：31-39.

[25] 郭瑜. 农民工养老保险的选择——基于替代率的研究[J]. 保险研究，2013，（4）：110-117.

[26] 王翠琴，薛惠元. 新型农村社会养老保险风险评估指标体系的设计与运用[J]. 江西财经大学学报，2011，（3）：62-66.

[27] 杨洁. 新农保养老金替代率水平研究文献综述[J]. 企业导报，2012，（20）：31-32.

[28] 刘晓红，江可申. 基于 ELES 模型的中国城镇居民居住消费需求动态分析[J]. 湖北农业科学，2016，（1）：263-268.

[29] 王晓辉. 基于消费需求结构模型的城镇居民消费倾向与消费弹性评析[J]. 商业时代，2014，72（24）：8-9.

[30] 陈天红. 基于扩展线性支出系统模型的失业保险金替代率测算研究[J]. 当代经济管理，2016，38（8）：80-85.

[31] 吴立军. 不同政策目标下的阶梯电价改革方案的优化[J]. 统计与决策，2016，（11）：45-48.

[32] Sin Y. China pension liabilities and reform options for old age insurance. The Word Bank Working Paper Series，2005，（1）：22.

[33] 王翠琴，薛惠元. 新农保个人账户养老金计发系数评估[J]. 华中农业大学学报（社会科学版），2011，（3）：47-51.

[34] 杨斌. 城乡居民养老保险政府财政责任和负担的地区差异[J]. 西部论坛，2016，26（1）：102-108.

[35] 穆怀中，沈毅，樊林昕，等. 农村养老保险适度水平及对提高社会保障水平分层贡献研究[J]. 人口研究，2013，37（3）：56-70.

[36] 柳清瑞，苏牧羊. 城乡养老保险协调度、制约因素及对策——基于 1999—2013 年数据的实证分析[J]. 中央财经大学学报，2016，（4）：3-15.

[37] 汤玲，李建平，余乐安，等. 基于距离协调模型的系统协调发展定量评价方法[J]. 系统工程理论与实践，2010，30（4）：594-602.

[38] Devolder P，Princep M B，Fabian I D. Stochastic optimal control of annuity contracts[J]. Insurance Mathematics and Economics，2003，33（2）：227-238.

[39] 金秀，黄小原，马丽丽. 基于 VaR 的多阶段金融资产配置模型[J]. 中国管理科学，2005，V（4）：13-16.

[40] 徐静，张波. 给付确定型养老金计划的动态最优控制[J]. 自然科学进展，2006，16（9）：1174-1180.

[41] 刘昌平. 养老保险个人账户基金治理结构与监管模式研究[J]. 上海金融，2007，（10）：49-52.

[42] 陈志国. 公共养老强制基金制个人账户投资管理模式研究——基于瑞典、俄罗斯模式的国际比较与中国选择[J]. 中国经济问题, 2012,（3）：30-39.

[43] 谷明淑, 刘畅. 我国养老保险基金投资组合策略研究[J]. 经济学动态, 2013,（7）：57-64.

[44] 陈志国, 杨甜婕, 张弛. 养老基金绿色投资组合分析与投资策略[J]. 保险研究, 2014,（6）：117-127.

[45] 金秀, 王佳, 高莹. 基于动态损失厌恶投资组合模型的最优资产配置与实证研究[J]. 中国管理科学, 2014, 22（5）：16-23.

[46] 胡支军, 叶丹. 基于损失厌恶的非线性投资组合问题[J]. 中国管理科学, 2010, 18（4）：28-33.

[47] 陈其安, 朱敏, 赖琴云. 基于投资者情绪的投资组合模型研究[J]. 中国管理科学, 2012, V（3）：47-56.

[48] 金秀, 王佳, 高莹. 基于动态参考点的损失厌恶投资组合优化模型[J]. 运筹与管理, 2015, 24（6）：51-57.

[49] Harvey C R, Travers K E, Costa M J. Forecasting emerging market returns using neural networks[J]. Emerging Markets Quarterly, 2000,（4）：43-55.

[50] Calvo T, Mesiar R, Yager R. Quantitative weights and aggregation[J]. IEEE Transactions on Fuzzy Systems, 2004, 12（1）：62-69.

[51] Kahneman D, Tversky A. Prospect theory：An analysis of decision under risk[J]. Journal of Translation from Foreign Literatures of Economics, 2008,（1）：1-18.

[52] 黄新琴. 对城乡居民养老保险可持续发展问题研究[J]. 财经界（学术版）, 2015,（8）：355.

[53] 徐泽水. 区间直觉模糊信息的集成方法及其在决策中的应用[J]. 控制与决策, 2007, 22（2）：215-219.

[54] 刘华文. 多目标模糊决策的 Vague 集方法[J]. 系统工程理论与实践, 2004, 24（5）：103-109.

[55] Chen S M, Tan J M. Handling multicriteria fuzzy decision-making problems based on vague set theory[J]. Fuzzy Sets and Systems, 1994, 67（2）：163-172.

[56] Hong D H, Choi C H. Multi-criteria fuzzy decision-making problems based on vague set theory [J]. Fuzzy Sets and Systems, 2000, 114（1）：103-113.

[57] Ye J. Improved method of multi-criteria fuzzy decision-making based on vague sets[J]. Computer-Aided Design, 2007, 39（2）：164-169.

[58] 王坚强, 李婧婧. 基于记分函数的直觉随机多准则决策方法[J]. 控制与决策, 2010, 25（9）：1297-1301+1306.

[59] Kahneman D, Tversky A. Prospect theory：An analysis of decision under risk[J]. Economica, 1979, 47（2）：263-291.

[60] Liu P D, Jin F, Zhang X, et al. Research on the multi-attribute decision-making under risk with interval probability based on prospect theory and the uncertain linguistic variables[J]. Knowledge-Based Systems, 2011, 24（4）：554-561.

[61] Atanassoy K T. Operators over interval-valued intuitionistic fuzzy sets[J]. Fuzzy Sets and Systems, 1994, 64（2）：159-174.

[62] 王坚强, 张忠. 基于直觉梯形模糊数的信息不完全确定的多准则决策方法[J]. 控制与决策, 2009, 24（2）：226-230.

[63] Xiao J Y，Liao L Y，Luan Z. How to handle uncertainties in AHP：The cloud delphi hierarchical analysis[J]. Information Sciences，2013，222（3）：384-404.

[64] 王坚强，周玲. 基于前景理论的灰色随机多准则决策方法[J]. 系统工程理论与实践，2010，30（9）：1658-1664.

[65] 胡军华，陈晓红，刘咏梅. 基于语言评价和前景理论的多准则决策方法[J]. 控制与决策，2009，24（10）：1477-1482.

[66] 戚筱雯，梁昌勇，张恩桥，等. 基于熵最大化的区间直觉模糊多属性群决策方法[J]. 系统工程理论与实践，2011，31（10）：1940-1948.

[67] 王坚强，孙腾，陈晓红. 基于前景理论的信息不完全的模糊多准则决策方法[J]. 控制与决策，2009，24（8）：1198-1202.

[68] 李鹏，刘思峰，朱建军. 基于前景理论的随机直觉模糊决策方法[J]. 控制与决策，2012，27（11）：1601-1606.

[69] Gonzalez R，Wu G. On the shape of the probability weighting function[J]. Cognitive Psychology，1999，38（1）：129-166.

[70] Abdellaoui M. Parameter-free elicitation of utility and probability weighting functions [J]. Management Science，2000，46（11）：1497-1512.

[71] 卫贵武. 一种区间直觉模糊数多属性决策的 TOPSIS 方法[J]. 统计与决策，2008，(1)：149-150.

[72] Tseng K C，Hwang C S，Su Y C. Using cloud model for default voting in collaborative filtering[J]. Jouneral of Convergence Information Technology，2011，6（12）：68-74.

[73] 邱凯昌，李德仁，李德毅. 云理论及其在空间数据挖掘和知识发现中的应用[J]. 中国图像图形学报，1999，4（11）：929-935.

[74] Li D，Cheung D，Shi X，et al. Uncertainty reasoning based on cloud models in controllers[J]. Computers and Mathematics With Applications，1998，35（3）：99-123.

[75] 王坚强，刘淘. 基于综合云的不确定语言多准则群评价方法[J]. 控制与决策，2012，27（8）：1185-1190.

[76] 丁昊，王栋. 基于云模型的水体富营养化程度评价方法[J]. 环境科学学报，2013，33（1）：251-257.

[77] 刘自发，庞铖铖，王泽黎，等. 基于云理论和元胞自动机理论的城市配电网空间负荷预测[J]. 中国电机工程学报，2013，33（10）：98-105.

[78] 阎岩，唐振民，刘家银. 基于不确定性分析的自主导航轨迹评测方法[J]. 机器人，2013，35（2）：194-199.

[79] 李德毅，刘常昱. 论正态云的普适性[J]. 中国工程科学，2004，6（8）：28-34.

[80] 任剑. 基于云模型的语言随机多准则决策方法[J]. 计算机集成制造系统，2012，18（12）：2792-2797.

[81] 胡耀岭. 六问养老金缺口问题[J]. 探索与争鸣，2015，（12）：30-32.

[82] Fortin I，Hlouskova J. Optimal asset allocation under linear loss aversion[J]. Journal of Banking and Finance，2011，35（11）：2974-2990.

[83] 李莹. 新型农村社会养老保险基金运营管理研究[D]. 暨南大学博士学位论文，2012.

[84] 吴连霞. 新农保政策改进机制研究[J]. 前沿，2011，（2）：90-93.

[85] 张瑞书，王云峰. 新农保筹资机制"三思"[J]. 中国社会保障，2010，（4）：35-36.

[86] 薛惠元. 新农保能否满足农村的基本生活需要[J]. 中国人口资源与环境, 2012, 22 (10): 170-176.

[87] 王增文. 新型农村养老保险制度中的"边缘群体"利益转移问题研究——以"东莞模式"、"苏州模式"和"郊区模式"为视角[J]. 西南民族大学学报（人文社会科学版）, 2010, 31 (11): 134-137.

[88] 李长远. 我国农村社会养老保险制度"碎片化"路径依赖及对策[J]. 河北理工大学学报（社会科学版）, 2011, 27 (5): 73-76.

[89] 董琪. 新型农村社会养老保险制度及其政策效果分析——基于福利经济学角度[D]. 东北师范大学硕士学位论文, 2012.

[90] 卢元. 关于养老保险可持续发展的若干思考[J]. 市场与人口分析, 1998, 4 (6): 3.

[91] 陈工, 谢贞. 论我国实现养老保险可持续发展的条件[J]. 厦门大学学报（哲学社会科学版）, 2003, (6): 94-101.

[92] 阳代杰. 城乡居民养老保险并轨后存在的问题[J]. 合作经济与科技, 2016, (4): 186-188.

[93] 钟俊. 新时期城乡居民养老保险存在的不足及优化策略[J]. 中外企业家, 2014, (23): 213.

[94] 曹秀先. 实现城乡居民养老保险可持续发展的问题与对策[J]. 人力资源开发, 2015, (9): 35-37.

[95] 李亚茹. 城乡居民社会养老保险参保决策影响因素分析——以南皮县为例[D]. 河北经贸大学硕士学位论文, 2015.

[96] 严必锋. 新型农村社会养老保险制度所存问题及其解决对策探微[J]. 劳动保障世界（理论版）, 2012, (1): 18-22.

[97] 梁永郭, 王小春, 于媛媛. 河北省新型农村社会养老保险制度可持续发展研究[J]. 安徽农业科学, 2011, 39 (19): 11856-11859.

[98] 战梦霞, 杨洁. 新型农村养老保险制度亟待解决的问题[J]. 特区经济, 2010, (2): 174-175.

[99] 邓大松, 薛惠元. 新农保财政补助数额的测算与分析——基于 2008 年的数据[J]. 江西财经大学学报, 2010, (2): 38-42.

[100] 寇铁军, 苑梅. 制度建设与财政支持——农村社会养老保险可持续发展研究[J]. 财经问题研究, 2011, (1): 96-100.

[101] 薛惠元. 新型农村社会养老保险个人筹资能力可持续性分析[J]. 贵州财经学院学报, 2012, 30 (1): 102-109.

[102] 张守玉. 农村社会养老保险可持续发展研究[D]. 山东农业大学硕士学位论文, 2009.

[103] 汪沆. 中国农村养老保障制度改革研究[D]. 东北师范大学博士学位论文, 2008.

[104] 马姗伊. 我国农村养老保障制度的可持续性研究[J]. 生产力研究, 2010, 5 (7): 52-54.

[105] 刘向红. 影响新型农村社会养老保险可持续发展的若干制约因素[J]. 农业经济, 2011, (8): 58-59.

[106] 李晓霞. 新型农村养老保险制度的可持续性研究[D]. 上海师范大学硕士学位论文, 2011.

[107] 薛万东. 城乡居民养老需可持续发展[J]. 中国人力资源社会保障, 2012, (4): 36-37.

[108] 席恒, 张盈. 服务供给: 新型农村养老保险可持续发展的关键[N]. 中国人事报, 第 005 版, 2010-08-30.

[109] 刘军民, 周志凯. 推进新型农村社会养老保险可持续发展[J]. 中国财政, 2010, (1): 12-14.

[110] 王小春. 新型农村社会养老保险制度可持续性研究[D]. 河北工业大学博士学位论文, 2013.

[111] 程卫华. 安徽省城乡居民养老保险可持续发展对策研究[D]. 安徽大学硕士学位论文, 2014.

[112] 马成铖. 河北省城乡居民养老保险的可持续发展问题研究[D]. 河北大学硕士学位论文, 2013.

[113] 辜毅. 城乡养老保险制度整合的可持续性发展研究[J]. 经济体制改革, 2015, (4): 37-42.

[114] 王帅杰. 可持续的中国城乡居民养老保险体系的数学模型研究[J]. 数学的实践与认识, 2014, 44 (15): 115-128.

[115] 孙玲玲. 我国新型农村社会养老保险制度可持续发展问题研究[D]. 山东财经大学硕士学位论文, 2013.

[116] 鲍莎. 河北省农村养老保险制度可持续发展的财政支持政策研究[D]. 河北大学硕士学位论文, 2014.

[117] 王允. 新型农村社会养老保险可持续发展问题研究——以河南省第一批试点Y区为例[D]. 郑州大学硕士学位论文, 2012.

[118] Koch M, Thimann C. From generosity to sustainability: The Austrian pension system and options for its reform[J]. Empirica, 1999, 26 (1): 2138.

[119] James E. Coverage Under Old Age Security Programs and Protection for the Uninsured-What Are the Issues? [R]. Policy Research Working Paper No.2163, 1999.

[120] Becker C M, Paltsev S. Macro-experimental economics in the kyrgyz republic: social security sustainability and Pension Reform[J]. Comparative Economic Studies, 2001, 43 (3): 1-34.

[121] Williamson J B, Howling S A, Maroto M L. The political economy of pension reform in Russia: Why partial privatization?[J]. Journal of Aging Studies, 2006, 20 (2): 165-175.

[122] Zajicek A M, Calasanti T M, Zajicek E K. Pension reforms and old people in Poland: An age, class, and gender lens[J]. Journal of Aging Studies, 2007, 21 (1): 55-68.

[123] Vebric M, Majcen B, Nieuwkoop V R. Sustainability of the slovenian pension system: An analysis with an overlapping-generations general equilibrium model[J]. Eastern European Economics, 2006, 44 (4): 60-81.

[124] Auerbach A J, Lee R. Welfare and generational equity in sustainable unfunded pension systems[J]. Journal of Public Economics, 2011, 95 (1): 16-27.

[125] Lassila J, Valkonen T. Population Ageing and Fiscal Sustainability of Finland: A Stochastic Analysis[R]. Bank of Finland Research Discussion Papers, 2008, 28.

[126] Calvo E, Williamson J B. Old-age pension reform and modernization pathways: Lessons for China from Latin America[J]. Journal of Aging Studies, 2008, 22 (1): 74-87.

[127] Grech A G. Assessing the sustainability of pension reforms in Europe[J]. Journal of International and Comparative Social Policy, 2013, 29 (2): 143-162.

[128] 韩晓建. 新型农村社会养老保险资金筹集可持续性研究[J]. 河北师范大学学报 (哲学社会科学版), 2010, 33 (6): 31-35.

[129] James E. The Interactions between Pension and Financial Market Reform: How can China Solve its old Age Security Problem?[M]. Washington D C: World Bank, 2002.

[130] Menoncin F. Cyclical risk exposure of pension funds: A theoretical framewo[J]. Working Papers, 2005, 36 (3): 469-484.

[131] Binswanger J. Risk management of pensions from the perspective of loss aversion[J]. Journal of

Public Economics，2007，91（3）：641-667.

[132] McNeil A J，Frey R. Quantitative Risk Management：Concepts，Techniques and Tools [M]. Princeton：Princeton University Press，2005.

[133] Feldstein M. Social security induced retirement and aggregate capital accumulation[J]. Journal of political Economy，1974，82（5）：905-926.

[134] Munnell A H. Private pensions and savings：new evidence[J]. Journal of Political Economy，1976，84（5）：1013-1032.

[135] Sumner J. Sustainability and rural communities in the age of globalization：Can we learn our way out?[D]. The University of Guelph，2002.

[136] 黄宏伟. 新型农村社会养老保险的制度效应及可持续性研究[D]. 南京农业大学博士学位论文，2014.

附　　录

附表 1 "复合模式"的新农保供给替代率（$r = 2\%$）

参保年龄	开始领取养老金的年份	$C = 100$ 元	$C = 200$ 元	$C = 300$ 元	$C = 400$ 元	$C = 500$ 元
16	2058	19.92	33.36	46.80	60.23	73.67
17	2057	19.78	33.14	46.49	59.85	73.21
18	2056	19.64	32.91	46.18	59.45	72.72
19	2055	19.50	32.68	45.86	59.04	72.22
20	2054	19.35	32.44	45.52	58.61	71.70
21	2053	19.20	32.19	45.17	58.16	71.15
22	2052	19.50	31.93	44.81	57.69	70.58
23	2051	18.89	31.66	44.43	57.21	69.98
24	2050	18.72	31.38	44.04	56.70	69.36
25	2049	18.56	31.30	43.63	56.17	68.71
26	2048	18.38	30.80	43.21	55.62	68.04
27	2047	18.21	30.49	42.77	55.05	67.33
28	2046	18.02	30.16	42.31	54.45	66.59
29	2045	17.83	29.83	41.82	53.82	65.82
30	2044	17.64	29.48	41.33	53.17	65.01
31	2043	17.44	29.12	40.80	52.49	64.17
32	2042	17.23	28.74	40.26	51.77	63.29
33	2041	17.01	28.35	39.69	51.03	62.37
34	2040	16.31	27.07	37.83	48.58	59.34
35	2039	16.06	26.60	37.15	47.69	58.23
36	2038	15.80	26.12	36.33	46.76	57.08
37	2037	15.53	25.61	35.70	45.78	55.87
38	2036	15.25	25.09	34.92	44.76	54.60
39	2035	14.96	24.54	34.11	43.69	53.27
40	2034	14.65	23.96	33.27	42.58	51.88
41	2033	14.33	23.36	32.38	41.41	50.43
42	2032	14.00	22.73	31.45	40.18	48.90
43	2031	13.66	22.70	30.48	38.90	47.31

参保年龄	开始领取养老金的年份	C=100元	C=200元	C=300元	C=400元	C=500元
44	2030	13.30	21.38	29.47	37.55	45.64
45	2029	12.92	20.66	28.40	36.14	43.88
46	2028	12.53	19.91	27.29	34.67	42.05
47	2027	12.12	19.12	26.12	33.12	40.12
48	2026	11.70	18.30	24.90	31.50	38.10
49	2025	11.25	17.44	23.62	29.81	35.99
50	2024	10.79	16.53	22.28	28.03	33.77
51	2023	10.30	15.59	20.88	26.16	31.45
52	2022	9.79	14.60	19.40	24.21	29.02
53	2021	9.26	13.56	17.86	22.16	26.47
54	2020	8.71	12.48	16.25	20.02	23.79
55	2019	8.12	11.34	14.56	17.77	20.99
56	2018	7.52	10.15	12.78	15.41	18.05
57	2017	6.88	8.90	10.92	12.94	14.96
58	2016	6.22	7.59	8.97	10.35	11.73
59	2015	5.52	6.23	6.93	7.64	8.34

附表2　"复合模式"的新农保供给替代率（$r=6\%$）

参保年龄	开始领取养老金的年份	C=100元	C=200元	C=300元	C=400元	C=500元
16	2058	25.98	41.82	57.65	73.49	89.32
17	2057	25.43	41.07	56.71	72.36	88
18	2056	24.89	40.34	55.79	71.24	86.68
19	2055	24.38	39.63	54.88	70.13	85.38
20	2054	23.88	38.93	53.98	69.03	84.08
21	2053	23.39	38.24	53.09	67.94	82.79
22	2052	22.92	37.57	52.21	66.86	81.51
23	2051	22.46	36.90	51.35	65.79	80.24
24	2050	22.01	36.25	50.49	64.73	78.96
25	2049	21.58	35.61	49.64	63.67	77.70
26	2048	21.16	34.98	48.79	62.61	76.43
27	2047	20.74	34.35	47.96	61.56	75.17

参保年龄	开始领取养老金的年份	C=100 元	C=200 元	C=300 元	C=400 元	C=500 元
28	2046	20.34	33.73	47.12	60.52	73.91
29	2045	19.94	33.12	46.30	59.47	72.65
30	2044	19.56	32.51	45.47	58.43	71.39
31	2043	19.18	31.91	44.65	57.39	70.13
32	2042	18.80	31.32	43.83	56.35	68.86
33	2041	18.44	30.73	43.02	55.31	67.60
34	2040	18.08	30.14	42.21	54.27	66.33
35	2039	17.72	29.56	41.39	53.23	65.06
36	2038	17.37	28.98	40.58	52.19	63.79
37	2037	17.03	28.40	39.77	51.14	62.51
38	2036	16.69	27.82	38.96	50.09	61.23
39	2035	16.35	27.25	38.14	49.04	59.94
40	2034	16.01	26.67	37.33	47.99	58.65
41	2033	15.68	26.10	36.52	46.93	57.35
42	2032	15.36	25.53	35.70	45.87	56.04
43	2031	15.03	24.95	34.88	44.81	54.73
44	2030	14.71	24.38	34.06	43.73	53.41
45	2029	14.38	23.81	33.23	42.66	52.08
46	2028	14.06	23.24	32.41	41.58	50.75
47	2027	13.74	22.61	31.48	40.35	49.22
48	2026	13.41	21.98	30.55	39.12	47.69
49	2025	13.09	21.35	29.61	37.87	46.13
50	2024	12.76	20.71	28.66	36.62	44.57
51	2023	12.43	20.07	27.71	35.35	42.99
52	2022	12.10	19.42	26.75	34.07	41.40
53	2021	11.76	18.77	25.78	32.79	39.80
54	2020	11.43	18.11	24.80	31.49	38.18
55	2019	11.09	17.45	23.81	30.18	36.54
56	2018	10.75	16.78	22.82	28.86	34.89
57	2017	10.40	16.11	21.82	27.52	33.23
58	2016	10.06	15.43	20.81	26.18	31.55
59	2015	9.71	14.75	19.79	24.82	29.86

附表3 不同参保年龄和缴费档次下"新人"的新农保替代率和贡献率水平

缴费年龄	缴费档次	100 元		200 元		300 元		400 元		500 元		600 元	
	领取年份	替代率/%	贡献率/%	替代率/%	贡献率/%	替代率/%	贡献率/%	替代率/%	贡献率/%	替代率/%	贡献率/%	替代率/%	贡献率/%
16	2055	6.56	0.64	9.09	0.89	11.63	1.14	14.16	1.39	16.70	1.64	20.00	1.97
20	2050	6.48	0.63	8.70	0.85	10.91	1.07	13.13	1.28	15.34	1.50	18.22	1.78
25	2045	6.13	0.59	7.90	0.76	9.66	0.94	11.43	1.11	13.19	1.28	15.49	1.50
30	2040	5.91	0.57	7.32	0.70	8.74	0.84	10.16	0.97	11.57	1.11	13.41	1.28
35	2035	6.28	0.59	7.62	0.71	8.96	0.84	10.30	0.97	11.64	1.09	13.38	1.26
40	2030	6.37	0.58	7.53	0.69	8.70	0.80	9.86	0.90	11.03	1.01	12.54	1.15
45	2025	6.26	0.40	7.34	0.47	8.42	0.54	9.50	0.61	10.59	0.68	11.99	0.77
平均		6.28	0.57	7.93	0.73	9.57	0.88	11.22	1.03	12.87	1.19	15.01	1.39

缴费年龄	缴费档次	700 元		800 元		900 元		1000 元		1500 元		2000 元	
	领取年份	替代率/%	贡献率/%	替代率/%	贡献率/%	替代率/%	贡献率/%	替代率/%	贡献率/%	替代率/%	贡献率/%	替代率/%	贡献率/%
16	2055	22.53	2.22	25.07	2.46	27.61	2.71	30.14	2.96	43.58	4.29	57.03	5.61
20	2050	20.44	1.99	22.65	2.21	24.87	2.43	27.08	2.64	38.82	3.79	50.56	4.94
25	2045	17.25	1.67	19.02	1.84	20.78	2.01	22.55	2.18	31.91	3.09	41.26	3.99
30	2040	14.83	1.42	16.25	1.55	17.66	1.69	19.08	1.83	26.59	2.54	34.10	3.26
35	2035	14.72	1.38	16.06	1.51	17.40	1.63	18.74	1.76	25.85	2.43	32.95	3.09
40	2030	13.71	1.25	14.87	1.36	16.04	1.47	17.21	1.57	23.38	2.14	29.56	2.70
45	2025	13.08	0.84	14.16	0.91	15.24	0.98	16.32	1.05	22.06	1.42	27.79	1.79
平均		16.65	1.54	18.30	1.69	19.94	1.85	21.59	2.00	30.31	2.81	39.03	3.63

附表4　31个省（区、市）及新疆生产建设兵团建立统一的城乡居民养老保险
政策特点汇总（2015 年）

序号	地区	缴费档次	多缴多得	长缴多得	当前基础养老金标准
1	北京	1000～7420 元任选金额缴费	选择 1000～2000 元档次标准缴费的，补贴标准为每人每年 60 元；选择 2000 元及以上档次标准缴费的，补贴标准为每人每年 90 元	未建立	470 元
2	天津	600～3300 元，每 300 元 1 档，共 10 档	选择 600 元档次标准缴费的，补贴标准为每人每年 60 元，每增加 1 档，补贴标准每人每年增加 10 元	对缴费超过 15 年的，每多缴费 1 年，基础养老金增加 4 元	245 元
3	河北	100～1000 元（每档100 元）和 1500 元、2000 元、3000 元共 13 个档次	选择最低档次标准缴费的，补贴标准不低于每人每年 30 元；选择 500 及以上档次标准缴费的，补贴标准不低于每人每年 60 元	对缴费超过 15 年的，每多缴费 1 年，基础养老金增加 1 元	75 元

序号	地区	缴费档次	多缴多得	长缴多得	当前基础养老金标准
4	山西	100～1000元(每档100元)和1500元、2000元共12个档次	选择最低档次标准缴费的,补贴标准不低于每人每年30元;选择500元及以上档次标准缴费的,补贴标准不低于每人每年60元	省级层面未建立(省内部分地区有建立)	80元
5	内蒙古	100～1000元(每档100元)和1500元、2000元、3000元共13个档次	选择100～400元档次标准缴费的,补贴标准分别为每人每年30元、35元、40元、45元;选择500～1000元档次标准缴费的,补贴标准分别为每人每年60元、65元、70元、80元、85元;选择1500元、2000元、3000元档次标准缴费的,补贴标准为每人每年85元	参保人选择200元及以上档次并且累计缴费超过15年,每多缴1年,基础养老金提高2元	85元
6	辽宁	100～1000元(每档100元)和1500元、2000元共12个档次	选择最低档次标准缴费的,补贴标准不低于每人每年30元;选择500元及以上档次标准缴费的,补贴标准不低于每人每年70元	省级层面未建立(省内部分地区有建立)	85元
7	吉林	100～1000元(每档100元)和1500元、2000元共12个档次	选择最低档次标准缴费的,补贴标准不低于每人每年30元;选择500元及以上档次标准缴费的,补贴标准不低于每人每年70元	对缴费超过15年的,每多缴费1年,基础养老金增加5元	75元
8	黑龙江	100～1000元(每档100元)和1500元、2000元共12个档次	选择最低档次标准缴费的,补贴标准不低于每人每年30元;选择500元及以上档次标准缴费的,补贴标准不低于每人每年70元	省级层面未建立(省内部分地区有建立)	70元(省内部分地区有提高)
9	上海	500～2300元(每档200元)和2800元、3300元共12个档次	选择最低档次标准(500元)缴费的,补贴标准不低于每人每年200元;选择最高档次标准(3300元)缴费的,补贴标准为每人每年575元	对缴费超过15年的,每多缴费1年,基础养老金增加10元	660元
10	江苏	100元、300～1000元(每档100元)、1500元、2000元、2500元共12个档次	选择最低档次标准缴费的,补贴标准不低于每人每年30元;选择500元及以上档次标准缴费的,补贴标准不低于每人每年60元	对缴费超过15年的,每多缴费1年,基础养老金可增发1%	105元
11	浙江	100～1000元(每档100元)和1500元、2000元共12个档次	选择最低档次标准缴费的,补贴标准不低于每人每年30元;选择500元及以上档次标准缴费的,补贴标准不低于每人每年80元	设立缴费年限养老金,规定缴费15年,其月缴费年限养老金为30元,对缴费超过15年的,每多缴1年,基础养老金增加5元	120元

序号	地区	缴费档次	多缴多得	长缴多得	当前基础养老金标准
12	安徽	100～1000元（每档100元）和1500元、2000元、3000元共13个档次	选择100元档次标准缴费的，补贴标准为每人每年30元；选择200元档次标准缴费的，补贴标准为每人每年35元；选择300元档次标准缴费的，补贴标准为每人每年40元；选择400元档次标准缴费的，补贴标准为每人每年50元；选择500元及以上档次标准缴费的，补贴标准为每人每年60元	省级层面未建立（省内部分地区有建立）	70元（省内部分地区有提高）
13	福建	100～2000元（每档100元）共20个档次	选择100元档次标准缴费的，补贴标准为每人每年30元，每提高1档，补贴标准每人每年增加10元，最高为100元	省级层面未建立（省内部分地区有建立）	85元
14	江西	100～1000元（每档100元）和1500元、2000元共12个档次	选择100元档次标准缴费的，补贴标准为每人每年30元，400元以内每提高1档，补贴标准每人每年增加5元；选择500元档次标准缴费的，补贴标准为每人每年60元，每提高1档，补贴标准每人每年增加5元，最高为95元	对缴费超过15年的，每多缴费1年，基础养老金增加2%	80元
15	山东	100元、300元、500元、600元、800元、1000元、1500元、2000元、2500元、3000元、4000元、5000元共12个档次	选择最低档次标准缴费的，补贴标准不低于每人每年30元；选择500元及以上档次标准缴费的，补贴标准不低于每人每年60元	省级层面未建立（省内部分地区有建立）	85元
16	河南	100～1000元（每档100元）和1500元、2000元、2500元、3000元、4000元、5000元共16个档次	选择最低档次标准缴费的，补贴标准不低于每人每年30元；选择500元及以上档次标准缴费的，补贴标准不低于每人每年60元	省级层面未建立（省内部分地区有建立）	78元
17	湖北	100～1000元（每档100元）和1500元、2000元共12个档次	选择最低档次标准缴费的，补贴标准不低于每人每年30元；选择200～400元档次标准缴费的，补贴标准不低于每人每年45元；选择500元及以上档次标准缴费的，补贴标准不低于每人每年60元	对按规定缴费的，在领取待遇时，按照缴费年限每满1年，每月加发不低于1元标准的基础养老金	70元（省内部分地区有提高）
18	湖南	100～1000元（每档100元）和1500元、2000元、2500元、3000元共14个档次	选择最低档次标准缴费的，补贴标准不低于每人每年30元；选择500元及以上档次标准缴费的，补贴标准不低于每人每年60元	对缴费超过15年的，每多缴费1年，基础养老金增加1元	75元
19	广东	120元、240元、360元、480元、600元、960元、1200元、1800元、2400元、3600元共10个档次	选择最低档次标准缴费的，补贴标准不低于每人每年30元；选择480元及以上档次标准缴费的，补贴标准不低于每人每年60元	对缴费超过15年的，每多缴费1年，基础养老金增加3元	100元

续表

序号	地区	缴费档次	多缴多得	长缴多得	当前基础养老金标准
20	广西	100~1000元（每档100元）和1500元、2000元共12个档次	选择最低档次标准缴费的，补贴标准不低于每人每年30元；选择500元及以上档次标准缴费的，补贴标准不低于每人每年60元	省级层面未建立（省内部分地区有建立）	90元
21	海南	100~1000元（每档100元）和1500元、2000元、3000元共13个档次	选择最低档次标准缴费的，补贴标准不低于每人每年30元；选择500元及以上档次标准缴费的，补贴标准不低于每人每年70元	对缴费超过15年的，每多缴费1年，基础养老金增加4元	145元
22	重庆	100~1000元（每档100元）和1500元、2000元共12个档次	选择100元档次标准缴费的，补贴标准为每人每年30元，每提高1档，补贴标准每人每年增加10元	对缴费超过15年的，每多缴费1年，基础养老金增加2元	95元
23	四川	100~1000元（每档100元）和1500元、2000元、3000元共13个档次	选择最低档次标准缴费的，补贴标准不低于每人每年40元；选择500元及以上档次标准缴费的，补贴标准不低于每人每年60元	对缴费超过15年的，每多缴费1年，基础养老金增加2元	75元
24	贵州	100~1000元（每档100元）和1200元、1500元、2000元共13个档次	选择最低档次标准缴费的，补贴标准不低于每人每年30元；选择500元及以上档次标准缴费的，补贴标准不低于每人每年60元	省级层面未建立（省内部分地区有建立）	70元（省内部分地区有提高）
25	云南	100~1000元（每档100元）和1500元、2000元共12个档次	选择最低档次标准缴费的，补贴标准不低于每人每年30元；选择500元及以上档次标准缴费的，补贴标准不低于每人每年70元	对缴费超过15年的，每多缴费1年，基础养老金增加2元	75元
26	西藏	100~1000元（每档100元）和1500元、2000元共12个档次，高于2000元标准的，以100元为一个缴费档次最高不超过3000元	选择最低档次标准缴费的，补贴标准不低于每人每年40元；选择500元及以上档次标准缴费的，补贴标准不低于每人每年60元，每提高1档，补贴标准每人每年增加5元，最高为95元	对缴费超过15年的，每超过1年每月加发2%的基础养老金	140元
27	陕西	100~1000元（每档100元）和1500元、2000元共12个档次	选择最低档次标准缴费的，补贴标准不低于每人每年30元；选择500元及以上档次标准缴费的，补贴标准不低于每人每年60元	省级层面未建立（省内部分地区有建立）	75元

序号	地区	缴费档次	多缴多得	长缴多得	当前基础养老金标准
28	甘肃	100～1000元（每档100元）和1500元、2000元共12个档次	选择最低档次标准缴费的，补贴标准不低于每人每年30元；选择500元及以上档次标准缴费，补贴标准不低于每人每年60元	省级层面未建立（省内部分地区有建立）	80元
29	青海	100～1000元（每档100元）和1500元、2000元共12个档次	选择最低档次标准缴费的，补贴标准不低于每人每年30元；选择500元及以上档次标准缴费的，补贴标准不低于每人每年70元	对缴费超过15年的，每增加1年，基础养老金增加10元	125元
30	宁夏	100～1000元（每档100元）和1500元、2000元共12个档次	选择100～1000元档次标准缴费的，补贴标准最低为每人每年30元，每提高1档，补贴标准每人每年增加10元；选择1500元档次标准缴费的，补贴标准为每人每年160元；选择2000元档次标准缴费的，补贴标准为每人每年200元	对缴费超过15年的，每多缴费1年，基础养老金增加不少于2元	100元
31	新疆	100～1000元（每档100元）和1500元、2000元、2500元、3000元共14档	选择100元档次标准缴费的，补贴标准为每人每年50元，每提高1档增加不低于5元的补贴	对缴费超过15年的，每多缴费1年，基础养老金增加2元	115元
32	兵团	100～1000元（每档100元）和1500元、2000元、2500元、3000元共14档	选择100元档次标准缴费的，补贴50元，每提高1档增加不低于5元的补贴	对缴费超过15年的，每多缴费1年，基础养老金增加2元	115元

数据来源：人力资源和社会保障部官网

注：表中数据不包括港澳台地区

附表5　2015年31个省（区、市）新农保财政负担水平

地区	参保人口/万人	入口补贴/万元	领取人口/万人	出口补贴/万元	财政补贴/万元	财政收入/万元	适度水平
北京	110.47	60	49.3	470	29 799.2	4 723.9	0.006 308 18
天津	116.54	60	48.97	245	18 990.05	2 667	0.007 120 38
河北	1 941.78	40	779.3	75	136 118.7	2 648.5	0.051 394 64
山西	842.6	40	313.28	80	58 766.4	1 642.2	0.035 785 17
内蒙古	467.12	40	188.31	85	34 691.15	1 963.5	0.017 668 02
辽宁	710.79	40	328.74	85	56 374.5	2 128.21	0.026 489 16
吉林	600.54	40	216.59	75	40 265.85	1 229.3	0.032 755 1
黑龙江	751.05	40	259.01	70	48 172.7	1 165.2	0.041 342 86
上海	81.59	200	42.85	660	44 599	5 519.5	0.008 080 26
江苏	1 299.32	40	764.66	105	132 262.1	8 028.59	0.016 473 89

地区	参保人口/万人	入口补贴/万元	领取人口/万人	出口补贴/万元	财政补贴/万元	财政收入/万元	适度水平
浙江	853.07	40	465.3	120	89 958.8	4 810	0.018 702 45
安徽	1 461.5	40	731.99	70	109 699.3	4 012.1	0.027 342 12
福建	750.22	40	307.65	85	56 159.05	4 143.71	0.013 552 84
江西	1 059.86	40	455.48	80	78 832.8	3 021.5	0.026 090 62
山东	1 976.87	40	992.29	85	163 419.45	5 529.3	0.029 555 18
河南	2 676.54	40	1 070.43	78	190 555.14	2 738.5	0.069 583 76
湖北	1 331.56	40	624.6	70	96 984.4	4 705	0.020 613 05
湖南	1 591.41	40	799.65	75	123 630.15	4 008.1	0.030 845 08
广东	1 478.47	40	532.48	100	112 386.8	9 364.76	0.012 001 03
广西	1 233.64	40	542.2	90	98 143.6	2 333	0.042 067 55
海南	169.45	40	56.15	145	14 919.75	1 010	0.014 772 03
重庆	534.99	40	362.83	95	55 868.45	2 155	0.025 925 03
四川	2 046.89	50	1 266.33	75	197 319.25	3 329.1	0.059 271 05
贵州	1 059.1	40	446.71	70	73 633.7	1 503.35	0.048 979 75
云南	1 303.65	40	420.09	75	83 652.75	1 808.14	0.046 264 53
西藏	90.33	50	22.86	140	7 716.9	124	0.062 233 06
陕西	944.92	40	390.15	75	67 058.05	2 059.87	0.032 554 51
甘肃	793.23	40	274.05	80	53 653.2	743.9	0.072 124 21
青海	150.58	40	41.16	125	11 168.2	267	0.041 828 46
宁夏	153.71	40	42.64	100	10 412.4	373.7	0.027 862 99
新疆	577.74	60	149.07	115	51 807.45	1 282.6	0.040 392 52

数据来源：根据 2005 年各省（区、市）1%人口抽样调查资料、人力资源和社会保障部官网统计数据以及国家统计局数据推算计算所得

注：表中数据不包括港澳台地区

附表 6　索赔服从几何分布下 $W(u;5)$ 的值（$b=5$）

$W(u;5)$	$\theta = 0$	$\theta = 0.2$	$\theta = 0.4$	$\theta = 0.6$	$\theta = 0.8$	$\theta = 1$
$u = 1$	0.8203	0.7642	0.7132	0.6669	0.6247	0.5849
$u = 2$	0.9437	0.8708	0.8050	0.7410	0.6795	0.6237
$u = 3$	1.0919	0.9977	0.9133	0.8271	0.7414	0.6915
$u = 4$	1.2696	1.1486	1.0412	0.9269	0.9114	0.8274

续表

$W(u;5)$	$\theta=0$	$\theta=0.2$	$\theta=0.4$	$\theta=0.6$	$\theta=0.8$	$\theta=1$
$u=5$	1.4829	1.3282	1.1920	1.0427	0.9404	0.8800
$u=6$	1.7388	1.5420	1.4700	1.1770	1.0498	0.9397
$u=7$	2.0459	1.8964	1.6800	1.4328	1.3275	1.2304
$u=8$	2.4144	2.1991	2.0278	1.8342	1.7024	1.4221
$u=9$	2.8567	2.6593	2.4949	2.1852	2.0237	1.8704
$u=10$	3.3874	3.1879	2.9653	2.5664	2.2694	2.0923

附表 7　索赔服从几何分布下 $W(u;10)$的值（$b=10$）

$W(u;10)$	$\theta=0$	$\theta=0.2$	$\theta=0.4$	$\theta=0.6$	$\theta=0.8$	$\theta=1$
$u=1$	0.7171	0.6610	0.6100	0.5637	0.5215	0.4817
$u=2$	0.8405	0.7676	0.7018	0.6378	0.5763	0.5205
$u=3$	0.9887	0.8945	0.8101	0.7239	0.6382	0.5883
$u=4$	1.1664	1.0454	0.9380	0.8237	0.8082	0.7242
$u=5$	1.3797	1.225	1.0888	0.9395	0.8372	0.7768
$u=6$	1.6356	1.4388	1.3668	1.0738	0.9466	0.8365
$u=7$	1.9427	1.7932	1.5768	1.3296	1.2243	1.1272
$u=8$	2.3112	2.0959	1.9246	1.7310	1.5992	1.3189
$u=9$	2.7535	2.5561	2.3917	2.082	1.9205	1.7672
$u=10$	3.2842	3.0847	2.8621	2.4632	2.1662	1.9891

附表 8　索赔服从几何分布下 $W(u;15)$的值（$b=15$）

$W(u;15)$	$\theta=0$	$\theta=0.2$	$\theta=0.4$	$\theta=0.6$	$\theta=0.8$	$\theta=1$
$u=1$	0.6671	0.611	0.56	0.5137	0.4715	0.4317
$u=2$	0.7905	0.7176	0.6518	0.5878	0.5263	0.4705
$u=3$	0.9387	0.8445	0.7601	0.6739	0.5882	0.5383
$u=4$	1.1164	0.9954	0.888	0.7737	0.7582	0.6742
$u=5$	1.3297	1.175	1.0388	0.8895	0.7872	0.7268
$u=6$	1.5856	1.3888	1.3168	1.0238	0.8966	0.7865
$u=7$	1.8927	1.7432	1.5268	1.2796	1.1743	1.0772
$u=8$	2.2612	2.0459	1.8746	1.681	1.5492	1.2689
$u=9$	2.7035	2.5061	2.3417	2.032	1.8705	1.7172
$u=10$	3.2342	3.0347	2.8121	2.4132	2.1162	1.9391

附表9 河北省新型农村社会养老保险需求情况的调查问卷

基本情况：

调查时间：　　年　　月　　日	调查地点：
被调查者性别：男□　　女□	婚姻状况：已婚□　　未婚□
年龄：18～30岁□　　31～40岁□　　41～50岁□　　51～60岁□　　60岁以上□	
学历：初中及以下□　　高中□　　中专□　　大专及大专以上□	
职业状况：务农□　　外出打工□ 　　　　　自由职业者□　　其他□	
家庭年收入水平：1万元以下□　　1万～2万元□　　2万～3万元□ 　　　　　　　　　3万～4万元□　　4万～5万元□　　5万元以上□	

选择（请直接勾选选项）：

1. 您对新型农村社会养老保险政策是否了解？
　　A、非常了解　　　　B、比较了解　　　　C、了解一点　　　D、不了解

2. 您了解新型农村社会养老保险的途径（可多选）？
　　A、干部宣传　　　　B、网络、电视　　　C、报纸杂志　　　D、相关人员介绍
　　E、朋友介绍　　　　F、其他

3. 如果让您选择养老方式，您会如何选择（可多选）？
　　A、子女养老　　　　　B、自己存钱养老　　　C、参加农村社会养老保险
　　D、参加商业保险　　　E、等老了再想办法

4. 您担心自己未来的养老问题吗？
　　A、很担心　　　　　　B、一般　　　　　　　C、不担心

5. 您是否参加了新型农村社会养老保险？
　　A、是　　　　　　　　B、否

6. 您不愿意参加新型农村社会养老保险的原因是什么？
　　A、认为没有必要　　B、担心未来领取风险　　　C、办理手续麻烦

7. 您参保选择的缴费档次是多少？
　　A、100元　　　　　B、200元　　　　C、300元　　　　D、400元
　　E、500元　　　　　F、600元　　　　G、700元　　　　H、800元
　　I、900元　　　　　J、1000元　　　　K、1500元　　　　L、2000元
　　M、3000元

8. 缴费过程中政府补贴和集体补助是否落实？
　　A、仅有政府补贴　　　　　　　　　　B、仅有集体补助
　　C、政府补贴和集体补助均落实　　　　D、政府补贴和集体补助均未落实
　　E、不清楚

9. 您每月领取的养老金是多少？

    A、200 元以下　　　　B、200～500 元　　　　C、500 元以上

10. 新型农村社会养老保险实施中，您认为还存在哪些问题？

    A、政策宣传不够　　　　　　　　B、缴费压力过大

    C、集体补助落实不到位　　　　　D、其他

对于您所提供的协助，我们表示真挚的感谢！

附表10　2015～2035 年河北省新农保个人账户基金收支平衡模拟预测表

单位：亿元

年份	基金年收入额	基金年支出额	年收支差额	基金积累额
2015	108.0	99.8	8.2	4.2
2016	110.2	112.0	−1.8	2.4
2017	111.4	117.8	−6.4	−4.0
2018	113.7	122.8	−9.1	−13.1
2019	115.6	132.4	−16.8	−29.9
2020	116.1	141.5	−25.4	−55.3
2021	117.2	157.6	−40.4	−95.7
2022	117.9	162.8	−44.9	−140.6
2023	119.2	174.9	−55.7	−196.3
2024	120.8	183.6	−62.8	−259.1
2025	121.3	188.5	−67.2	−326.3
2026	121.9	193.7	−71.8	−398.1
2027	122.7	199.8	−77.1	−475.2
2028	123.8	208.6	−84.8	−560.0
2029	125.2	221.0	−95.8	−655.8
2030	126.8	228.9	−102.1	−757.9
2031	127.3	229.6	−102.3	−860.2
2032	128.5	231.3	−102.5	−962.7
2033	129.1	232.2	−103.1	−1065.8
2034	127.8	231.4	−103.6	−1169.4
2035	126.5	230.8	−104.3	−1273.7